国家文化产业资金支持媒体融合重大项目

普通高等学校本科新形态教材·市场营销系列

MODERN
SELLING

现代推销学

安娜 主编 | 张建磊 赵珊珊 钱大可 副主编

新形态教材

东北财经大学出版社
Dongbei University of Finance & Economics Press

大连

图书在版编目（CIP）数据

现代推销学 / 安娜主编. —大连：东北财经大学出版社，2021.3
（普通高等学校本科新形态教材·市场营销系列）
ISBN 978-7-5654-4051-9

Ⅰ. 现… Ⅱ. 安… Ⅲ. 推销-高等学校-教材 Ⅳ. F713.3

中国版本图书馆CIP数据核字（2021）第030189号

东北财经大学出版社出版

（大连市黑石礁尖山街217号 邮政编码 116025）

网　　址：http：//www.dufep.cn

读者信箱：dufep@dufe.edu.cn

大连天骄彩色印刷有限公司印刷　　东北财经大学出版社发行

幅面尺寸：185mm×260mm　字数：368千字　印张：18.25　插页：1

2021年3月第1版　　　　　　　　2021年3月第1次印刷

责任编辑：石真珍　　　　　　　　责任校对：利　贞

封面设计：冀贵收　　　　　　　　版式设计：原　皓

定价：48.00元

前言

推销学是一门实用性和实践性较强、科学性和艺术性紧密融合的综合学科。作为一门科学，推销有一套完整的、系统的理论和方法，是推销实践经验积累的结晶；作为一门艺术，它要求推销人员巧妙地融知识和才干于一身，在推销过程中灵活运用推销的技巧。

推销是现代企业经营活动的一个重要环节。在竞争激烈的市场环境下，推销是现代企业拓展市场的利器，是促进产品从生产企业转移到消费者、实现商品价值的有力保证，在企业经营活动中起着举足轻重的作用。

推销是一个具有很强挑战性的职业，推销工作充满无限可能且报酬丰厚。据统计，世界上90%以上的巨富是从推销员做起的。在市场营销组合中，高素质的推销人才往往是企业成功的重要因素。推销工作对推销人员的综合素质和实战技巧有很高的要求，这需要广大的推销员正确认识推销，掌握推销技巧，并在推销实践中摸索、灵活运用。

本书紧跟时代的发展，利用"互联网+"技术，以当今最先进的推销理论为基础，将现代推销原理、方法与市场的实际操作结合起来，既有一定理论深度，又有系统的操作策略和方法。总结起来，本书具有以下几个特点：

1. 整体设计全面

本书共有十四章，涵盖推销原理、顾客分析、推销模式、推销技巧、推销专题、推销管理等方面的内容，篇幅适中、体系完整，每章还设有内容提要、微课、延伸阅读、复习思考题等栏目，既适用于教师教学，又适用于读者自学。

2. 实践性强

本书力求理论与实践相结合，通过理论的讲解和案例的展示，突出推销技巧和操作实务的应用，关注学生实践技能的有效提升。

3. 新形态助力教学

本书通过立体化教学构建模式，嵌入了大量的微课、延伸阅读、在线测试题等教学资源，便于任课教师进行课堂拓展和互动教学。

本书由嘉兴学院商学院安娜任主编，张建磊、赵珊珊、钱大可任副主编，程利仲、刘湘国、周国胜、刘志城、方芳、李勇、何琳、解淑青、翁胜斌、章璇、栾斌、苏海林等参与了编写工作。在本书的编写过程中，编者借鉴了国内外推销学领域的诸多著作，在此向所有的作者一并表示感谢。

由于时间仓促，编者水平有限，书中难免有错漏之处，恳请读者批评指正。

编者

2020 年 12 月

目录

录目

第一章

推销概述

本章内容提要

- 推销的内涵
- 推销的概念识别
- 推销的过程
- 现代推销学的产生与发展

乔·吉拉德（原名约瑟夫·萨缪尔·吉拉德 (Joseph Sam Girardi)，1928 年 11 月 1 日出生于美国密歇根州底特律市），是吉尼斯世界纪录大全认可的世界上最成功的推销员。1963—1978 年，他总共推销出 13 001 辆雪佛兰汽车，荣登吉尼斯世界纪录大全世界销售第一的宝座，他所保持的世界汽车销售纪录（连续 12 年平均每天销售 6 辆车），至今无人能破。

那么，推销工作到底是一个什么样的职业，推销人员承担着哪些职责，推销活动的一般过程又是怎样的，推销活动与市场营销、促销有什么关系？这些是每个人在选择从事推销工作时都不得不要面对和思考的基本问题，也是我们学习现代推销学应该了解、掌握的先导性知识。本章内容是对上述问题的探索和解答。

延伸阅读 1-1

乔·吉拉德的销售秘诀

第一节 推销的内涵

一、推销的概念

推销有广义、狭义之分。

就广义而言，推销是一种说服、暗示，也是一种沟通、促进。推销不限于有形商品交换，也不限于人员推销，而是泛指人们在社会生活中，通过一定的形式传递信息，让他人接受自己的意愿和观念或购买商品和服务。我们处在一个推销的时代，每个人每天可能都在推销，比如你会为了一份理想的工作推荐自己，会为了加薪而游说上司，会为了推行某种理念而说服下属，这都是推销。

狭义地理解，推销是市场营销组合中的人员推销，即由推销人员所进行的寻找与识别顾客、约见与接近顾客、洽谈、处理顾客异议以及说服顾客购买某种商品的一系列行为活动。狭义的推销以企业或推销人员为推销的主体，以产品或服务为推销内容，以目标市场的购买者为推销对象。不同行业的人进行着不同的推销活动，比如，有的人在推销有形的实体产品，如电视机、汽车、商品房等的销售员；有的人在推销没有实体的服务，如酒店服务员、按摩师、导游等；还有的人在推销观念、构思、策略等，如广告公司、策划公司的方案设计人员，大学教师等。

微课 1-1

推销的内涵

二、推销的实质

推销是科学、艺术，也是技术。推销作为一门科学，在西方已经发展了近百年，有一套完整、系统的理论和方法。这些理论和方法是人们推销实践经验的结晶，是可以通过学习间接得到的。推销作为一门艺术，有很多微妙之处需要领会，懂得灵活运用推销的方法和技巧，才可能游刃有余。推销作为一种销售技术，需要长期积累，反复演练、摸索、实践，才能达到熟练运用的境界。我们可以从以下几个方面全面理解推销这一销售行为的实质。

（一）推销的实质是满足顾客的需求

市场经济是消费者主权经济，生产者、经营者的经营活动能否成功，取决于其提供的产品、服务和体验是否能满足消费者的需求。顾客的需要和欲望是市场营销的出发点，也是推销的出发点。产品是满足人们需要的物质、服务或体验。顾客之所以会购买某种产品是为了满足自身的需要，因此推销人员必须认真了解顾客的需要，针对顾客的需要向顾客推荐最合适的产品。顾客只有产生了需求，才可能产生购买的动机，并做出购买的行为。因此，推销员推销的不是产品本身，而是产品的使用价值和对顾客需求的满足。

延伸阅读 1-2

卖鞋的故事

（二）推销的核心内容是说服顾客

说服力的强弱是衡量推销人员素质、水平的重要标准。有效的说服不仅需要推销人员具备专业的知识、良好的口才，更重要的是要掌握说服别人的原则和技巧。推销人员要抓住顾客的切身利益展开说服工作，通过说服使顾客相信所推销的产品是他所需要的，顾客对推销的产品产生了认同感、信任感，才能产生预期的推销效果。说服的过程是一个富有艺术性的过程，推销人员不但要消除顾客对产品的疑虑、无知，更要增进顾客对产品的认同、信任；不但要让顾客清楚产品的功能价值和附加价值，与顾客拉近情感上的距离，还要与顾客达成心灵的沟通与理念的共识，这样才能促使顾客做出购买决策。

延伸阅读1-3

说服的力量

（三）推销的目标是实现互惠双赢

推销是企业生产活动顺利进行的必要条件，其目的是实现利润最大化。而顾客之所以进行购买，就在于交易后得到的利益大于或等于他所付出的代价。推销人员在推销活动中，要设法满足企业和顾客双方所追求的目标。实现互惠双赢是培养顾客的长久之计，是顾客不断购买的基础和条件，也是取得顾客口碑传播效果的基础和条件。推销的结果要对买卖双方有利，使双方都比没有达成这笔交易前要好。在推销过程中，推销人员要以交易能为双方都带来较大的利益或者能够为双方减少损失为出发点，而不能从事伤害一方或给一方带来损失的推销活动。

要实现互惠双赢的目标应做到以下几点：

1.认识到顾客的核心利益，找到双方利益的均衡点

善于认识顾客的核心利益，并与顾客加强沟通，在推销之前分析交易活动的结果能够给顾客带来的各种利益，因为不同产品带给顾客的利益会有差异，要在准确判断推销品给顾客带来的利益的基础上找到双方利益的均衡点，开展双赢推销活动。

2.尊重顾客意愿，反对强制推销

推销活动要遵循现代营销的顾客导向和市场导向原则，充分尊重顾客的意愿，反对违背顾客意愿的强制推销。强制推销是使消费者感觉到某种压力而不得不接受的推销行为。强制推销的结果是使消费者感到不悦或厌恶，影响顾客满意和顾客忠诚，不利于生意的持续发展，属于推销的短期行为。企业不能失去消费者，否则就会失去利润之源。推销人员必须学会理解人的本性，学会尊重顾客，设身处地为顾客着想，照顾和体谅顾客的感受，搞好人际关系，这对成功推销有非常大的帮助。

3.坚持诚实守信，反对商业欺诈

诚信属于道德范畴，包括诚实和守信，主要体现在两个方面：一是实事求是，销售货真价实的产品，不夸大，不欺骗；二是信守承诺，提供顾客急需的服务，不反悔，不敷衍。可以说，在现代推销活动中，诚信居于举足轻重的地位，双方是否

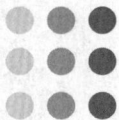

有信用，是否诚实可靠，是决定推销成功与否的基础，而推销货真价实的产品是诚信推销的根本。诚信推销既是推销人员的素质与道德要求，也是职业规范的要求。诚实的意义在于不欺诈，中国商业文化倡导的"买卖不成仁义在"，正是诚信经营的写照。

（四）推销的过程是系统交换的过程

推销过程包括寻找及识别顾客、约见并接近顾客、推销洽谈、处理顾客异议、成交与跟踪服务等环节，各环节相互制约，互相影响，最后形成交易。推销活动是企业和顾客之间通过交换分别实现产品价值和使用价值的过程，也是人们感情、能量、信息、物质货币等经济社会要素不断交换和交易的系统过程。推销的三要素为推销主体（推销人员）、推销对象（顾客和购买组织等）和推销客体（产品、服务和体验），这三个要素在整个推销过程中相互依存、相互关联、相互作用，实现了能量和信息的交换，实现了商品和价值的交换。

（五）推销既是商品交换与顾客服务的过程，又是信息反馈的过程

推销首要的功能是实现商品交换与顾客服务，表现为商品买卖、商务沟通、售后服务、客户关系的管理过程。通过推销活动，实现企业（产品）、顾客与推销人员三者之间的价值交换，这也是社会分工的必然结果。企业通过推销活动实现产品功能价值，获得经营利润；顾客通过推销活动获得自己需要的产品，获得使用价值；推销人员通过推销活动获得薪酬或佣金，实现自己的人生价值，这是其从事推销工作的动力所在。

同时，推销活动又是信息沟通与信息反馈的重要过程。一方面，推销工作需要将行业的、企业的、产品的相关信息传递给顾客，通过信息的传播、接收、加工、反馈、储存、处理等环节，实现推销人员与顾客的双向信息互动，加强顾客的有效认知，以促进销售；另一方面，推销工作需要从顾客、行业甚至竞争对手那里反馈信息给企业，了解顾客需求变化及市场竞争状况，以便企业进行新产品开发和市场营销的决策。

（六）推销是一个既有吸引力又很有挑战性的行业

推销虽然是一个比较艰苦的行业，但是能够成就大事业和实现自我价值。世界上很多大企业的老板或CEO都是从推销起步的，比如，华人富豪李嘉诚、王永庆等早年都是靠推销起家的。据统计，世界上90%以上的巨富是从推销员做起的。推销工作前程远大且报酬丰厚，吸引了数百万人专门从事各种产品的推销工作，形成一支浩浩荡荡的推销大军。

推销工作给大家一种易于赚钱和成就事业的感觉，但是推销工作具有很强的挑战性，不是什么人都适合做推销的。成功的推销员除了具有基本的专业知识、文化素质和社会沟通交往能力外，特别要具有非凡的自信心、吃苦耐劳的精神、面对挫

折的勇气与强烈的成功欲望。另外，完成推销任务的压力、推销的竞争压力，也决定了推销工作的挑战性质。

三、对推销工作的误解

我们提到"推销"这个词时，会引发许多不同的反应，其中一部分是负面的，甚至是敌对的反应，下面就是一些主要的误区。

1.推销不是一个值得出力的职业

很多人都有这样的观念：推销一般是那些文化水平低、没有什么本事的人干的职业，如果一个人有才能，这种才能也会在销售行业被埋没。这种观点将对年轻人选择职业产生影响，很多优秀毕业生因此没有被吸收进入这个行业。

2.好的产品自然会畅销，销售过程等于增加了无谓的开支

这一观点实际就是认为如果企业生产了一流的产品，就自然会有买主出现。如果一家公司能生产出技术超群的产品，那么这种情况倒还有可能发生，但是公司为了保持技术上的优势，就必须不断进行研发的投入，产品的生产成本也会增加。另外，推销不仅仅只有卖产品的功能，还可以向公司反馈顾客信息，特别是产品性能方面的信息，这些信息又可以直接应用于新一轮的研发当中。

3.推销人员会为了更多地获取自身利益而欺骗客户

这种误解影响最广，对推销的形象损害最大，这使推销人员必须克服横在他们与客户之间的这道不信任的障碍。甚至有些人认为推销就是高明的骗术，认为推销人员每天做的事情就是拉关系、搞回扣、耍嘴皮子、吹牛。

在这种情况下，我们需要重新审视"推销"，为其正名。

（1）推销并没有任何不道德的或不择手段的地方，一些不道德的公司或个人试图利用某些顾客的无知和轻信而获取不正当的利益，这并非推销的本质，他们也只是唯利是图的奸商。推销人员的工作是创造一个值得信任的环境，通过充分挖掘顾客的需求，向顾客提供有帮助的产品而实现获利。

（2）推销是值得从事的职业。许多长期做推销的人发现这项工作很考验人，是很需要责任感而报酬又丰厚的职业。以推销为职业意味着要不断与人交往，这样也就面临更多机会。另外，推销工作的挑战性很强，但也有较大的自由度，相对企业其他职位存在更多的晋升机会。

（3）没有推销人员的努力，产品不会自动畅销。尽管著名管理学家德鲁克提出"市场营销的目的是使推销成为多余"，理想的营销会产生一个已经准备来购买的顾客，因为产品或服务完全适合顾客的需要，从而实现了自我销售，但这个论断基于一种最为理想的情况，在企业尚未充分了解每位顾客的具体需求时，企业必须通过推销人员与顾客的沟通，挖掘顾客的具体需求。推销人员会根据这些需求以及自己对产品的了解，将产品与顾客的需求匹配起来，最后向顾客提出购买建议。如果不将功能和特性向顾客解释清楚，再优秀的产品也会无人问津。那些看似一流的产品，可能根本不符合特定顾客的需要。

延伸阅读1-4

销售是艰难而伟大的职业

第二节　推销的概念识别

一、推销与营销

很多人将推销与营销混为一谈，错误地把营销等同于推销。推销仅仅是市场营销的一个环节，而且是最基础的环节。市场营销的精神是企业通过使用一定的营销策略与方法（即"营"的过程），比竞争对手更有效地销售产品（即"销"的结果），其中"营"的过程就显得更加重要，而"销"只是顺带的结果。所以，营销的含义比推销更广泛、更丰富，层次更高，要求也更高。

营销是引导产品从生产者到达消费者所实施的一切企业活动，包括市场分析、市场调研、细分市场、目标市场选择、产品定位、产品开发、品牌建设、产品定价、渠道建设、促销、营销策划、销售管理、客户关系管理等一系列丰富的活动。其中，产品、定价、渠道、促销四大因素构成了市场营销组合策略，也就是大家熟知的4P策略。任何一种策略都不是孤立存在的，都应是相互联系、协调一致的。推销与营销组合策略的关系如图1-1所示。

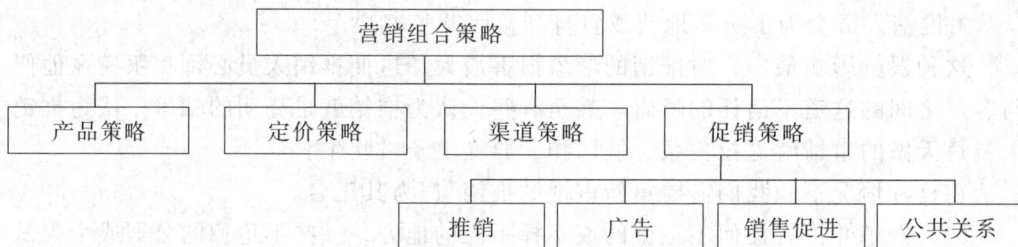

微课 1-2

推销概念的
识别

图1-1　推销与营销组合策略的关系

二、推销与促销

促销是指企业把产品或服务向目标消费者及对目标消费者的消费行为具有影响的群体进行宣传、说服、诱导、唤起需求并最终促使其采取购买行为的活动。如图1-1所示，促销策略主要包括推销、广告、销售促进和公共关系，其中，推销是促销的一个重要组成部分。促销组合的设计就是基于不同产品的特点、不同的目标受众、不同的竞争环境、不同的传播媒体，对具有不同特点的促销工具加以整合应用。

（一）各种促销工具的优劣势

在促销组合中，各种促销工具具有自身的特点和优劣势。

1.推销

人员推销能直接和目标对象沟通信息，建立感情，及时反馈，并可当面促成交易，但占用人员多，费用大，而且接触面比较窄。

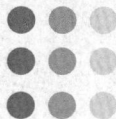

2.广告

广告的传播面广，形象生动，比较节省资源，但只能对一般消费者进行促销，针对性不足，也难以立即促成交易。

3.销售促进

销售促进又称为营业推广，通过提供短期的诱因刺激消费者的购买欲望，并促成立即购买，具体形式多样，如赠送礼品、限时打折、现场演示、有奖销售等，但接触面窄，效果短暂，特别不利于树立品牌。

4.公共关系

公共关系的影响面广、信任度高，对提高企业的知名度和美誉度具有重要作用，但公共关系要花费较大精力，效果难以控制。

（二）影响促销工具选择的因素

企业的促销组合受到多方面因素的影响。

1.产品的类型

一般来说，按照促销效果由好到差的顺序，消费品的促销方式为广告、营业推广、人员推销和公共关系；工业品的促销方式则为人员推销、营业推广、广告和公共关系。显然，工业品由于具有较高的单位价值，或者使用、维修、保养方法需要进行说明示范，更依赖于人员推销这种方式。

2.促销总策略

企业的促销总策略有"推动策略"和"拉引策略"之分。推动策略是生产者把产品"推"到批发商，批发商再"推"到零售商，零售商再"推"到消费者。显然，若企业采取推动策略，则人员推销的作用最大。拉引策略是以最终消费者为主要促销对象，企业首先设法引起购买者对产品的需求和兴趣，购买者对中间商提出购买需求，中间商受利润驱动向厂商进货。可见，若企业采用拉引策略，则广告是最重要的促销手段。

3.购买者所处的阶段

顾客的购买过程一般分六个阶段，即知晓、认识、喜欢、偏好、确信和行动。在知晓阶段，广告和公共关系的作用较大；在认识和喜欢阶段，广告的作用较大，其次是人员推销和公共关系；在偏好和确信阶段，人员推销和公共关系的作用较大，广告次之；在行动阶段，人员推销和营业推广的作用最大，广告和公共关系的作用相对较小。

4.产品所处的生命周期阶段

产品所处的生命周期阶段不同，促销的重点不同，所采用的促销方式也就不同。一般来说，在产品的投放期，促销的主要目标是提高产品的知名度，因而广告和公共关系的效果最好，营业推广也可鼓励顾客试用。在成长期，促销的任务是增进受众对产品的认识和好感，广告和公共关系需加强，营业推广可相对减少。到成熟期，企业可适度削减广告，应增加营业推广，以巩固消费者对产品的忠诚度。到

衰退期，企业的促销任务是使一些老用户继续信任本企业的产品，因此促销应以营业推广为主，辅以公共关系和人员推销。

5.促销费用

四种促销方式的费用各不相同。总的说来，广告宣传的费用较大，人员推销次之，营业推广花费较少，公共关系的费用最少。企业在选择促销方式时，要综合考虑促销目标、各种促销方式的适应性和企业的资金状况合理选择，符合经济效益原则。

（三）人员推销的相对优势

与非人员促销方式相比，人员推销具有下列优势：

1.人员推销具有很大的灵活性

在推销过程中，买卖双方当面洽谈，易于直接建立一种友好的相互关系。通过交谈和观察，推销人员可以掌握顾客的购买动机，有针对性地从某个侧面介绍商品特点和功能，抓住有利时机促成交易；可以根据顾客的态度和特点，有针对性地采取必要的协调行动，满足顾客需要；还可以及时发现问题，进行解释，解除顾客疑虑，使之产生信任感。

2.人员推销具有选择性和针对性

在每次推销之前，推销人员可以选好具有较大购买可能的顾客进行推销，并有针对性地对未来顾客做一番研究，拟定具体的推销方案、策略、技巧等，以提高推销成功率。这是广告所不及的，广告促销的对象往往包括许多非可能顾客。

3.人员推销具有完整性

推销人员的工作从寻找顾客开始，到接触、洽谈，最后达成交易，除此以外，推销人员还可以担负其他营销任务，如安装、维修产品，了解顾客使用后的反馈，而广告则不具有这种完整性。

4.人员推销具有公共关系的作用

一个有经验的推销员为了达到促进销售的目的，可以使买卖双方从单纯的买卖关系发展到建立深厚的友谊，彼此信任，彼此谅解，这种感情增进有助于推销工作的开展，实际上起到了公共关系的作用。

第三节　推销的过程

推销学发展至今，已经形成一个比较系统的理论体系，并且被广泛地运用于现代推销活动中。推销过程是指推销人员进行推销活动时通常采用的完整的行为步骤。虽然有许多因素会影响推销人员的推销步骤，但是把推销活动看作一个过程，并划分为不同的阶段，有利于我们进行科学推销，避免盲目性。这里必须指出的是，关于推销过程划分的任何理论，都只有相对的意义，并不一定完全反映推销工作的情况。事实上，推销过程十分复杂，而且灵活多变。因此，我们应该全面地、发展地看待推销过程及其不同的发展阶段。

　　尽管推销活动千变万化，但是大多数有效的推销都存在一定规律性。如果我们单纯从推销人员与顾客打交道的时间顺序来考察，推销过程可以分为如下几个阶段：寻找及识别顾客、约见并接近顾客、推销洽谈、处理顾客异议以及成交与跟踪服务，如图1-2所示。

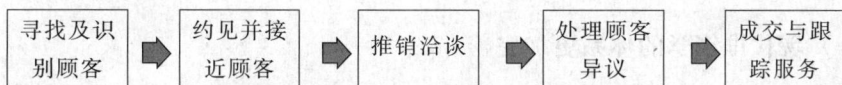

| 寻找及识别顾客 | ⇒ | 约见并接近顾客 | ⇒ | 推销洽谈 | ⇒ | 处理顾客异议 | ⇒ | 成交与跟踪服务 |

图1-2　推销的过程

延伸阅读1-5

服装销售过程

　　推销是一个合乎逻辑的过程。要想提高推销效率，就必须正确认识和掌握推销规律；否则，再高明的推销术也难以发挥作用。一个推销人员，无论推销过程多么艰难、多么随机和难以掌握，都应在明确推销规律并熟练把握推销基本技巧的条件下随机应变，否则难以进行成功的推销。

第四节　现代推销学的产生与发展

一、现代推销学的产生

　　推销作为一种社会活动，是随商品生产的产生而产生，随商品生产的发展而发展的。在我国，关于推销的实践活动可追溯到神农时代。到了黄帝时代，已有货币作为交换手段。尧、舜、禹时代，行商阶层开始出现。这些行商为了进行交易，必然要进行宣传和说服活动，这就是原始的推销活动。到了春秋时期，商业进一步发展，推销的形式也更加多样化。在以后的社会发展中，推销一直起着不可低估的作用。张骞出使西域，郑和下西洋，开辟了陆上丝绸之路和海上丝绸之路，这无疑是具有伟大历史意义的推销之路。20世纪70年代末以来，随着我国实行改革开放，建立社会主义市场经济体制，国外有关推销的理论逐步被引入我国，大学开始设立市场营销专业，并把推销学设置为重要的专业课程，推销学在我国得到了前所未有的发展，在实践中被广泛应用。企业需要大量的推销人员，各类学校不断地输送营销人才到企业从事推销工作，各个企业自己也培养、选拔销售人才。国内学者在国外输入的著作和教材的影响下，推动现代推销学理论研究，并出版了各种版本的推销学教材。目前，在国内学者的共同努力下，推销学理论在我国进一步发展，并与实践相结合，推销学的内容体系更加完善，与国外学者的研究几近同步。

　　在西方尤其是美国，关于推销的研究在最早的市场学教材中就大量论述过。当时的市场学几乎等同于推销学，因为关于人员推销技巧、推销手段与策略的研究是当时市场学的主要内容。20世纪30年代的大萧条使企业更加注重对推销术和广告术的研究。1958年，世界著名的推销专家海因兹·M.戈德曼的《推销技巧：怎样赢得顾客》一书问世，标志着现代推销学的产生，奠定了现代推销学的理论基础。

二、现代推销学的发展

现代推销学自20世纪50年代产生以来，体系不断完善，理论不断充实，观念不断更新，内容更加丰富。

（一）现代推销学的体系更加完善

与我国社会经济发展情况相结合，现代推销学的框架体系更加完善，其内容涉及推销理论、推销人员、顾客研究、推销程序、推销礼仪、推销管理等各个方面。现代推销学真正从管理的角度分析推销问题，研究顾客的购买心理与行为，推销人员的推销态度，销售管理等与人相关的问题，推销程序、推销技巧与策略等推销技术，推销人员与人交际沟通的各种礼仪等。这样，这门学科的体系就更加合理、科学，更具应用性。

（二）现代推销学的理论内容综合性更强

现代推销学融合运用市场营销学、管理学、心理学、广告学、谈判学、社会学、公共关系学等多学科的理论知识来构建学科内容，综合性更强。这也符合本学科随着企业推销实践的发展而发展的趋势。

（三）现代推销学的发展对于推销职业的专门化普及起到了重要作用

推销学的创立与发展使推销成为一个既有理论根据又有行为规范的、专业性很强的专门职业。如今从事这项工作的人数在迅速增长，尤其是女性推销员的人数在增加。女性推销员更会体察人情冷暖，能够更好地与人相处，这一点已成为许多人的共识。美国一项针对3 000名经理人员的调查发现，经理们认为女性往往比男性更易于贯彻执行上司的意图，其言谈举止也比男性更加亲切，另外还有绝不亚于男性的可信赖性。

（四）现代推销学的发展使推销概念普及化、广泛化

"人人都是推销员"的观点得到越来越多的人认可。人们认识到，不仅营利性组织需要推销它们的产品与服务，而且各种非营利组织也需要推销；不仅推销人员需要向顾客推销自己与产品，而且任何人都需要推销自己。在现实生活中，人人都有推销之举，如小孩向父母撒娇、提要求，希望得到帮助与爱护，这是在推销；求职者在申请职位时，把自己生活中的任何一点闪光处都记取和抛出，这是在推销；为求加薪升职，员工会创造机会，不断地在工作中表现，这也是在推销；大学教授传授的既有各种共通的科学知识，也有他们个人的见解，更包括他们个人对社会、对人生的看法，他们推销的是一种思想、一种价值观念。他们与推销人员的区别在于，他们是一时的客串，而推销人员是以推销谋生。

（五）现代推销学的发展使推销学研究的核心由"满足顾客需求"转向"提供顾客价值"

20世纪50年代以来，推销学一直贯彻市场营销学的核心理念，即"满足顾客需求"。但是，随着营销学理论的进一步发展，关系营销理念成为当代企业信守的新观念，现代推销学的核心观念也转变为"提供顾客价值"。为此，推销学的重点就是研究顾客追求的价值是什么，如何在满足需求的基础上提高顾客价值，并在推销过程中灵活运用推销理论和技巧促进顾客购买，达到推销效益和顾客价值的最大化，从而巩固、加强买卖双方的互利关系。

（六）现代推销学的发展推动企业内部推销组织及其成员整体素质的提高

现代推销组织不是靠组织中单个人的业绩来实现企业经营目标，而是通过组织中明确的专业分工、合理的人员搭配、较高的人员素质来完成推销任务，实现企业经营目标并获得长远发展的。健全的推销组织是企业发展的根本保证，高素质的推销人员是企业的宝贵财富，二者缺一不可。现代推销学理论对于企业选拔、招聘、培训与激励推销人员、健全推销管理组织机构起到了指导作用。

三、现代推销新理念

推销理念是指如何引导、组织和控制推销活动，以及在推销活动中如何协调组织、消费者和社会利益关系的观念、思想和价值取向。推销理念是企业推销管理活动的导向，并随着市场形势的变化而发展、变化。

推销理念的创新是现代企业根据推销环境的客观变化而进行的经营指导思想的创新，是企业推销创新的先导，从方向上综合支配企业推销创新的各项活动。企业经营管理者和员工只有首先进行理念创新，解放思想，才能积极有效地推动企业的推销创新活动。

随着市场经济的进一步发展，商品和资本的相对过剩，形成了以消费者为主导的买方市场，企业间的竞争日益激烈，同时，绿色环保理念以及信息技术和互联网的快速发展，也对推销方式提出了新的挑战。在这种形势下，推销理论也不断推陈出新。本节主要阐述顾问推销、关系推销、绿色推销、体验推销等现代推销新理念。

微课 1-3

现代推销新理念

（一）顾问推销

顾问推销强调推销人员要了解、把握顾客的实际需求，充当顾客的购买顾问，为顾客提供产品购买的解决方案。顾问推销出现于20世纪60年代末70年代初，是市场营销观念在推销领域的应用和延伸。

这种推销方式强调推销人员通过和顾客之间的有效沟通来识别需要，帮助顾客解决合理购买问题，因此非常符合现代顾客的购买心理需求。推销人员通过适当地询问和仔细地倾听顾客的意见，建立起双向沟通渠道，扮演顾问的角色并提供深思熟虑的推荐意见，以帮助顾客形成解决方案。推销人员要为建立长期伙伴关系奠定

基础，要站在顾客的角度考虑，通过商谈赢得顾客信任。因此，采用顾问推销方式的推销人员要掌握倾听、识别顾客需求和提供一个或多个解决方案的关键能力。

在企业营销实践中，那些具有市场营销观念的生产、服务、零售和批发公司都已经采用或者正在采用顾问推销实践并取得成效。顾问推销的主要特点包括：

1.将顾客看成被服务的人，而不是售卖的对象

在顾问推销中，服务是推销人员的主要职责，而商品仅是推销人员实现服务价值的载体，因此顾客不是仅仅购买商品的人，而是一个需要服务的对象。服务的提供是连续的，包括需求发现、产品选择、需求满足和售后服务等过程。

2.不采用高压或强势推销方式对消费者实施强买强卖

在顾问推销中，推销人员是以建议者的面目出现的，通过双向信息沟通，提高消费者的信息掌握程度，帮助消费者做出正确的决策，购买决策权还在消费者手中，推销人员仅起辅助作用，因此在推销过程中并不存在违背消费者本意的行为，即没有强买强卖现象。

3.关注产品，强调信息指导

在顾问推销中，企业或推销人员对产品给予了较大的关注，在产品创新、产品改进和产品满足消费者需求程度等方面投入较多的精力，而信息沟通和信息指导在整个推销过程中也起到关键作用，推销人员满足消费者在购买过程中的自我决策心理，问题都是通过协商解决的，而不是推销人员特意追求对消费行为的操纵。

4.强调售后服务

虽然价值在交换过程中实现了转移，但买卖双方的关系并没有因销售行动结束而中止，大多数商品需要售后服务。在顾问推销中，售后服务是增加消费者满意度的有效手段，所以推销人员对售后服务都比较重视。

顾问推销是适应现代消费需求的高层次的推销方式，是现代营销理念在推销领域的具体应用。顾问推销是一个复杂的寻找解决方案的过程，是一个持续进取的过程，它对推销人员的意识、知识和能力都有很高要求。顾问推销应该是现代企业的推销追求，成为顾问型推销人员应该是现代推销人员的发展目标。

（二）关系推销

关系推销是指企业或推销人员通过各种手段与每位顾客建立和培育长期伙伴关系，进而达到推销目的的一种推销方法。关系推销与顾问推销在许多具体做法上有相似之处，但在推销模式的根本出发点上有本质区别。顾问推销是基于满足顾客的需求，而关系推销是在满足需求的基础上，建立长期的伙伴关系。

调查表明，获得一名新顾客要比维持一名老顾客多花费4~5倍的成本。同时，对顾客来说，基于产品质量和产品信赖的供求关系也会为顾客节约成本，带来更多的让渡价值。因此，从推销人员和顾客两方面来看，建立两者之间高质量的长期伙伴关系能使双方都得到极大的回报。强有力的伙伴关系就像一种屏障，能阻碍向你的顾客推销商品的其他竞争性推销人员的进入。能够建立伙伴关系的推销人员会得

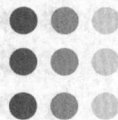

到重复的业务和订单，而重复业务的少量增加都会带来利润的较大增长。

关系推销具有以下几个方面的显著特征：

1. 双向沟通

广泛的信息交流和信息共享有利于企业赢得各方利益相关者的支持与合作。传统推销是单向的信息传递，顾客处于被动地位；在关系推销过程中，推销人员和企业非常注意与顾客的互动交流，注意听取顾客意见，沟通是双向的，顾客是主动的。

2. 互利互惠

关系推销旨在通过合作增加关系各方的利益，而不是一方通过损害另一方或多方的利益来获取自己单方面的利益。关系推销把顾客放到平等、主动的地位，尊重他们的需要，兼顾他们的利益，强调互利合作，因为只有通过合作才能实现双赢。

3. 情感交融

与传统推销不同，关系推销强调情感的认同。关系能否得到稳定和发展，情感因素起到重要的作用。因此，关系推销不只是要实现物质利益的互惠双赢，还要让参与各方能从关系建立与维护过程中获得情感交流的机会以及情感需求的满足。

4. 持续发展

与传统推销只注重一次性交易不同，关系推销强调推销业务的持续发展，要求建立专门的产品和服务部门，用以跟踪顾客、分销商、供应商及其他参与者的需要与态度，广泛了解关系的动态变化，及时反馈信息，采取措施消除不稳定因素，维持良性关系的发展。

（三）绿色推销

绿色推销是指以保护环境和回归自然为主要特征的一种生态型、环保型推销活动。随着工业的发展，人类生存环境受到越来越严重的破坏，生态环境失衡使越来越多的人增强环保意识，引发了追求人与自然和谐共处的环保运动，促使可持续发展道路的确立和可持续发展战略的实施，迫使企业彻底改变对自然界的传统态度和理念，树立"生态中心主义"思想。由此，绿色推销理论随之诞生。

当今，人们对废弃型社会存在的大量问题以及向循环型社会转变的必要性已经有了共同的认识。摒弃传统的发展模式，减少和消除使发展不能持续的生产行为和消费行为，是当前企业推销面临的最大、最深刻的环境变化因素，是不可逆转的全球性潮流，也是我国未来相当长一段时间内社会经济发展政策的基本取向。健康、环保、生命……都将是人类最关注的主题，爱惜绿色、保护绿色、生产绿色、推广绿色将是每一个公民应尽的义务和责任。为此，企业和推销人员必须在以下方面加以努力：

1. 设计绿色产品

产品策略是市场营销的首要策略，是推销的三大要素之一。企业实施绿色推销

必须以绿色产品为载体，为社会和消费者提供满足需求的绿色产品。所谓绿色产品，是指对社会、对环境改善有利的产品。

2.制定绿色价格

一般来说，绿色产品在市场投入期的生产成本会高于同类传统产品，因为绿色产品成本中应计入产品的环保成本，包括：在产品开发中，因增加或改善环保功能而支付的研制费用；因研制对环境和人体无污染、无伤害的产品而增加的工艺成本；使用新的绿色原料、辅料而可能增加的资源成本等。但是，绿色产品价格的上升是暂时的，随着科技发展和各种环保措施的完善，绿色产品的制造成本会逐渐下降，趋向稳定。

3.建立绿色渠道

企业实施绿色推销必须建立稳定的绿色渠道，可从以下几方面努力：启发和引导中间商的绿色意识，建立与中间商的恰当利益关系，不断发现和选择热心的合作伙伴，逐步建立稳定的销售网络；做好绿色渠道的系列基础工作，如选择绿色交通工具，建立绿色仓库，制定与实施绿色装卸、运输、贮存、管理办法；尽可能建立短渠道、宽渠道，减少渠道资源消耗，降低渠道费用。

4.开展绿色促销活动

绿色促销是指通过绿色促销媒体传递绿色信息，激发绿色需求，最终促成购买行为。绿色促销的主要手段包括：绿色广告，即通过广告宣传产品的绿色功能定位，引导消费者理解并接受广告诉求，在绿色产品的市场投入期和成长期，可通过量大、面广的绿色广告，营造绿色氛围，激发消费者的购买欲望；绿色推广，即营销人员在销售现场或推销实地，直接向消费者宣传、推广产品绿色信息，讲解、示范产品的绿色功能，回答消费者的咨询，宣讲绿色营销的各种环境现状和发展趋势，激发消费者的消费欲望；绿色公关，即企业公关人员参与一系列公关活动，如发表文章，演讲，播放影视资料，社交联谊，参与、赞助环保公益活动等，广泛与社会公众进行接触，增强公众的绿色意识，树立企业的绿色形象，为绿色营销建立广泛的社会基础，促进绿色营销业的发展。

（四）体验推销

体验推销的理论基础源于20世纪末在西方兴起的体验营销。按照B.H.施密特在其《体验式营销》一书中的观点，体验式营销是站在消费者的感官、情感、思考、行动、关联五个方面，重新定义、设计营销的方式，它在内容上包括感官娱乐体验、精神愉悦体验、情感感动体验、心灵震撼体验四个方面。体验营销突破了传统的"理性消费者"的假设，认为消费者是理性与感性兼具的，消费者在消费前、消费时、消费后的体验，才是研究消费者行为的关键。随着经济的发展和人们消费水平的提高，消费者越来越关注购物过程的美好感受和产品消费过程的独特体验，甚至越来越希望能够参与到产品的生产过程中。换句话说，消费者越来越注重参与、互动、体验的消费需求，所以，新时期体验营销或推销都必将具有广阔的运用

前景。

　　所谓体验推销，是指企业以消费者为中心，通过对事件、情景的安排以及特定体验过程的设计，让消费者在体验中产生美妙且深刻的印象，并获得精神满足，从而实现产品销售的过程。在人们的消费需求日趋差异化、个性化、多样化的今天，消费者已经不仅仅关注产品本身所带来的使用价值或功能价值，更重视在产品购买、消费过程中获得的愉悦、美好或震撼的感觉，更加重视心理价值。

　　体验推销是一种满足顾客体验心理需求的推销方式，要求顾客积极主动地参与。企业在实施体验推销的过程中，各个部门之间高度协调，注重体验传递的一致性和整体性，为消费者营造整个购物过程的体验氛围，以使消费者"难忘"而购买。与传统推销方式相比，体验推销具有如下显著特征：

　　（1）在产品策略上，传统推销注重产品的品质及功能，即使用价值，而体验推销只把产品视作道具，更关注产品的体验特征，更专注于传递给顾客个性化的购物及消费的体验价值。

　　（2）在定价策略上，传统推销运用成本、需求及竞争定价法，考量的是性价比，而体验推销基于顾客可感知的体验价值进行定价，把价格视为衡量体验的一种功用，如顾客在星巴克就愿意为40～50元一杯的咖啡体验付费。

　　（3）在渠道策略上，传统推销可以根据产品的不同而采用直销或分销方式，而体验推销一般只依靠便于控制的直接渠道创造并传递体验，在企业精心设计的体验场景中，所有接触到顾客的物体都成为传递体验价值的载体。

　　（4）在促销策略上，传统推销可以运用人员推销、广告、营业推广及公共关系等促销方式，而体验推销则把各种促销手段融入体验过程之中，以情感为基点，通过参与互动使信息传递流畅，令消费者置身体验场景流连忘返，欲罢不能。体验式推销具有很强的市场穿透力，许多跨国公司，如哈根达斯、星巴克、摩托罗拉、耐克、可口可乐和百事可乐等，在开拓中国市场的过程中都曾运用和实施体验推销策略，并取得了很大的成功。

●● 复习思考题

一、选择题

1.推销的中心问题是（　　）。

A.说服

B.买卖达成

C.互惠互利

D.交换

2.推销活动中最重要的一部分是（　　）。

A.寻找准顾客

B.接近准备

C.推销洽谈

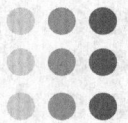

D.促成交易

3.关于关系推销，下列说法错误的是（　　　）。

A.双向沟通

B.互利互惠

C.情感交融

D.人脉至上

4.关于顾问推销，下列说法正确的是（　　　）。

A.采用高压或强势推销方式对消费者实施强买强卖

B.将顾客看成被服务的人，而不是售卖的对象

C.不关注产品，只强调服务

D.推销人员特意追求对消费行为的操纵

5.关于推销，下列说法正确的是（　　　）。

A.推销与营销是一样的

B.推销主要依靠花言巧语

C.营销的含义比推销更广泛、更丰富

D.推销策略可以孤立存在

第一章在线
测试

二、案例分析

小李的两难选择

小李就要结束他的大学市场营销学专业的学习了。小李的父亲是某市一家灯具店的小老板，他很想让自己的儿子帮助他打理好这块生意。这样小李面临着两个选择：或是去帮助父亲料理生意，或是走一条也许是属于自己该走的路——去某家大型灯具企业做推销员。他的父亲在经营方面已取得一定的成功，他认为如果再有儿子的帮助，生意一定会锦上添花。小李找来了几位朋友，想听听他们对这件事的看法。朋友们却认为小李应该到外面去闯一闯，有的说："看守一个灯具店实在没有什么意思。"还有的说："坐等别人上门来购买很难了解外面精彩的世界。"小李听了这些话后感到很苦恼，仍不知该如何选择。

思考讨论：

1.现代推销学的知识对于小灯具店的推销工作是否同样具有指导意义？

2.小李应该如何做才能将自己所学的现代推销学知识应用于小灯具店的推销工作？

3.你认为小李应该去灯具店帮助父亲打理生意还是去做灯具推销员？为什么？

第二章

推销人员的基本素养

本章内容提要

- 推销人员的基本素质
- 推销人员的知识结构
- 推销人员的能力准备
- 推销人员的职责

推销并不是一项轻而易举的工作，而是一项极富创造性与挑战性的工作。推销工作的丰厚回报与挑战性吸引着大批人从事推销工作，但真正在推销的岗位上成功的人只有极少数。要想做好推销工作，推销人员首先需要做好充分的自我准备，其中个人的综合素质和能力是所有准备工作的关键。

推销过程就是一个信息传递的过程，推销人员要以自己丰富的学识、生动的语言和过人的魅力来感染顾客，改变顾客的态度从而使其接受商品。推销人员在推销过程中，首先推销的是自己，其次是推销商品的功能，最后才是推销商品本身。推销是一个人与人直接打交道的过程。推销人员要想让顾客接纳所推销的商品，首先要让自己被顾客接受，所以推销人员必须不断提升自身的素质。

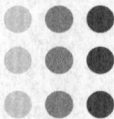

第一节 推销人员的基本素质

微课 2-1

推销人员的
基本素质

在当今激烈的市场竞争中，很多企业意识到推销的重要性，开始注重培养一支精明强干、熟知推销方法与技巧的推销队伍，因为推销事业的成败取决于推销人员的素质。推销人员的基本素质包括道德素质、思想素质和心理素质等方面。

一、道德素质

所谓推销道德，是指推销活动行为规范的总和。推销道德的基本原则是：诚信、负责、公平。"做人之道，以诚为本"。推销人员应该养成高尚的职业道德情操，不弄虚作假、以劣充优，不招摇撞骗、坑害顾客，不见利忘义、唯利是图。做推销首先是"做人"，"小胜靠智，大胜靠德"，推销人员首先要具备良好的道德素质，有正确的经营思想、良好的职业道德，具有高度的责任感，并且为人诚信。

（一）诚信

推销人员在市场推销活动中要讲诚信、守商道。市场经济的核心是信用经济，守信是市场经济活动得以正常进行的基本保证。唯有诚实守信，推销人员才能赢得信誉。谁赢得了信誉，谁就能在市场上立于不败之地；反之，就要被市场淘汰。讲信用就是信守承诺，即信守明确的承诺（如合同、协议）和隐含的承诺（如推销出一件合格商品就隐含地承诺了对该商品的质量负责）；不从事欺骗性活动，不传播虚假信息，不强买强卖；以诚待客，讲究礼节，遵守时间。

（二）负责

这要求推销人员在市场经济活动中对自己的一切经济行为及其后果承担政治、法律、经济、道义的责任。责任可以转化为动力，对于任何组织和个人来说，只有当他认识到自己所做的一切是一种无法推卸的责任并敢于负责时，他才会更坚定地走向自己的目标。而任何逃避责任的行为，都是不道德的，也是愚蠢的。推销人员的一言一行在对自己所代表的企业负责的同时，更应对社会负责，对消费者负责。为此，必须坚决抵制推销质次价高、有害他人身心健康或有害社会安定和发展的商品。推销人员应对消费者讲真话，如实介绍商品的品质和功能，向消费者提供能真实、有效地满足其需要的商品，千方百计帮助消费者解决各种困难和问题，以赢得消费者对品牌的信任，提高商品的市场占有率。坚持负责原则，要求推销人员具有高度的自觉性和勇气，有时甚至需要牺牲一定利益，才能做到真正意义上的负责。

（三）公平

公平是社会生活中的一种普遍道德要求，它是以每一个社会成员在法律上、人格上平等为根据的。坚持公平原则涉及两个方面：一方面，推销人员在向推销对象推销产品或服务的过程中必须公平。无论男女老少，人人都有充分的权利得到他们应得的一切，不受丝毫侵犯。缺斤短两、以次充好、胡乱涨价、欺人坑人的推销手段，都是有违公平原则的，是不道德的。另一方面，推销人员在与竞争者的竞争中必须公平，而不是不择手段、弄虚作假。那种只图一己之利，诋毁甚至诽谤竞争对手的产品，欲置对手于死地的推销行为是不道德的。推销人员应充分发挥自己的聪明才智，通过公平合理、正大光明的竞争，去追求"阳光下的利润"。

二、思想素质

推销思想即推销观念，它是推销人员进行推销活动的行动指南。正确的推销思想（观念）要求推销人员在推销工作中要竭尽全力地为国家、企业着想，全心全意地为顾客服务，把顾客需要的满足程度视为检验推销活动的标准。正确的推销观念包括：需求第一观念、竞争观念、效益观念、服务观念、时间观念以及信息观念。

（一）需求第一观念

推销的目的就是满足消费者的需求，为消费者提供有价值的产品或服务。推销工作如果离开了消费者的需求，就会失败。因此，推销人员应时刻牢记"顾客是我们的衣食父母""顾客需求第一"等思想观念，努力成为顾客的好朋友、好伙伴、好顾问，为顾客排忧解难。

（二）竞争观念

拥有竞争观念的推销人员才能激发斗志、勇往直前。推销人员要敢于参与竞争，在竞争中讲究推销的方式方法和策略技巧，善于学习新知识，增强各种能力，不断提高自身修养和素质，更好地为顾客服务。

（三）效益观念

这一观念包括两个方面，即企业效益和社会效益。企业效益对于推销工作来说，就是推销的结果要具有效益性，达到期望的推销额或利润目标。社会效益的范围更加广泛，包括促进社会的文明进步，注重环境保护，遵纪守法，保护消费者合法权益等。

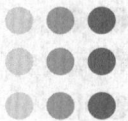

（四）服务观念

服务蕴涵在产品整体概念中，围绕产品本身的服务跟进才是真正意义上的产品推销。为此，推销人员服务意识的强弱、服务水平的高低就成为企业在市场竞争中能否争取到顾客的重要影响因素。"IBM就是服务"的口号为IBM获得竞争优势起到了重要的推动作用。海尔的"真诚到永远"的五星服务理念及到位的售后服务为其赢得顾客创造了先决条件，很多消费者在购买家用电器时都会想到海尔的服务好，从而在个人及家庭财力充足的条件下首选海尔。由此可见，推销人员树立服务观念，在推销过程中以热情周到的服务态度、主动的产品介绍和快速可靠的售后服务等手段满足顾客的需求，才能巩固和发展顾客关系，使企业得到持续的发展并获得竞争优势。

（五）时间观念

鲁迅先生说过："时间就像海绵里的水，只要愿挤，总还是有的。""时间就是金钱，效率就是生命"这句话在人们心中已经成为至理名言。推销人员要善于把握时间，充分利用每一分每一秒，提高时间的使用效率。

（六）信息观念

强烈的信息观念意味着推销人员重视信息，能够使信息资源传递的经济价值为推销工作所用。现代社会信息高度发达，推销工作更离不开信息的支持，如政府信息，竞争企业发布的信息，各相关利益企业的信息，各种QQ群、微信群信息，微博信息等，层出不穷、应接不暇。推销人员不仅要发现信息，还要会分析重要信息和一般信息。信息是推销工作的强大推手。推销人员及时抓住信息提供的市场机会，才能够取得推销活动的成功。

三、心理素质

萧伯纳曾说过："有自信心的人，可以化渺小为伟大，化平庸为神奇。"自信心是支撑人们做任何工作走向成功的基础，而对于推销人员来说，强大的自信心尤为重要。据统计，在所有的工作当中，推销工作的淘汰率是最高的。面对激烈的竞争、客户傲慢的态度和多次无情的拒绝，大多数推销人员都会怀疑自己是否具备做推销工作的素质和能力，自信心极易受到冲击。自信具有传染性，推销人员对自己具有足够的信心，可以感染客户，使之对自己产生信任感。相信自己，相信自己一定能成功，这一点对推销人员而言至关重要。

延伸阅读2-1

推销吉姆公式

（一）相信自己的企业

推销人员相信自己的企业，包括相信企业经营行为的合法性、合理性，相信企业的决策、管理能力，相信企业改革和发展的前景等。推销人员只有充分相信自己

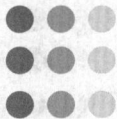

所代表的企业，才能具备从事推销工作应有的向心力、荣誉感和责任感，才能具备主人翁的工作热情，并在推销事业中发挥创造精神。推销人员只有相信自己的企业，才能在推销工作中脚踏实地、信心百倍；才能在遇到错综复杂的情况时，保持头脑冷静；才能以企业为后盾，大胆开创推销新局面。同时，推销人员相信自己的企业有利于增强自信心。连自己的企业都不相信的推销人员是不可能长期对企业和顾客有所作为的。

（二）相信自己的产品

推销人员对本企业产品建立信心的基本前提是产品是可以信任的，是符合质量标准和适销对路的。"己所不欲，勿施于人。"世界著名的激励大师金克拉曾说过："别推销连自己都不相信的产品。"在顾客看来，对产品缺乏信心的推销人员不是油嘴滑舌、费尽心机的骗子，就是狡诈多端的乞丐。推销人员只有相信和喜欢本企业的产品，才会充分调动积极情绪，充满热情地投入到推销工作中，并用自己的热情感染对方接受产品。

（三）相信自己

推销人员相信自己就是要相信自己从事的推销事业的意义，相信自己从事推销事业的智慧和能力，相信自己拥有充满希望的美好明天。推销人员的自信心是完成推销任务、实现推销目标的前提。自信心能够增强推销人员的自强心，激发推销人员开拓进取的活力和创造力，有利于推销人员充分调动自己内在的潜能；自信心可以增加推销人员的勇气，促使推销人员勇于克服困难，勇于面对现实；自信心能帮助推销人员赢得顾客的信任，因为只有对自己充满信心，才能感染顾客，影响顾客，改变顾客的态度，使顾客对推销人员产生信心，进而相信并购买其所推销的产品。

四、身体素质

推销人员的工作既是一项复杂的脑力劳动，也是一项艰苦的体力劳动。推销人员每天都要与形形色色的人打交道，还要经常外出推销，需要有充沛的体力和精力。所以，健康的身体是推销成功的重要保证。

延伸阅读2-2

顶尖推销人员必备的十大素质

第二节　推销人员的知识结构

所谓知识结构，就是各种与推销工作相关的知识在推销人员头脑中的构成及其比例关系。俗话说，"不怕口袋空空，就怕脑袋空空"。推销人员具备合理的知识结构能够为其发挥更好的能力做储备，为此，推销人员要具备扎实的知识基础。

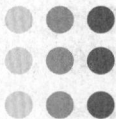

一、行业知识

了解本行业的历史、现状以及发展前景，国家有关的支持或限制性政策，本行业在国民经济中的地位、规模与结构，本行业的技术创新能力和优势，本行业对于推销人员的要求，等等。推销人员了解的行业知识越多，对于其推销工作的指导作用越大。

二、企业知识

（一）企业的历史

推销人员应掌握企业的创建情况、发展历程、经营指导思想、经营方针与目标、发展壮大的背景知识、发展过程中的名人逸事等。推销人员掌握这些知识，能够让顾客详细、全面地了解推销人员所在企业的状况，并对企业形成良好的印象；同时，推销人员能够熟练且自豪地讲出企业的发展历史，可以给顾客留下热爱企业的印象，有利于树立推销人员在顾客心中的形象；另外，推销人员向顾客介绍企业的历史，可以增强推销人员对自身工作的自豪感和归属感，提升推销时的信心。

（二）企业规模的大小

推销人员要熟悉企业的规模大小。在与顾客洽谈时，顾客一般会认为规模大的公司比较可信，在推销过程中也比较占优势。企业规模的大小可以通过下列指标反映：市场占有率，原材料的运用情况，日产量、年产量，公司雇员人数，工厂、办公室的规模及数量，工资总额等。

（三）企业的财务状况

推销人员要了解企业的资产、负债状况，在与顾客签订合同之前，或者在顾客支付产品交易的预付款之前，都必须知道这些情况，以便回答顾客的疑问，解除顾客的后顾之忧；否则，推销也难以成功。

（四）企业的领导与组织机构

推销人员应了解企业领导层的职务、姓名、行业地位、名声、经营理念等，对那些与推销有关的部门和人员也应非常熟悉。

（五）企业的规章制度和政策

推销人员要熟悉企业的赊销规定、企业的价格政策、企业的服务措施等各项规章制度和政策。

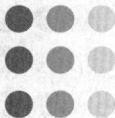

三、产品知识

要想成功地打动顾客，再出色的口才也不及性能优越的产品。一名合格的推销人员对企业生产的尤其是自己负责推销的产品和服务应该非常熟悉，缺乏产品知识的推销人员是很难说服顾客购买其产品的。有的推销人员对自己推销的产品只知道个大概，甚至有的只知道价格，就开始了推销工作，造成一问三不知的尴尬局面，顾客进一步详细询问就不知所云了。这样不但会引起顾客对产品的怀疑，也会损害企业名誉，更会导致推销人员在业务上毫无进展。推销人员应该了解的产品知识包括以下几个方面：

（一）产品的基本特征

1.产品的物理属性

产品的物理属性包括硬性特征和软性特征。硬性特征是指产品的大小、重量、容量、长度、构造、原料、式样、颜色、速度、改良之处及专利技术等相关的信息；软性特征是指产品的设计风格、色彩、流行性等。

2.产品的生产流程

产品的生产流程包括产品的生产工艺流程、所用材料、质量控制方法等。

3.产品的性能指标

产品的性能指标包括产品的温度极限、功率、电流、使用寿命等。同时，推销人员还应掌握一些产品的安装、维修方面的基本知识和技术。

4.产品的交易条件

产品的交易条件包括产品的价格、付款方式、运输方式、质量保证年限、维修条件和购买程序等。

5.产品的使用知识

产品的使用知识包括产品使用方法、操作方法、使用时的注意事项等。

（二）产品的定位

产品的定位是指产品在目标消费群体心中形成的隔区，即产品与其他竞争产品的区别所在。推销人员应该对产品的定位进行深入了解，分析产品的目标消费群体是谁，带给顾客的最核心的利益是什么，表现核心利益的最优形式以及顾客最关注的延伸产品又在哪里，只有这样才能在推销的过程中，抓住消费者的心理，进行针对性的推销。

1.找出产品的卖点及独特卖点

卖点即顾客购买产品的理由；独特卖点是顾客买你的产品而不买竞争产品的原因。中国台湾著名营销专家余世维曾经代理过捷豹汽车，在开始推销之前，余先生就明确应该给自己代理的汽车找到区别于其他竞争品牌的吸引消费者的卖点，最终他了解到英国皇室的戴安娜王妃曾经的座驾就是捷豹汽车，但与他代理的汽车不

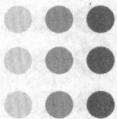

是同一款。于是，余先生想办法找到了戴安娜王妃曾经乘坐捷豹汽车的照片，并翻印了很多张。他让推销人员在向顾客推销捷豹汽车的时候，一定要提到戴安娜王妃的座驾也是捷豹汽车，并赠送一张照片给顾客，结果他代理的十辆捷豹汽车很快销售一空。

2.找出产品的优点和缺点，并制定相应的对策

推销人员要找出产品的优点，作为重点推介；找出缺点后，要考虑如何将缺点转化为优点或给顾客一个合理的解释。对于顾客提出的产品缺点，有的推销人员采取坚决不承认的态度，采用狡辩的方式应对，这样的推销人员很容易引起顾客的反感。任何产品都不可能是完美的，消费者并不苛求产品没有缺点，大多数追求的是合理的性价比，所以，对于顾客提出的产品缺点，推销人员应该真诚接受，这种坦诚的态度往往会赢得顾客的尊重和好感。

（三）产品竞争差异

顾客经常会在不同品牌之间进行比较，并提出疑问，因此推销人员必须了解竞争产品的相关知识。

1.品种

主要竞争产品的卖点是什么？质量、价格、性能及特点如何？与本公司产品相比其优缺点是什么？其推出的新品是什么？

2.促销方式

竞争产品的促销方式是什么？哪些方面对本公司的产品有影响？

3.推销人员

竞争产品的推销人员着装、外形、推销技巧怎么样？有哪些值得自己学习？有哪些应该避免？

4.客户

竞争产品的客户数量有多少？层次怎么样？他们为什么选择购买竞争产品？

四、推销专业知识

推销渗透在我们的日常生活中，似乎每个人都可以做推销，所以推销工作的入职门槛不高，但要真正做好推销工作并不容易。推销是一门艺术，所以推销没有固定的方式方法；推销是一项技能，必须在真正的推销实践中锻炼推销本领。推销人员要真正做好推销工作，必须掌握一些基本的推销专业知识，这对推销的顺利进行会起到事半功倍的效果。与推销工作相关的学科知识涉及面很广，实际的推销工作并不要求推销人员对这些学科知识有很深的理解，但对一些基本知识要有所了解，包括市场营销学、消费者行为学、商品信息学、经济学、金融学、经济法、企业管理、公共关系、广告学以及国家的法律法规等，尤其要懂得市场知识，能够掌握市场调查、市场预测、商务谈判和推销的知识和技巧。

推销的专业知识除了来自理论学习以外，还包括一些社会阅历方面的积累，如

待人接物、为人处世方面的一些经验，这是推销必备的社会知识基础。另外，要获得推销的专业知识，还需要接受专业的培训或者在实践过程中摸索和积累，比如目标顾客定位、潜在顾客信息寻找和筛选、目标顾客接近、推销业务洽谈、有效讨价还价、顾客异议处理、业务交易促成、电话推销、网络推销、推销后服务、推销过程管理、大客户管理、应收账款控制、客户关系管理、推销团队建设等，都需要相关的专业知识及技能训练。

五、顾客知识

一个优秀的推销员必须同时是一个优秀的调查员，必须去发现、追踪和了解，直到摸清顾客的一切。

（一）善于分析和总结不同顾客的特点

了解谁是推销产品的目标顾客，目标顾客的规模有多大，目标顾客的需要是什么，了解顾客的购买习惯、购买动机等情况。这需要推销人员掌握消费心理学、社会学、经济学以及行为科学等的相关知识。

（二）了解顾客购买决策的过程

了解顾客的购买决策权在谁手中，谁是决策者，谁是购买者和使用者；了解顾客的购买条件、方式和时间，深入分析不同顾客的心理、习惯、爱好和要求。对于集团消费者而言，不同的组织，内部的决策模式是不同的，不能清楚地了解组织的决策过程和模式，往往会做无用功，浪费很多时间和金钱，闹出"南辕北辙"的笑话。例如，一些大型医院药品的采购决策权归属药剂科主任，一些小型医院药品的采购权则由业务院长把握，而有些医院由于特殊情况，并不遵循上述规律，所以事前必须了解清楚。

（三）客户公司的基本信息

客户公司的基本信息包括公司的规模大小、财务状况、领导与组织结构、行业特点、产品推销半径、推销方式、竞争对手、股权结构等。

六、竞争对手知识

推销人员必须牢记，任何营销行动都是在竞争的环境中展开的。只有知己知彼，才能百战不殆。因此，了解竞争对手的情况是推销人员的必修课。在日益激烈的市场竞争环境下，企业必须十分注意它们的竞争对手，才能有针对性地制定出有效的营销策略。首先，推销人员必须深入了解现有的竞争者。谁是主要的竞争者？其市场定位如何？产品组合如何？价格水平怎样？年推销额有多少？它们的优势和劣势是什么？根据对这些问题的了解，推销人员就可以制定出有针对性的推销策略，目的是避其锋芒，发挥自己的优势，避免自己的劣势。可以说，对

竞争对手的状况了解得越清楚，推销人员在推销中就越主动、越自信，推销成功的机会就越大。

七、相关法律知识

推销人员在工作中要有强烈的法律意识和丰富的法律知识。推销工作是一种复杂的社会活动，受到一定的法律法规制约。在推销过程中，推销人员应注意衡量自己的言行是否合法，以及会给社会带来什么后果。所以，推销人员有必要学习、了解经济法、合同法、民事诉讼法、商标法、广告法、产品质量法、消费者权益保护法、反不正当竞争法等各类法律法规，做到依法推销、诚信推销，反对欺骗性推销和强制推销。

第三节　推销人员的能力准备

一、表达能力

表达能力包括文字表达能力和口头表达能力。做任何类型的推销工作都需要表达能力。没有一种职业像推销工作这样，对表达能力的需要如此迫切，它与推销能否获得成功又是如此息息相关。你的口才如何取决于你是否掌握足够充裕的词汇量，以及能否恰当地选取最有效的表达词句，使它清楚、诚挚、确定地表达出来。同时，要讲究说话的艺术性，如幽默风趣、生动形象、富于情感、文明礼貌、热情友善等。

同时，声音的魅力也很重要，推销大师原一平认为："任何一次谈话，语速的变化与语调的高低，必须像一支交响乐队一样，抑扬顿挫、搭配得当，才能成功地演奏出和谐动听的美妙乐章。"他总结了发出有魅力的声音的七个诀窍：语调要低沉明朗，低沉明朗、愉快的语调最吸引人；咬字清楚，段落分明，为此要练习大声朗诵；语速的快慢运用得当，就像开车时有高速、中速、低速，依实际路况做出调整，同样在说话时，也要依实际状况调整快慢；运用"停顿"的奥妙；音量的大小要适中；词句须与表情互相搭配；措辞要高雅，发音要准确。

应当怎样表达？首先，要向表达对象正确清晰地表达。其次，语言要有针对性。再次，表达方式要有艺术性。艺术性是指语言表达的灵活性、创造性和情境适用性。最后，恰当地使用肢体语言。

二、沟通能力

沟通是为了一个设定的目标，传递信息、情感、思想，并且达成共同协议的过程。沟通具有双向性。也就是说，不能把顾客看成只是被动地接收信息的一方，不能让顾客觉得是被推销人员控制的一方。针对不同的顾客，沟通的方式也要进行调整，不能对不同的顾客采用相同的沟通方式、千篇一律的表达。沟通必须有接收者

的反馈，才能检验传送的信息是否同发出去的信息一致；同时，通过顾客的反馈才能更好地了解顾客的需求和愿望，从而把握好推销的进程。在沟通过程中，有效倾听是非常重要的。推销人员要像擅长讲话一样擅长倾听。因此，推销人员要注意积极倾听，使顾客确信自己是重要的，这也是对顾客的尊重。推销人员要善于运用提问的方法提出问题，以示对顾客说话的回应。

三、学习能力

时代在不断地变化，客户在不断地成长。在这个高速发展的时代，除了变化，没有什么东西是不变的，而学习则是让推销人员了解外部世界、跟上客户步伐的最有效途径。对于优秀的推销人员来说，主动学习是指这样一种能力：能够快速地汲取最新知识，了解社会发展趋势；能够将学习到的知识与实际工作进行结合，做到理论与实践相融合。随着经济和社会的快速发展，知识的保鲜期越来越短，推销人员必须与时俱进，不断补充和学习新知识。如果没有良好的学习能力，在速度决定胜负、速度决定前途的今天势必会被淘汰。

顶尖的推销人员都是注重学习的高手，通过学习培养自己的能力，让学习成为自己的习惯，因为成功本身是一种习惯和能力（思考和行为习惯）。成功的推销人员都在不断地通过学习超越自己，并且在推销的团队里形成学习的氛围，建立学习型组织，促进自我的提升和组织素质的提升。

四、洞察力

推销人员的洞察力包括两个方面：一是对市场的洞察力；二是对客户的洞察力。洞察不是简单地看看，而是用专业的眼光和知识去细心地观察，通过观察发现重要的信息。例如，到卖场逛逛，一般人可能知道什么产品在促销，什么产品多少钱，而专业的推销人员可以观察出更多信息：别人的产品卖得好是因为什么。推销人员也是每个企业的信息反馈员，通过观察获取大量准确的信息反馈是推销人员的一大职责。成功的推销人员不仅对市场具有很强的洞察力，而且善解人意，心思灵敏，能准确地从客户的言谈举止中窥见对方的思想状况和内在意图，能准确、及时地捕捉到商机。

五、自我调节能力

推销是一项需要承受巨大压力的工作，面对客户的无情拒绝、他人的冷嘲热讽以及许久没有推销业绩的情况，很多推销人员的情绪会变得很不稳定，甚至会怀疑自己的能力：是不是自己真的不适合做推销？这样的负面情绪如果不能得到及时调整，推销人员很容易半途而废。面对工作失意、家庭烦恼或其他不顺心的事情时，优秀的推销人员总是能够很好地进行自我心理调节。他们绝不会将失意写在脸上，把情绪带进推销，即便遭受再大的痛苦，也会在推销时容光焕发、面带微笑。自我调节并不是压抑感情，而是让自己学会如何控制自己的情绪，你可以选择多种方式

来宣泄，比如到酒吧喝上一杯，看一场电影，打一场球赛，但不能将所有不满与愤怒发泄在客户身上。

六、自我控制能力

很多时候推销人员是单兵作战的，每天从事的工作都不可能完全在领导的监督下进行。推销人员还经常遭遇拒绝和挫折，免不了生气，需要控制情绪，保持良好的工作状态，每天都要以饱满的热情迎接新的挑战，所以推销人员一定要努力培养自己的自控能力。另外，在日常的推销工作中，推销人员不可避免会遇到竞争对手，有时候沟通了很久、马上要成功的客户会被别人抢走，有时候会碰到竞争对手在客户面前诋毁自己，有时候会在推销终端与对手现场竞争。面对这些推销中经常出现的竞争局面，推销人员必须用健康的平常心对待，如果不能很好地调整自己的心态，没有较好的自控能力，顺着自己的情绪而为，往往会导致一些不愉快的事情发生，对自己的职业生涯和公司的名誉都会产生负面的影响。

七、创新能力

微课 2-2

成功销售的秘诀

创新是一种商业行为，而绝不是单纯的技术行为，决定创新成败的标准是其市场表现，即将一个新的创意转化为消费者的满意和愉悦，并最终转化为推销额和利润。创新是企业发展的源泉。任何职业都需要创新能力。推销工作无定式，必须注重不断创新。推销人员在推销工作中注重方法、手段的创新及运用，会起到意想不到的效果，使推销工作更加顺利、更有成效。推销创新是推销人员适应市场、环境和竞争的变化自我提升、自我超越的结果。

第四节 推销人员的职责

推销人员的职责与现代推销的职能基本上是一致的。推销的职能是与推销的性质相关的，是推销工作的内在要求；推销人员的职责是把推销工作的职能外化，是推销人员履行推销职能的具体行为，并且这些行为是企业可以用一些指标来衡量其效果和效益的。

一、推销产品

企业雇用推销人员，主要目的是完成推销任务，实现企业的推销利润。推销人员不完成推销任务、不创造推销利润，是不可能得到企业的赏识和认可的。推销产品是推销人员的首要职责，是推销人员履行其他职责的前提。因此，推销人员应该加强对推销洽谈能力的训练，掌握推销谈判的技巧，创造优异的推销业绩。

二、树立良好的企业形象

企业形象是顾客对企业的总体看法和印象。推销人员的言谈举止代表了企业的形象，影响着顾客的购买行为。基于这一点，推销人员首先应注重个人形象。穿着要干净整洁，使顾客认为你是可以信任的、有修养的人，给顾客留下良好的第一印象。其次，要注重言行得当。推销人员在与顾客的交往过程中态度要诚恳，要热情主动，要用正面的语言表达对自己企业的认同，让顾客对你所代表的企业产生美好形象的联想，真正树立企业形象。推销人员的言行举止时时刻刻都代表着企业形象，推销人员应时刻记住宣传自己的企业和树立企业形象的职责，力争使顾客相信自己的企业。

三、开拓与进入目标市场

推销人员只有开拓与进入目标市场，才能把潜在市场变为现实市场，把市场机会变为企业的盈利机会，把潜在利润变为真实利润。为此，推销人员应做的工作有：分析目标市场需求变化的影响因素，开展公关活动，制订企业产品的推销网络计划，实施开拓。拜访率和成功率是考核推销人员的重要指标。

四、收集市场信息

推销人员直接与顾客打交道，对顾客需求和市场信息的变化最清楚，理所应当承担收集市场信息的任务。市场信息的范围广泛，主要有：

（1）供求信息。推销人员有责任把顾客的需求传递给企业，促进企业按需生产。

（2）价格信息。商品市场价格的现状及其变化趋势的信息。

（3）竞争者信息。市场上竞争者的状况和动态信息。

（4）环境信息。国家的政治、经济、科技、环保、法律法规等发展变化的信息。

上述市场信息对于企业获得竞争优势、巩固产品及品牌形象、维系忠诚顾客以及企业的长远发展都具有重要影响。优秀的推销人员能够抓住有利的信息，迅速开展推销工作，赢得竞争的主动，为企业创造效益。

五、提供服务

现代推销不仅要把商品推销给顾客，而且要帮助顾客解决困难和问题，满足顾客的各种需求，建立起产品和企业的良好信誉。在推销过程中，推销人员在售前要为顾客提供信息咨询、培训服务，在售中要为顾客热情服务，介绍商品、包装商品、免费送货、代办各种推销业务，满足顾客的合理要求、为顾客提供方便等，在售后要为顾客提供安装、维修、包退、包换服务，还要跟踪了解、解决顾客的困难和问题，提供零配件等，以消除顾客的后顾之忧。

延伸阅读2-5

做销售的N种"死"法

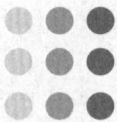

复习思考题

一、选择题

1.推销人员除了推销产品，更重要的是（　　）。

A.推销企业

B.推销自己

C.推销服务

D.推销体验

2.推销人员的思想素质不包括（　　）。

A.热爱推销工作

B.高度的工作责任感

C.百折不挠的追踪精神

D.任劳任怨的精神

3.下列选项中不属于推销人员必须具备的能力的是（　　）。

A.良好的语言表达能力

B.敏锐的观察能力

C.较高的领悟能力

D.较强的社交能力

4.下列选项中，不属于推销人员在交谈的过程中应该做到的是（　　）。

A.发音准确，注意语音、语调、语速与停顿

B.条理清楚、逻辑性强

C.谈话要据理力争

D.交谈富有热情、充满活力

5.下列推销人员应具备的心理素质中，表述错误的是（　　）。

A.相信自己的企业

B.相信自己的产品

C.相信自己

D.相信领导

第二章在线测试

二、案例分析

药品公司推销员的选拔

浙江某药品公司销售科负责该公司产品在全国各地区的促销工作。为了提高销售量，销售科与公司总部订立了承包合同，公司总部依据销售额和销售货款回收率这两大指标的完成情况对销售科进行考核，相应地，销售科也以这两个指标为主来考核销售员的工作实绩。

随着产品销售量的不断增加和营销策略的不断深化，销售科感到人手紧缺，急

需充实销售员队伍。为此，该公司经过应聘者本人申请和文化考试，录用了赵某、钱某、孙某和李某4人到销售科实习试用。目前，他们的实习期将满，销售科长正考虑从他们中选拔合适人员担任正式销售员，从事产品的销售工作。销售科长根据平时对他们的观察和公司领导、销售科同事及用户对他们的评价，对上述4位同志的个人素质和工作状况进行了初步的总结，以作为选拔销售员的依据。

1.个人素质方面

赵某，今年刚满20岁，高中毕业，精力旺盛，工作肯吃苦，但平时大大咧咧，做事粗心大意，说话总是带有一股"火药味"。

钱某，是为了解决夫妻两地分居问题而从外地调进公司的，今年34岁。他为人热情，善于交往，本人强烈要求做销售工作。

孙某，是工商管理专业毕业的大学生，今年25岁。她工作认真，稳重文静，平时少言寡语，特别是在生人面前，话就更少了。

李某，今年29岁，是公共关系专业毕业的大学生。他为人热情，善于交际，头脑灵活，但对销售工作缺乏经验。

2.工作实绩方面

赵某，工作主动大胆，能打开局面，但好几次将用户订购的产品规格搞错，用户要大号的，他往往发给小号的，尽管科长曾多次向其指出，他仍然时常出错，用户有意见找他，他还冲人家发火。

钱某，工作效率很高，经常超额完成自己的推销任务并在推销过程中与用户建立了熟悉的关系。但是，他常常利用工作关系办私事，如要求用户帮助自己购买物品等。而且，他平时工作纪律性较差，上班晚来早走，并经常在上班时间回家做饭，销售科的同事们对此颇有微词，他曾找领导说情，希望能留在销售科工作。

孙某，负责浙江省的产品推销工作，她师傅曾带她接触过所有的主要用户，并与用户建立了一定的联系，但她自己很少主动独立地联系业务。有一次，她师傅不在，恰巧有个用户要增加订货量，她因师傅没有交代而拒绝了这一笔业务。

李某，负责河北省的产品推销工作，他经常超额完成推销任务，并在推销过程中注意向用户介绍产品的性能、特色，而且十分重视售后服务工作。有一次，一个用户来电提出产品有质量问题，他专程登门调换了产品，用户为此非常感动。尽管如此，他却时常难以完成货款回收率指标，致使有些货款一时收不回来，影响了企业经济效益目标的实现。

销售科长必须在月底以前做出决定，哪些人将留在销售科成为正式的销售员，哪些将被辞退。

资料来源　佚名.广州牙膏厂销售员的选拔［EB/OL］.［2021-01-10］. http://www.mbachina.com/html/lnzt/200908/5885.html.

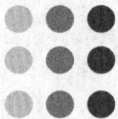

思考讨论：

1.销售人员应具备哪些素质？同时应具备哪些能力？

2.如果你是销售科长，根据案例中4人的个人素质和工作实绩，你将怎样决定他们的去留？

第三章

顾客心理

本章内容提要

- 顾客需求
- 顾客购买心理变化规律及购买动机
- 推销方格理论

    "现代营销学之父"科特勒早年说过的一句话启动了商界变革:"市场营销最简短的解释是:发现还没有被满足的需求并满足它。"2005年9月,科特勒在"菲利普·科特勒新思维全球巡回论坛"上再一次强调:"营销需要创新,但万变不离其宗:发现并满足需求。"

    把具体顾客及其对推销活动的接受过程作为主要研究对象,既是现代推销学的主要研究特点,也是现代推销学与市场营销学的主要区别。因为企业推销活动的终极目的是满足具体顾客的需求,所以具体顾客有什么需求,具体顾客需求的发展规律是什么,具体顾客对推销的认识如何,其态度产生和变化的原因是什么,如何发现和准确确定具体顾客的需求,如何寻找满足具体顾客需求的产品和方式,如何转变具体顾客对推销的态度进而接受推销人员及其推销的产品,都是现代推销学主要的研究内容。

第一节　顾客需求

一、顾客需求的内涵

（一）顾客需求的概念

现代推销的目的就是满足顾客的需求，因此研究顾客的需求有着十分重要的价值。顾客需求是指顾客对有能力购买的某个具体产品的购买欲望。简单地说，需求就是建立在顾客购买力基础上的购买欲望。一般来说，每个人都有相同或相似的需要，但由于人的购买力不一样，人的欲望就大不相同。比如每个人都要吃饭，但有的欲望是山珍海味，而有的只要粗茶淡饭就行。人有多种需要，如饥饿的时候有进食的需要，渴的时候有喝水的需要，在与他人交往中有获得友爱、被人尊重的需要等。

需求是与人的活动紧密联系在一起的。人们购买产品、接受服务，都是为了满足一定的需求。一种需求满足后，又会产生新的需求。因此，人的需求绝不会有被完全满足和终结的时候。正是需求的无限发展性，决定了人类活动的长久性和永恒性。

需求虽然是人类活动的原动力，但它并不总是处于唤醒状态。只有当顾客的匮乏感达到了某种迫切程度，需求才会被激发，并促使顾客有所行动。比如，我国绝大多数消费者可能都有住上更宽敞住宅的需求，但由于受经济条件和其他客观因素制约，这种需求大多只是潜伏在消费者心底，没有被唤醒，或没有被充分意识到。

（二）顾客需求的分类

作为个体的消费者，其需求是丰富多彩的。这些需求可以从多角度予以分类。

1.根据需求在人类发展史上的起源分类

（1）生理性需求。生理性需求是指个体为维持生命和延续后代而产生的需求，如进食、饮水、睡眠、运动、排泄等。生理性需求是人类最原始、最基本的需求，是人和动物所共有的，而且往往带有明显的周期性。人的生理需求，从需求对象到满足需求所运用的手段，无不烙有人类文明的印记。正如马克思所说："饥饿总是饥饿，但是使用刀叉吃熟肉来解除的饥饿不同于用手、指甲和牙齿啃生肉来解除的饥饿。"人类在满足其生理需求的时候，并不像动物那样完全受本能驱使，而是要受到社会条件和社会规范的制约。

（2）社会性需求。社会性需求是指人类在社会生活中形成的、为维护社会的存在和发展而产生的需求，如求知、求美、友谊、荣誉、社交等需求。社会性需求是人类特有的，它往往打上时代、阶级、文化的印记。人是社会性的动物，只有被群体和社会所接纳，才会产生安全感和归属感。社会性需求得不到满足，虽不直接危及人的生存，但会使人产生不舒服、不愉快的体验和情绪，从而影响人的身心健康。一些物质上很富有的人，因得不到友谊、爱，得不到别人的认同而产生孤独感、压抑感，这恰恰从一个侧面反映出社会性需求的满足在人的发展过程中的重要性。

2.根据需求的对象分类

（1）物质需求。物质需求是指与衣、食、住、行有关的物品的需求。在生产力水平较低的社会条件下，人们购买物质产品在很大程度上是为了满足其生理性需求。随着社会的发展和进步，人们越来越多地运用物质产品体现自己的个性、成就和地位，因此，物质需求不能简单地对应于前面所介绍的生理性需求，它实际上已日益增多地渗透着社会性需求的内容。比如，汽车的豪华程度在一定程度上体现着购买者的身份和地位。

（2）精神需求。精神需求是指与人的内心世界相关的认知、审美、交往、道德、创造等方面的需求。这类需求主要不是由生理上的匮乏感而是由心理上的匮乏感所引起的。人不仅是物质的动物，更是精神的动物。和人的物质力量相比，精神力量要大得多，随着物质社会的日益发达，人们对精神的需求程度也日益提高。

延伸阅读3-1
需求类型：显性或隐性

二、顾客需求层次理论

（一）马斯洛的需求层次论

需求层次论是研究人的需求结构的一种理论，由美国心理学家马斯洛（Abraham Maslow）首创。他在1943年出版的《人类动机理论》（Theory of Human Motivation Psychological Review）一书中提出了需求层次论。这种理论基于三个基本假设：第一，人是有需要的动物，人要生存就一定有需求，需求影响着人类的行为。需求取决于他已经得到了什么，还缺少些什么，只有尚未满足的需求才会激发人的购买行为。换言之，已经得到满足的需求不再起激励作用，只有未满足的需求才能影响行为。第二，人的需求按重要性和层次性排成一定的次序，从基本的（如食物和住房）到复杂的（如自我实现）。第三，人在某一级的需求得到最低限度满足后，才会追求高一级的需求，如此逐级上升，成为推动人继续努力的内在动力。

1.马斯洛需求的五大层次

马斯洛将人的需求按由低级到高级的顺序分成五个层次或五种基本类型：

（1）生理需求，即维持个体生存和人类繁衍而产生的衣、食、住、行方面的需求，如对食物、氧气、水、睡眠等的需求。这类需求的级别最低，人们在转向较高层次的需求之前，总是尽力满足这类需求。一个人在饥饿时不会对其他任何事物感兴趣，他的主要动力是寻到食物。即使在今天，还有许多人不能满足这些基本的生理需求。

（2）安全需求，即在生理及心理方面免受伤害，获得保护及安全感的需求，如要求人身的健康，安全、有序的环境，稳定的职业和有保障的生活等。安全需求包

括对人身安全、生活稳定以及免遭痛苦、威胁或疾病等的需求。和生理需求一样，在安全需求没有得到满足之前，人们唯一关心的就是这种需求。对许多顾客而言，安全需求表现为安全而稳定的生活环境以及有医疗保险、失业保险和退休福利等。

（3）社交需求（也称为归属和爱的需求），即希望给予或接受他人的友谊、关怀和爱护，得到某些群体的承认、接纳和重视。例如，乐于结交朋友，交流情感，表达和接受爱情，融入某些社会团体并参加他们的活动等。当生理需求和安全需求得到满足后，社交需求就会凸显出来，进而产生激励作用。当社交需求成为主要的激励源时，工作被人们视为寻找和建立温馨、和谐人际关系的机会，能够促进同事间社交往来的职业会受到重视。

（4）自尊需求，即希望获得荣誉，受到尊重和尊敬，博得好评，得到一定社会地位的需求。自尊的需求是与个人的荣辱感紧密联系在一起的，它涉及独立、自信、自由、地位、名誉、被人尊重等多方面内容。有自尊需求的人希望别人按照他们的实际形象来接受他们，并认为他们有能力，能胜任工作。他们关心的是成就、名声、地位和晋升机会，这些是由于别人认识到他们的才能而得到的。当他们得到这些时，不仅赢得了人们的尊重，同时其内心因对自己价值的满足而充满自信；如果不能满足这类需求，他们就会感到沮丧。如果别人给予的荣誉不是基于其真才实学，而是名不副实，也会对他们的心理构成威胁。

（5）自我实现需求，即希望充分发挥自己的潜能、实现自己的理想和抱负的需求。自我实现是人类最高级的需求，它涉及求知、审美、创造、成就等内容。达到自我实现境界的人，接受自己也接受他人，解决问题能力增强，自觉性提高，善于独立处事，要求不受打扰地独处。要满足这种尽量发挥自己才能的需求，他应该已在某个时刻部分地满足了其他需求。当然，追求自我实现的人可能过分关注这种最高层次需求的满足，以至于自觉或不自觉地放弃了满足较低层次的需求。为了使工作有意义，强调自我实现的管理者，会在设计工作时考虑运用适应复杂情况的策略，会给身怀绝技的人委派特别任务以施展才华，或者在设计工作程序和制订执行计划时为员工群体留有余地。

2.马斯洛需求层次的特点

（1）当低级需求得到相对满足后，高级需求就会突出，成为行为的激励因素，所谓"衣食足而知荣辱"。但是，这并不说明，必须等低级需求满足后才会产生高级需求，经常会发生例外情况。

（2）需求越到上层，越难满足，有人甚至终身也不会有自我实现的需求和满足感。

（3）同一时间可以存在多种需求，从而有多种激励因素，但一般会以一种需求为主导。

（4）需求是动态变化的。需求一旦被满足，一般就不能成为一种激励力量，因此，如果要更好地激励，就要善于把握需求的变化。

3.需求层次论在推销中的应用与启示

（1）人存在不同层次的需求，不同需求层次的人对产品的需求是不同的，尤其是对产品档次和价格的要求不同。鉴于此，推销人员在推销产品时应该首先分析顾客的需求层次，进而决定顾客需求的产品层次。

（2）随着我国经济的发展，人们收入的增加，绝大多数顾客基本的物质需要得到了满足，精神层次的需要成为他们追求的对象，比如教育、旅游、娱乐等方面的需求逐渐增加。此外，人们对需求的商品和服务的质量要求也在提高。因此，推销人员必须与时俱进，充分把握顾客的需求规律，更高层次、更深层次地满足顾客需求。

（二）奥尔德弗的ERG理论

马斯洛的需求层次论有一定的合理因素，他在一定程度上指出了人的需求变化的一般规律，以及需求结构中各种需求之间的关系，可用于分析消费需求及消费者行为的发展趋势。但是，其阐述还有某些不足之处（比如消费者需求的严格层次性就受到许多质疑），美国另一位心理学家奥尔德弗的ERG理论对此进行了补充。

奥尔德弗（C.P.Alderfer）于1969年在《人类需求新理论的经验测试》一文中修正了马斯洛的论点，认为人的需求不是分为五种而是分为三种：①生存的需求（existence），包括生理与安全的需求；②关系的需求（relatedness），包括有意义的社会人际关系；③成长的需求（growth），包括人类潜能的发展、自尊和自我实现。因此，奥尔德弗需求理论简称ERG理论。马斯洛的需求层次论与ERG理论的不同点是：奥尔德弗经过大量调查证明人类需求不完全是天生的，需求层次论建立在需求"满足—前进"的基础上，ERG理论主张需求不仅体现为"满足—前进"的规律，也有"挫折—倒退"这一方面。"挫折—倒退"说明，较高的需求得不到满足时，人们就会把欲望放在较低的需求上。ERG理论认为需求次序并不一定如此严格，而是可以越级的，有时还可以有一个以上的需求。

奥尔德弗同时还提出了三个概念：

（1）需求满足。在同一层次的需求中，当某个需求只得到少量的满足时，一般会产生更强烈的需求，希望得到更多的满足。由此推论，此时消费者行为不会指向更高层次的需求，而是停留在原来的层次，从量和质的方面发展。

（2）需求加强。较低层次的需求满足得越充分，对高层次的需求越强烈。可以推论，此时消费者的欲望将指向高一层次的需求。

（3）需求受挫。较高层次的需求满足得越少，越会导致较低层次需求的急剧膨胀和突出。换言之，消费者会以更多的支出投入到较低层次的需求当中。

奥尔德弗指出了这样一个事实：需求的变化不仅基于"满足—前进"，而且完全可能"受挫—倒退"。它有助于我们科学地认识需求对消费者行为的影响。奥尔德弗ERG理论的指导意义在于，它不仅要求推销人员重视消费者的需求，而且提供了分析消费者需求的具体方法。推销人员可以根据上述理论在推销实践中注意以

下几点：

（1）在实施推销活动之前要分析、确定目标顾客的需求等级状况。消费者的需求状况是决定其购买行为的首要因素。

（2）应当注意年龄、文化程度、职业、职务、收入和社会经济发展状况等因素对消费需求的影响。推销人员可根据上述社会人文因素进行市场细分，确定每个细分市场消费者群的不同需求，有针对性地开展推销活动。

（3）要抓住不同消费群体的主导需求。推销人员要注意准确分析不同消费群体的主导需求是什么，也就是抓准不同消费群体必须要满足的主要需求。抓住了主要需求也就抓住了推销机会。

（4）注意发展顾客高等级的需求。随着社会的进步和经济的发展，人们低层次的需求被满足以后，高层次的需求成为消费热点。推销人员在确定推销策略时，应注意开发一般消费者的高等级需求，尤其是要向成功人士推销能给他们以精神满足的产品和服务。这样，推销人员将会争取到更多的成功机会。

延伸阅读3-2

拜什么山，
就唱什么歌

第二节　顾客购买心理变化规律及购买动机

一、顾客购买心理变化规律

心理活动是消费者行为的基础，是影响其行为诸因素中的首要因素。观念决定思维，思维决定意识，意识决定需要，需要决定动机，动机产生行为，行为产生后果。消费者在寻找、购买和使用商品与服务的过程中，随时随地受到各种心理机能或心理要素的支配。其中，某些带有共性的心理机能或要素彼此联系，相互依赖，共同作用于消费者行为的始终，由此构成一个统一的心理过程。推销人员在分析、把握顾客消费需求的同时，还应当掌握消费者的购买心理。消费者购买心理是指消费者在购买商品时心理现象对客观现实的动态反映。消费者在实施购买活动时，其多种多样的心理现象无论复杂或简单，都是周围客观现象在其头脑中的反映。这个心理变化的过程，可以概括为彼此有一定区别，同时又相互依赖、相互促进的三个阶段，即认识过程、情绪过程、意志过程。其中，认识过程占有特殊重要的地位。

（一）消费者的认识过程

置身于纷繁复杂的商品世界中，形形色色的商品、服务、广告、时尚元素等每时每刻都在刺激着消费者，向他们传递着各种消费信息。消费者通过大脑对外部信息加以接收、整理、加工、贮存，从而形成对商品或服务的认知，这一过程即心理活动的认识过程。这一阶段又可分为感性认识和理性认识两个阶段。消费者首先通过感官感觉到商品的个别属性，然后再通过记忆、联想、对比、思维，对感觉到的材料进行分析、比较、抽象、概括、判断、推理以至想象，从而对商品形成一个比

较全面的本质的认识。经过这个从感性到理性、从感觉到思维的过程，消费者已接近做出购买与否的决定了。

认识过程是消费者心理过程的起点和第一阶段，也是消费者行为的主要心理基础。各种消费心理与行为现象，诸如消费动机的产生、消费态度的形成、购买过程中的比较选择等，都是以对商品及服务的认识过程为先导的。可以说，离开认识过程就不会产生消费行为。

认识过程不是单一、瞬时的心理活动。消费者对商品或服务的认识，通常经过由现象到本质、由简单到复杂的一系列过程。例如，消费者接收到某种商品信息后，首先会对色彩、形状、光亮、声音等表层信息做出直觉反应，产生外部印象；然后集中注意力，进一步观察了解该商品的内在质量和性能；最后还要运用已有的知识和经验，对已获得的商品信息进行分析、综合，去粗取精，去伪存真，在此基础上得出对该商品全面、正确的认识和结论。

（二）消费者的情绪过程

情绪或情感是人们对客观事物是否符合自己需要而产生的一种主观体验。消费者在从事消费活动时，不仅通过感觉、知觉、注意、记忆等认识了消费对象，而且对它们表现出一定的态度。根据其是否符合消费主体的需要，消费者可能对其采取肯定的态度，也可能采取否定的态度。当采取肯定态度时，消费者会产生喜悦、满意、愉快等内心体验；当采取否定态度时，则会产生不满、忧愁、憎恨等内心体验。这些内心体验就是情绪或情感。情绪一般没有具体的形象，而是通过消费者的神态、表情、语气和行为表现出来。消费者的情绪表现在性质上可分为积极的、消极的和双重的三大类型。消费者在购买活动中的情绪过程大体可分为以下四个阶段：

（1）悬念阶段。在这个阶段，消费者产生了购买需求，但并未付诸购买行动。此时，消费者处于一种不安的情绪状态。如果需求非常强烈，不安的情绪会上升为一种急切感。

（2）定向阶段。在这一阶段，消费者已面对所需要的产品，并形成初步印象。此时，情绪获得定向，即趋向喜欢或不喜欢，趋向满意或不满意。

（3）强化阶段。如果在定向阶段消费者的情绪趋向喜欢或满意，那么这种情绪现在会明显强化，强烈的购买欲望迅速升温，并可能促成购买决策的制定。

（4）冲突阶段。这一阶段是消费者对商品进行全面考量的阶段。由于多数商品很难同时满足消费者多方面的需求，因此消费者往往要体验不同情绪之间的矛盾和冲突。如果积极的情绪占主导地位，就可能做出购买决定，并付诸实施。

（三）消费者的意志过程

消费者心理过程的变化除了以生理机能为基础外，还需要以心理机能为保证。这种心理保证，能使消费者自觉地为实现其购买目的而采取一系列的行动，并使消

费者在购买过程中努力排除各种外来的及内在的干扰，保证购买目的的实现。消费者的这种有目的地自觉支配、调节自己的行为，努力克服各种困难，从而实现既定购买目的的心理活动，就是意志过程。如果说消费者对商品的认识活动是由外部刺激向内在意识的转化，那么意志活动则是内在意识向外部行动的转化。实现这一转化，消费者的心理活动才能支配其购买行为。

在购买活动中，消费者的意志表现为一个非常复杂的作用过程，其中包括做出决定、执行决定、体验执行效果三个相互联系的阶段。

（1）做出购买决定阶段。这是消费者购买活动的初始阶段。这一阶段包括购买目的的确定、购买动机的取舍、购买方式的选择和购买计划的制订，实际上是购买前的准备阶段。消费者从自身需求出发，根据自己的支付能力和商品供应情况分清主次、轻重、缓急，做出各项决定，即是否购买和购买的顺序等。

（2）执行购买决定阶段。在这一阶段，购买决定转化为实际的购买行动，消费者通过一定的方式和渠道购买到自己所需的商品。当然，这一转化过程在现实生活中不会是很顺利的，往往会遇到一些障碍需要加以排除。所以，执行购买决定是消费者意志活动的中心环节。

（3）体验执行效果阶段。完成购买行为后，消费者的意志过程并未结束。通过对商品的使用，消费者还要体验执行购买决定的效果，如商品的性能是否良好，使用是否方便，外观与使用环境是否协调，实际效果与预期是否接近等。在上述体验的基础上，消费者将评价购买这一商品的行动是否明智。这种对购买决策的体验与反省，对今后的购买行为有重要意义，它将决定消费者今后是重复还是拒绝、是增加还是减少对该商品的购买。

消费者的意志过程与认识过程、情绪过程是密不可分的。任何购买行为，都是认识、情绪和意志三者的有机统一。推销人员掌握了这一点，就能更好地了解消费者的心理。

二、顾客的购买动机

消费者的需要和欲望是多方面的，其消费动机也是多种多样的。消费者的购买动机可以分为以下类型：

（一）求实动机

它是指消费者以追求商品或服务的使用价值为主导倾向的购买动机。在这种动机支配下，消费者在选购商品时，特别重视商品的质量、功效，要求一分价钱一分货，相对而言，对商品的象征意义、所显示的"个性"、造型与款式等不是特别强调。比如，在选择布料的过程中，当几种布料价格接近时，消费者宁愿选择布幅较宽、质地厚实的布料，而对色彩、是否流行等给予的关注相对较少。

（二）求新动机

它是指消费者以追求商品或服务的时尚、新颖、奇特为主导倾向的购买动机。在这种动机支配下，消费者选择商品时，特别注重商品的款式、色泽、流行性、独特性与新颖性，相对而言，商品的耐用性、价格等成为次要的考虑因素。一般而言，在收入水平比较高的人群以及青年群体中，求新的购买动机比较常见。2016年初，日本夏普公司发布了一款名为RoboHon的机器人智能手机。该款手机除具备通话、拍照等基本功能外，还可以通过人工智能技术与用户聊天，通过反复对话记住机主的喜好与行为模式，给出匹配的回应。此外，RoboHon还能行走和跳舞。一经发布，这款手机就引起了以求新动机为主的手机发烧友的广泛关注和热议。

（三）求美动机

它是指消费者以追求商品欣赏价值和艺术价值为主要倾向的购买动机。在这种动机支配下，消费者选购商品时特别重视商品的颜色、造型、外观、包装等因素，讲究商品的造型美、装潢美和艺术美。求美动机的核心是讲求赏心悦目，注重商品的美化作用和美化效果，它在受教育程度较高的群体以及从事文化、教育等工作的人群中比较常见。一项对400名各类消费者的调查发现，在购买活动中，首先考虑商品造型美观和具有艺术性的人占被调查总人数的41.2%，居第一位。而在这中间，大学生和从事教育工作、机关工作及文化艺术工作的占80%以上。

（四）求名动机

它是指消费者追求名牌、高档商品，借以显示或提高自己的身份、地位而形成的购买动机。当前，在一些高收入阶层、大中小学生中，求名购买动机比较明显。求名动机形成的原因实际上是相当复杂的。购买名牌商品，除了有显示身份地位、富有和表现自我等作用以外，还隐含着减少购买风险、简化决策程序和节省购买时间等多方面的考虑因素。

延伸阅读3-3

炫耀心理：
"没有×××就不叫成功男士"

（五）求廉动机

它是指消费者以追求商品、服务的价格低廉为主导倾向的购买动机。在求廉动机的驱使下，消费者选择商品以价格为第一考虑因素。他们宁肯多花体力和精力，多方面了解、比较产品价格差异，选择价格便宜的产品。相对而言，持有求廉动机的消费者对商品质量、花色、款式、包装、品牌等不是十分挑剔，对降价、折让等促销活动怀有较大兴趣。

延伸阅读3-4

占便宜心理：
跳楼大甩卖

（六）求便动机

它是指消费者以追求商品购买和使用过程中的省时、便利为主导倾向的购买动

延伸阅读3-5

懒人心理：
送货上门、
货到付款

延伸阅读3-6

从众心理：
排队抢购
现象

机。在求便动机支配下，消费者对时间、效率特别重视，对商品本身则不甚挑剔。他们特别关心能否快速方便地买到商品，讨厌过长的候购时间和过低的销售效率，对购买的商品要求携带方便，便于使用和维修。一般而言，成就感比较高、时间机会成本比较大、时间观念比较强的人，更倾向持有求便的购买动机。

（七）模仿或从众动机

它是指消费者在购买商品时自觉不自觉地模仿他人的购买行为而形成的购买动机。模仿是一种很普遍的社会现象，其形成的原因多种多样。有出于仰慕和获得认同而产生的模仿，有由于惧怕风险、保守而产生的模仿，有缺乏主见、随波逐流而产生的模仿。不管缘于何种原因，持模仿动机的消费者，其购买行为受他人影响比较大。一般而言，普通消费者的模仿对象多是社会名流或其所崇拜、仰慕的偶像。电视广告中经常出现某些歌星、影星、体育明星使用某种产品的画面或镜头，目的之一就是要刺激受众的模仿动机，促进产品销售。

（八）好癖动机

它是指消费者以满足个人特殊兴趣、爱好为主导倾向的购买动机。其核心是为了满足某种爱好、情趣。具有这种动机的消费者，大多出于生活习惯或个人癖好而购买某些类型的商品。比如，有些人喜爱养花、养鸟、摄影、集邮，有人爱好收集古董、古书、古画，还有人好喝茶。在好癖动机支配下，消费者选择商品往往比较理智，比较挑剔，不轻易盲从。

以上我们对消费者在购买过程中出现的一些主要购买动机做了分析。需要指出的是，上述购买动机绝不是彼此孤立的，而是相互交错、相互制约的。在有些情况下，一种动机居支配地位，其他动机起辅助作用；在另外一些情况下，可能是另外的动机起主导作用，或者是几种动机共同起作用。因此，在调查、了解和研究过程中，对消费者的购买动机切忌做静态或简单的分析。

第三节　推销方格理论

美国管理学家布莱克教授和蒙顿教授提出了著名的"推销方格理论"，建立了推销人员方格和顾客方格。该理论是从推销人员对待顾客及推销工作的态度、顾客对待推销人员的态度及需求紧迫性两个方面分析双方在推销活动中的表现，由此分析推销过程中双方关系的一个理论模式。该模式在分析推销成功的可能性时，把对推销过程的影响因素归结为双方的人际关系及对交易重视程度两个方面。推销方格理论的出发点是：商品推销是一种面对面的双向交流过程，由于推销人员与顾客的立场不同，看问题的角度不同，因而双方对推销和购买会产生不同的认知，对彼此的关系也会有不同的看法，这些不同的认知和看法直接影响推销效果。

推销方格理论可以帮助推销人员更清楚地认识自己的推销心态和价值观，认识

微课 3-1

自己的推销能力，发现工作中存在的问题；同时，有助于推销人员更深入地了解自己的推销对象，掌握顾客的心理特征和活动规律，恰当地处理与顾客之间的关系，有的放矢地展开推销活动。

推销方格
理论

一、推销人员方格

推销人员在进行推销时必然会面临两种关系、明确两个具体目标：一是自己如何迎合顾客，与之建立良好的人际关系；二是如何说服顾客达成交易，完成销售任务。这两个目标中，前者注重的是"顾客"，后者关心的是"推销任务"。在具体的推销活动中，不同的推销人员对这两个目标的侧重点是不同的。不同的心理形成不同的推销态度，导致不同的推销工作业绩。

推销人员方格如图 3-1 所示。纵轴表示推销人员对顾客的关心程度，横轴表示推销人员对推销任务的关心程度，方格中的数字表示其关心的程度。从理论上讲，推销人员的推销心态有 81 种之多，但由于两种相邻的心态之间差别很小，布莱克教授和蒙顿教授把推销人员的心理态度分为 5 种基本类型，即事不关己型、顾客导向型、强力推销型、推销技巧型和解决问题型。

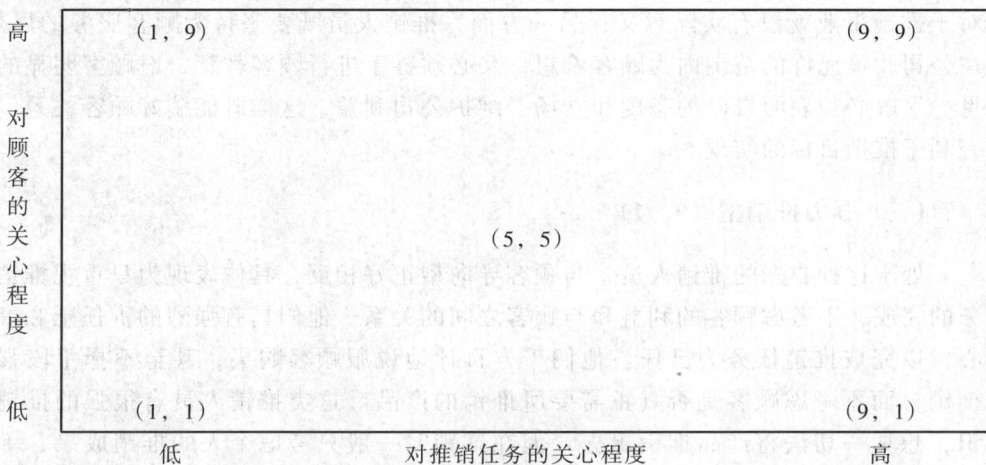

高	(1, 9)	(9, 9)
对顾客的关心程度	(5, 5)	
低	(1, 1)	(9, 1)
	低　　　对推销任务的关心程度　　　高	

图 3-1　推销人员方格

（一）事不关己型（1，1）

处于这种心态的推销人员，具体表现为既不关心销售任务的完成情况，也不关心顾客的需求是否被满足。这类推销人员既没有明确的工作目标，亦缺乏成就感。他们对顾客缺乏热情，对待工作的态度也不积极，回答顾客所提的问题极不耐心，甚至在推销过程中常常与顾客发生争吵，在顾客当中造成不好的影响。这种类型的推销人员态度消极，不适合从事推销工作。

考察这种消极心态产生的原因：一是推销人员缺乏敬业精神而不思进取；二是企业缺乏有效的激励机制。因此，要改变这种消极推销态度，一是推销人员要树立

正确的、积极的推销观念，树立积极向上的人生观，严格要求自己，正确对待推销工作，热情对待顾客；二是企业要建立明确有效的奖惩制度，奖勤罚懒，以激发推销人员的销售热情。

（二）顾客导向型（1，9）

处于这种心态的推销人员，具体表现为只关心顾客，而不太关心销售任务的完成情况。推销人员非常注重在顾客中树立良好的自我形象，处处为顾客着想，甚至有时会出现放弃原则来迎合顾客、讨好顾客的现象，以达到与顾客建立良好关系的目的。这类推销人员只重视建立与顾客之间的良好关系，而忽视了当前推销任务的完成情况，他们有时还会不顾公司利益，因此这种心态不是推销人员应该具有的心态。

考察顾客导向心态产生的原因：一是推销人员片面强调人际关系在推销过程中的作用，重关系而轻利益；二是推销人员对以顾客为中心的现代推销观念的实质认识不清，行为出现了偏颇。因此，成功的推销人应该客观认识到：一方面，人际关系对增加订单、完成推销任务有积极作用，但这种关系如果不能使销售额增加，它对于推销事业就没有实际意义；另一方面，推销人员既要坚持为顾客服务的思想，在公司政策允许的范围内为顾客着想，又必须善于进行顾客教育，对顾客明显的偏见、误解必须表明自己的态度和立场，维护公司利益，这样既能搞好顾客关系，又有利于推销目标的实现。

（三）强力推销型（9，1）

处于这种心态的推销人员，与顾客导向型正好相反，具体表现为只重视推销任务的完成，不考虑顾客的利益和与顾客之间的关系。他们具有强烈的责任感和事业心，以完成推销任务为己任。他们千方百计地说服顾客购买，甚至不择手段强行推销，而不考虑顾客是否真正需要所推销的产品。这类推销人员有很强的推销意识，想尽一切法将产品推销出去，但在推销时一般只考虑个人的推销成果，不会顾及与顾客之间的关系，更不会去考虑其行为给企业形象带来的负面影响，难免失之偏颇。

考察强力推销心态产生的原因：主要是推销人员对"达成交易"是推销工作的中心任务这一观点产生了片面性理解，以致急于求成，不择手段。其实，推销人员应充分认识到，达成交易作为推销工作的中心任务，是针对推销工作的长期性而言的，绝不能要求每一次业务拜访都能达成交易，不能把它演变为强制推销。如果推销人员只顾完成销售任务而不尊重顾客，不考虑顾客的感受和需要强行推销，最终会赶走顾客。

（四）推销技巧型（5，5）

处于这种心态的推销人员，具体表现为既关心推销的成果，也关心与顾客之间

的关系。他们关注推销工作成效，十分重视对顾客心理和购买动机的研究，善于平衡推销业绩与顾客关系，善于运用推销技巧达成销售目标。若他们在推销中与顾客意见不一致，一般都能采取折中的办法，使双方互相让步，而实现双赢。这类推销人员心态平衡，作风扎实，既不一味取悦顾客，也不一味强行推销，既不愿意丢掉生意，也不愿意丢掉顾客，四平八稳，避免冲突，力求成交，是一种在和平的氛围中巧妙利用推销技巧达成交易的推销态度，符合中庸之道，也能取得较好的业绩。

分析平衡型推销的心态：虽然这类推销人员踏实肯干、经验丰富、老练成熟，往往也具有较好的推销业绩，但他们太过追求推销双方利益的平衡，往往不太可能成为推销专家。他们在推销中比较注意推销技巧，注重顾客的心理反应，注重说服顾客的艺术，而不关心顾客的真正需求，也不十分关心自己的销售额。因而，虽然这种类型的推销可以平衡利益关系，但实际上很难适应现代推销竞争的要求。

（五）解决问题型（9，9）

处于这种心态的推销人员是较理想的推销员，他们的推销心态也是极为上进的。他们对自己的推销工作极其重视，并且十分关心顾客的真正需要，目的是实现推销业绩和顾客利益的最大化。他们注重研究整个推销过程，总是把推销的成功建立在满足推销主体、对象双方需求的基础上，能够针对顾客的问题提出整体解决方案，并在此基础上实现自己的推销目标。这种推销人员能够最大限度地满足顾客的各种需求，同时取得最佳的推销效果。

分析理想型推销的心态：这类推销人员具有积极上进的推销心态，能够最大限度地同时关注推销成效和顾客利益，实现企业的销售目标，这也是企业销售追求的一种境界。解决问题型的推销人员具备现代推销人员的基本心态和能力，能够适应现代推销竞争的需要，能够成为最理想、最优秀的推销人员。当然，实现销售业绩和顾客利益的最大化，的确是一件很难的事情。

延伸阅读3-7

推销方格自
我检测

二、顾客方格

在推销活动中，顾客对产品推销活动的看法可以从两个方面进行分析：一是顾客对推销人员的看法；二是顾客对购买活动本身的看法。这两个方面形成了顾客在购买活动过程中的两个目标：一是希望与推销人员建立良好的人际关系，为日后的购买及长期合作建立基础；二是希望通过与推销人员的讨价还价，为自己赢得较多的利益，或者以更加有利的条件达成交易。

依据建立推销人员方格的方法，利用顾客所关心的两个目标，可以建立另外一个方格，就是"顾客方格"，如图3-2所示。横坐标表示顾客对购买活动的关注程度，纵坐标表示顾客对推销人员的关注程度。不同位置的方格代表顾客不同的购买心态，数值越大表示关注的程度越高。其中，具有代表性的心态有五种，即漠不关心型、软心肠型、防卫型、干练型、寻求答案型，每一种心态都有各自的典型特征。

高
对
推
销
人
员
的
关
心
程
度
低

(1, 9)　　　　　　　　　　　　　　　　　　　　　　(9, 9)

(5, 5)

(1, 1)　　　　　　　　　　　　　　　　　　　　　　(9, 1)

低　　　　　　　对购买活动的关心程度　　　　　　　高

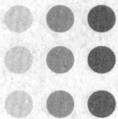

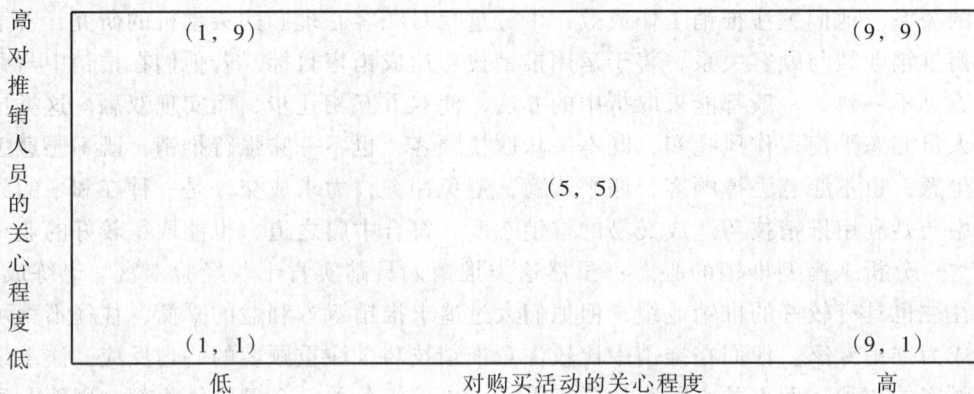

图3-2　顾客方格

（一）漠不关心型（1，1）

具有这种心态的顾客对自己的购买行为和推销人员均漠然置之，既不关心推销人员的情况，也不关心自己的购买活动。这种人往往认为购买行为与己无关，因而在购买活动中缺乏激情和责任感，对推销人员敷衍了事，对推销人员的拜访不大欢迎，对购买活动的细节和过程也不上心。他们既不设身处地为推销人员着想，也不想与推销人员打交道，常常应付了事。他们把购买行为当成例行公事，不想负任何责任，尽量避免做购买决策；或者是受人之托购买，没有决策权，因而对购买活动能推便推，能简则简。持这种心态的顾客把购买活动视为负担，对达成交易的条件及产品本身和推销人员等问题淡然处之。

因此，漠不关心型的顾客是最难打交道也是最难取得推销业绩的推销对象。对持有这种心态的顾客，推销人员应先主动了解他的情况，尽量把顾客的切身利益与其购买行为结合起来，使其产生关注，要利用自己对产品及市场的丰富知识，激发、引导顾客产生购买兴趣与责任感。如果不能达到效果，就应该采取果断放弃的策略。

（二）软心肠型（1，9）

具有这种心态的顾客对推销人员极为关心，而对购买行为不大关心。他们重视与推销人员的感情，同情、理解推销人员，经常设身处地为推销人员着想，也极易被推销人员的情绪感染，容易被推销人员的说服打动。比如，当别人说东西买贵了，他会说："别人也要吃饭，站了那么久，也够辛苦的""大老远跑来，贵一点也是应该的"。这种人就是典型的软心肠型顾客。

分析这种购买心态产生的原因：一是顾客的个性心理特征。持有这种心态的顾客心地善良，喜欢与人交往，如果他们对该推销人员十分满意，也就会爱屋及乌，连带喜欢他所推销的所有产品并持续购买。二是对推销人员的同情心。他们认为推销人员的工作十分辛苦，如果没有把产品销出去，很可能受到上司的责骂或者没有

业绩，出于同情持续购买。

对于软心肠型顾客，只要推销人员对他们表示极大的友好、尊重和关心，满足他们的自尊心，他们就可能接受推销。由于这种类型的顾客心地善良，但缺少必要的产品知识和购买经验，往往不能理智地处理自己的需要与实际购买的关系，容易受推销人员左右而产生冲动性的购买。这类顾客具有重感情、盲目购买的特点，很多老年消费者就具有这个特点，因此往往成为推销人员进行感情投资的重要目标。

（三）防卫型（9，1）

与软心肠型的购买心态恰恰相反，具有这种心态的顾客唯一关心的是自己的购买行为以及自身利益是否受到侵害，而不关心推销人员。在他们看来，推销人员都是不可靠的、不诚实的，因此他们对推销人员怀有戒备之心，态度冷淡，甚至抱有一种敌对的态度，处处加以提防。他们对购买行为的每一个决策都相当谨慎，对每一点利益都精打细算、斤斤计较，生怕被推销人员欺骗。因此，这类顾客的生意最难做，即使成交，其盈利也甚低微。

分析这种购买心态产生的原因：或是顾客本身的个性心理特征，他们缺乏主见，个性多疑，天生有一种对人的不信任感；或是受以往偏见的影响，认为推销人员都花言巧语，靠耍嘴皮子骗人；或是曾经轻信某些推销人员而上过当，本能地对推销人员反感等。他们不欢迎推销人员，并不是他们不需要推销人员所推销的产品，而是他们不能接受推销这种行为。

对于具有这种购买心态的顾客，推销人员首先要做的不是直接推销产品，而应该是推销自己，以实际行动去赢得顾客的信任，消除顾客的偏见，再引导顾客去分析可以从购买活动中获得的利益，打消顾虑，这样才能收到良好的推销效果。

（四）干练型（5，5）

具有干练型购买心态的顾客，既关心自己的购买行为，又关心推销人员的推销工作，这是一种比较合理的购买心态。具有这种心态的顾客往往具有相关产品知识和社会经验，具有理智、自信的特点。他们在购买中比较冷静，既能尊重推销人员的人格，乐意听取推销人员的建议和意见，也有自己的观点和判断，其购买行为科学、客观。比如，在进行购买决策时，他们常常根据自己的知识和别人的经验来选择厂家和品牌，再决定合理的购买数量。他们所做出的任何购买决策，都经过全面的分析和客观的判断，不受推销人员左右，不会盲目从事。

分析干练型购买心态：顾客一般具有比较丰富的知识、经验，也比较自信，甚至具有强烈的责任感，但有时会受虚荣心影响。有时他们购买的产品并不一定是自己确实需要的东西，而是为了满足自己的虚荣心，抬高自己的身价。

对待这类顾客，推销人员应该摆事实、讲道理，让他们自己去做判断，不能急于求成。当顾客犹豫不决时，推销人员的适度赞赏也许会收到促进购买的效果。

（五）寻求答案型（9，9）

具有这种购买心态的顾客既高度关心自己的购买行为和结果，清楚地知道自己的购买需要及价值，同时又高度关心推销人员的工作，与推销人员建立良好的人际关系，愿意与推销人员进行真诚的合作。他们最能接受的是推销人员设身处地为自己着想，并为自己实实在在地解决问题。他们善于通过购买活动与推销人员建立彼此信赖的良好关系，通过购买活动买到质优价廉的产品。

分析这种购买心态：顾客在做购买决策时很理智、实在，不感情用事，很少受推销广告的影响，更不会轻信推销人员的言语，他们理智决策，有时也会独断，但遇到意外时会主动寻求推销人员的帮助，以期获得明智的解决方案。

从现代推销学的角度看，寻求答案型的顾客是最成熟和值得信赖的顾客。对于这种类型的顾客，推销人员一定要做好顾客的参谋，真心诚意地为顾客服务，才能收到良好的销售效果。

三、推销人员方格和顾客方格的关系

推销人员和顾客的心态都可以分为不同的类型，在推销过程中不同类型的推销人员与不同类型的顾客相遇会产生不同的销售结果。布莱克教授和蒙顿教授据此总结出推销人员方格与顾客方格关系表，它揭示了推销方格与顾客方格的内在联系与大致的规律。表3-1中的"+"表示推销取得成功的概率高，"-"表示推销失败的概率高，而"0"表示推销成功与失败的概率几乎相等。

表 3-1　　　　　　　　　**推销人员方格与顾客方格关系表**

顾客 / 推销人员	（1，1）漠不关心型	（1，9）软心肠型	（5，5）干练型	（9，1）防卫型	（9，9）寻求答案型
（9，9）满足需求型	+	+	+	+	+
（9，1）强力销售型	0	+	+	0	0
（5，5）推销技巧型	0	+	+	-	0
（1，9）顾客导向型	-	+	0	-	0
（1，1）事不关己型	-	-	-	-	-

推销人员的推销心态和顾客的购买心态各有不同的五种类型，由推销人员方格可以看出，推销人员的推销心态越靠近（9，9）型，其推销能力就越强，推销效果就越佳。根据美国《训练与发展》专刊的报道，有人利用推销方格理论对有关推销人员进行推销心态和推销效果之间关系的研究，结果发现，在推销绩效方面，（9，9）型比（5，5）型高3倍，比（9，1）型高5倍，比（1，9）型高9倍，比（1，1）

型高75倍。因此，推销人员应认真学习推销理论，不断总结推销经验，提高自身素质，使推销心态向（9，9）型的位置发展，使自己成为理想的推销专家。

其他类型的推销人员并不是不能创造好的推销效果，实际上只要各种不同类型搭配关系合适就有可能取得成功。例如，推销人员方格中的（1，9）型推销人员如果碰到一位顾客方格中的（1，9）型顾客，他们一个对顾客特别热心，一个对推销人员特别关照，就有可能取得满意的推销成绩。

可见，推销效果既取决于推销人员的心理状态，也与顾客的购买心态密切相关，推销人员必须认真分析推销人员方格与顾客方格的协调关系，使五种推销心态与五种购买心态恰当搭配，以便顺利完成销售任务。

值得注意的是，由于外界与内部多种条件的影响，推销人员与顾客的心态是十分复杂的，并没有绝对精确的划分。我们可以认为，世界上有多少个推销员，就有多少种推销心态；同样，有多少个顾客，就会有多少种购买心态。推销心态与购买心态也绝非简单地受关心对方与关心商品两方面因素的影响，故推销人员方格与顾客方格只是大致上概括出两种心理的组合，仅供我们分析时参考，还应该结合实践经验，不断加以充实和完善。不过，布莱克和蒙顿两位教授的推销方格理论还是很有价值的，而且千百次的推销实践也反复证明了这样的理论：推销人员的心态越好，推销效果相对越好。

复习思考题

一、选择题

1. 奥尔德弗ERG理论中不包含的是（　　）。

A. 需求满足

B. 需求加强

C. 需求受挫

D. 需求改变

2. 消费者产生了购买需求，但并未付诸购买行动属于（　　）阶段。

A. 悬念阶段

B. 定向阶段

C. 强化阶段

D. 冲突阶段

3. 以追求商品欣赏价值和艺术价值为主要倾向的购买动机属于（　　）。

A. 求名动机

B. 求美动机

C. 模仿或从众动机

D. 好癖动机

4. 在推销人员方格中，过分追求与顾客关系的是（　　）。

A. 事不关己型

B.顾客导向型

C.强力推销型

D.解决问题型

5.在顾客方格中，最容易受到推销人员影响的是（　　　）。

A.漠不关心型

B.软心肠型

C.防卫型

D.寻求答案型

第三章在线测试

二、案例分析

李某适合做销售吗

某服装公司在2020年2月底一起招聘进来的5位销售人员当中，李某无疑是最被所有人看好的一位：她学的是服装专业，很对口；语言表达能力强，口齿清晰，声音圆润，又写得一手漂亮的字；之前她曾在一家人才网络公司担任电话销售人员，而且自述业绩属于中上水平；她长相清秀，是典型的江南女子的形象；从提交的简历、面试交谈以及录用后的工作当中都可以看出她还是一位有上进心的、细节取向型的团队成员。总之，大家一致觉得她非常适合做本公司的电话销售员。

经过半个月的适应和在职培训之后，李某正式开始销售工作。起初，李某的销售业绩进展还算不错，她在4月完成了3笔交易，虽然金额很小，但应该是一个很好的起步。然而，在接下来的5、6、7、8月这4个月中，虽然经过各种指导、培训和她自己的努力，但她只完成了一笔交易。最终，她因为达不到公司的业绩考核标准被辞退。大家都觉得很惋惜："一个各方面条件看上去这么好的人，怎么就不达标了呢？不可思议。"

后来，李某去了一家保险公司做寿险销售员。一个月后，也就是9月的一天，李某回到该服装公司来开具"退工单"。她与工作人员张某闲聊了将近半个小时，但是她一直没有主动提起寿险，更不用说推销寿险。张某终于明白她为什么以前销售不成功了，于是说："李某，你不适合做销售，或者至少可以说你在保险公司的一个月培训是失败的，因为你还是怕向我销售寿险会遭到拒绝，觉得会使你我的关系变味。"

思考讨论：

1.根据推销方格理论，分析李某接近哪一种推销人员。

2.试根据现代推销学方面的知识，对上述案例中李某被辞退的原因进行分析，并为其提出建议。

第四章

推销模式

本章内容提要

- 爱达模式
- 迪伯达模式
- 埃德帕模式
- 费比模式
- 双赢模式
- 顾问式销售模式

由于心理学知识的引进，推销技术发生了重大的变化。过去，经验丰富的、有能力的推销人员提高销售成绩的原因之一是掌握了一种推销"技巧"，而这种技巧主要是通过"感觉"体会到的。现在，推销人员提高销售成绩的主要原因是能客观地掌握顾客心理法则并成功地利用它，使其由靠"感觉"推销转向靠"科学"推销，同时推销技巧不再是主观的，而是具有客观性。

推销模式是根据各种推销活动的特点、顾客购买行为各阶段的心理特征以及推销人员应采用的相关策略，归纳总结出的一套具有代表性的程序化的推销操作方式。本章将依次介绍爱达模式、迪伯达模式、埃德帕模式和费比模式等具有典型意义的推销模式。在推销活动过程中，由于市场环境的多样性、推销活动过程的复杂性和变动性，推销人员应灵活运用这些推销模式，掌握其基本要领、实质、规律，从而创造适合自己的推销模式。

第一节 爱达（AIDA）模式

一、爱达模式的内涵

爱达模式1928年由E.K.施特朗（E.K.Strong）提出，最初应用于广告业，后经海因兹·M.戈德曼在20世纪50年代的进一步扩展和完善，形成推销中有效的推销模式理论。AIDA是attention（注意）、interest（兴趣）、desire（欲望）、action（行动）四个英文单词首字母的组合。"爱达"是AIDA的音译，AIDA表示的四个英文单词分别代表了爱达模式的四个主要步骤，如图4-1所示。爱达模式的核心内容可以概括为：推销人员必须先把顾客的注意力吸引过来并转移到所推销的产品上，使顾客对所推销的产品开始关注并产生兴趣，顾客的购买欲望随之产生，随后的工作就是促进顾客做出购买行动。

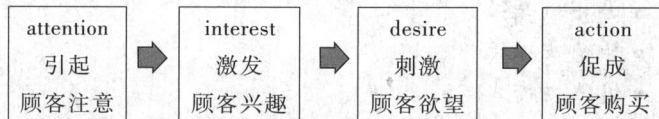

图4-1 爱达模式

由于市场环境是千变万化的，推销活动也随之而复杂多变，所以爱达模式四个步骤的完成时间不可能整齐划一，而是可长可短。根据推销人员的工作技巧和所推销的产品性质而论，四个步骤的先后次序也不必固定，可根据具体情况适当调整，既可重复某一步骤，也可省略某一步骤。无论如何，达成交易的可能性总是存在的，这就是运用该模式的最终目标。

爱达模式中的第一步即"引起顾客注意"是该模式的核心特色。可以说，当今市场经济是眼球经济，注意力是一种资源，"注意力营销"大行其道，所以遵从注意力推销的爱达模式具有很强的实用性。从应用范围看，爱达模式特别适用于有形店堂推销行为，如店面推销、柜台推销、展会推销等；也适用于推销一些易于携带、展示的生活用品和办公用品，如化妆品；同时适用于新推销人员及面对陌生推销对象的推销行为。爱达模式适用于顾客比较被动的情况，如果顾客表现得很主动，推销人员就没有必要使用爱达模式了。

微课4-1

爱达模式

二、爱达模式的推销步骤

（一）引起顾客注意

在现实生活中，人们每天会接触到大量的商品信息。商品信息能否在市场竞争中引起消费者的注意是决定销售能否成功的重要前提。统计资料显示，引起顾客注意的时间只有5～8秒，在这段时间内推销语言恰当、推销展示有效，就会引起顾

客对产品或服务的注意，而转入下一个推销阶段，否则就意味着你将失去这个潜在的顾客。因此，任何推销活动必须有一个良好的开头。

所谓注意，是人们心理活动对一定客体的指向与集中，以保证对客观事物获得清晰的反映。通俗一点说，就是将精力完全专注于某件事物，而对它以外的其他事物一概不关心。注意分为有意注意和无意注意。当推销人员进入目标消费者所在的现场时，目标消费者有可能会像对其他刚介入者一样对销售人员产生无意注意。而推销的原则要求推销人员一定要尽力强化刺激，引起顾客的有意注意。

因而，推销学研究的"引起注意"是要求推销人员通过各种努力，强化刺激，唤起顾客的有意注意，使顾客把精力、注意力从其他事物转移到销售上来。引起消费者注意就是推销人员以诚恳的态度、引人入胜的语言或者具有特色的商品，使消费者对推销人员及其产品有一个良好的感觉和一个有利于推销的态度，使消费者腾出时间和精力关注推销人员及其所销售的商品，为下一步的推销活动奠定基础。以下是引起消费者注意的几种主要方法：

1.形象吸引法

推销人员高大魁梧、矮小精干或漂亮匀称的身材，以及衣着打扮都是引起人们注意的重要因素。推销人员的着装或统一，或迎合消费者的偏好，或突出个性，都要以整洁、合身、精神为原则。面部表情应当坦诚温和，眼神应充满信心与神采，切忌漫无目的地扫视现场人员。对特殊环境与特殊消费者，推销人员还可以刻意设计一种特殊的形象以吸引消费者的注意。

2.语言吸引法

这是推销人员所使用的最基本的方法。通常消费者在听第一句话的时候注意力往往是最集中的，听完第一句话，很多消费者就会立刻决定是继续谈下去还是尽快把推销人员打发走。在面对面的推销工作中，说好第一句话尤为重要。为此，推销人员应事先做好充分准备，可采用以下几种方法吸引消费者的注意力：①出奇言。用不同于别人也不同于自己以往习惯的语言给消费者以具有新奇感的刺激，使其集中注意力。②谈奇事。以目标消费者尚不可能了解的新奇鲜见的事情作为开场白，引起消费者的好奇心。③提需求。推销开始后的第一句话就是提出消费者的主要需求，使其对销售产生关注。

3.动作吸引法

推销人员的动作潇洒利落，彬彬有礼，言行举止得体，气质风度俱佳，可以使顾客在视觉上形成良好的第一印象，从而引起顾客的注意。

4.产品吸引法

这种方法是利用产品本身的新颖、美观、艺术化的包装吸引消费者的注意力，使产品包装起到"无声推销员"的作用，利用产品一目了然的特殊功能吸引消费者。

延伸阅读4-1

列车上的
推销

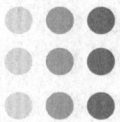

（二）激发顾客兴趣

在引起消费者注意的基础上，推销人员可以开始第二个步骤，即设法使消费者对所推销的产品发生兴趣。兴趣指一个人对一定事物所抱有的积极态度，在推销学中是指顾客对推销品或购买行为所抱有的积极态度。唤起顾客的兴趣，就是要唤起顾客对产品的积极的、长期的、稳定的态度。兴趣与注意有密切的联系，在购买过程中顾客注意的产生往往以一定的兴趣为先决条件，而顾客购买兴趣的大小又常常被注意的程度所左右。从购买活动过程来看，顾客对推销的兴趣都是以他们各自的需要为前提的。因此，要很好地激发顾客的兴趣，就必须深入分析顾客的各种需要。顾客的兴趣有利于造成一种融洽的气氛，有利于消除销售障碍。

唤起顾客兴趣的关键在于使顾客清楚地意识到他们在接受推销品后可以得到何种利益。为尽快引起顾客的兴趣，并且与市场同类产品相比较，推销人员要设法使顾客感觉到所推销的产品在价格、服务等方面对他都有利。推销人员可以通过展示和示范，向顾客证实所销售的产品确实具有某些优点。"耳听为虚，眼见为实"，通常人们都认为产品的实体和使用产品的演示比推销人员的言辞更具有真实性，更令人信服。例如，推销人员在推销钢化玻璃杯时，让顾客把钢化玻璃杯摔在坚硬的地面上，看他是否能把钢化玻璃杯摔坏，用这种方法激发顾客的兴趣比任何口头宣传都有用。

戈德曼关于示范有十点提示：

（1）无论哪种产品，都要做示范。即使是保险这种无形服务产品，保险代理人仍要用图表、文字、数据、照片和案例等向顾客介绍情况，给顾客留下生动的感观印象。

（2）在使用中做示范，而不是仅仅向顾客介绍产品的外观形态。特别是具有技术性特点的产品，示范更重要。

（3）为示范增添戏剧性。戏剧性示范，如幽默的语言、风趣的动作等，能产生一种出乎意料的效果，大大增强推销的吸引力。

（4）让顾客参与示范。请顾客亲身参与推销能提高推销的成功率，就好比票友比戏迷对戏曲更加狂热。

（5）使用宣传印刷品也需要示范。推销人员不要把小册子送给顾客就了事，还要对宣传印刷品的主要内容加以解释。

（6）示范过程不要太长，也不要面面俱到。示范并不是推销工作的全部，太长、太全面的示范也许会使顾客厌烦，应做到点到为止，精彩动人。

（7）示范要融入情感。示范过程也要讲究情感沟通。推销人员要改变顾客的消极情感，唤起顾客的积极情感，促使顾客改变态度。

（8）帮助顾客从示范中得出正确结论。示范应该有目的性。推销人员要善于引导顾客从示范中得出有利于推销成功的结论。

（9）不要过早强迫顾客下结论。推销人员要引导顾客自己抉择，而不是迫于某

种压力做出决定。

（10）对顾客反应的期望值不要过高。对示范的反应因人而异。推销人员应经常改进示范方法去适应顾客的要求，而不应对顾客要求过高。

（三）刺激顾客欲望

购买欲望是指人们在需要和感兴趣的基础上所产生的购买冲动，刺激顾客欲望是爱达模式的第三阶段，也是推销过程的一个关键阶段。通过推销人员的努力，顾客对产品产生了兴趣，如果兴趣能够同他的需要联系起来，就会激发购买欲望，形成购买动机。顾客对推销人员和推销产品产生兴趣后，就会权衡利弊，此时顾客充满许多疑问，既不想失去机会，又害怕上当，举棋不定，处在犹豫不决的状态。

为了增强感兴趣的潜在顾客的购买欲望，推销人员必须使顾客充分认识推销品和购买行为的利益，说服顾客相信本产品将满足他的需求。认识是信任的基础，引导顾客加深对产品利益的认识，能够使之形成积极肯定的购买态度。推销人员要使顾客认识到他具有一种需求，而推销品又能够满足他的需求，顾客意识到这种需求之后，就会有意识地去寻求满足。而推销人员有针对性地介绍商品，能够刺激顾客需求的产生，进而激发购买欲望。

顾客的购买欲望与需要有着紧密的联系，激发欲望的方法也因人而异，但有两个基本原则：一是向顾客介绍情况，以刺激他的购买欲望；二是提出一些有吸引力的建议，并进行充分的说明来激发购买欲望。例如，一对夫妇很想购买一台自动真空吸尘器，同时又犹豫不决，因为购买一台吸尘器需要花费 1 000 多元。不过，只要推销人员摆事实，说明购买吸尘器以后可以更好地保护地毯、家具，讲一讲其他人如何把节省下来的时间用来休息、娱乐或同孩子相处，或者指出那台真空吸尘器的使用寿命可达 10 年之久，每年分摊的成本只有 100 多元，就非常有可能达成交易。

（四）促成顾客购买

促成购买是指推销人员用一定的成交技巧来敦促顾客采取购买行为。这是爱达模式的最后一个步骤，也是全部推销过程与推销努力的目的所在。在一般情况下，顾客即使对推销品有兴趣并且有意购买，也会处于犹豫不决的状态。这时推销人员不应该悉听客便，而应不失时机地促使顾客进行关于购买的实质性思考，进一步说服顾客，帮助顾客强化购买意识，促使顾客实际进行购买。顾客的购买欲望要通过推销人员的努力去强化、巩固。爱达模式的前三步使顾客产生了购买的意愿，但可能不够强烈，这就需要通过强化顾客的主要认识与情感，促使他们实施购买行动。

促成顾客购买是在完成前三个步骤后的最后冲刺，或者让顾客实际购买，或者虽然没有成交但洽谈暂时圆满结束。这时推销人员应注意：分析顾客不能做出购买决定的原因，并针对这些原因做好说服工作；将样品留给顾客试用；给顾客写确认信，用以概括洽谈过程中达成的协议，重申顾客购买产品将得到的利益。

延伸阅读4-2

爱达模式的
技巧

第二节 迪伯达（DIPADA）模式

一、迪伯达模式的内涵

迪伯达模式也是世界著名的推销专家海因兹·M.戈德曼根据自身推销经验总结出来的一种推销模式，被誉为现代推销法则。迪伯达模式与传统的爱达模式相比，被认为是一种创造性的推销模式。该模式的要诀在于：先谈顾客的问题，后谈推销的产品，即推销人员在推销过程中必须先准确地发现顾客的需要和愿望，然后把它们与自己推销的产品联系起来。这一模式是以需求为核心的现代推销学理念在实践中的具体运用。

迪伯达模式将推销全过程概括为6个阶段：发现（definition）、结合（identification）、证实（proof）、接受（acceptance）、欲望（desire）、行动（action），如图4-2所示。迪伯达是上述6个英文单词第一个字母组合（DIPADA）的译音。

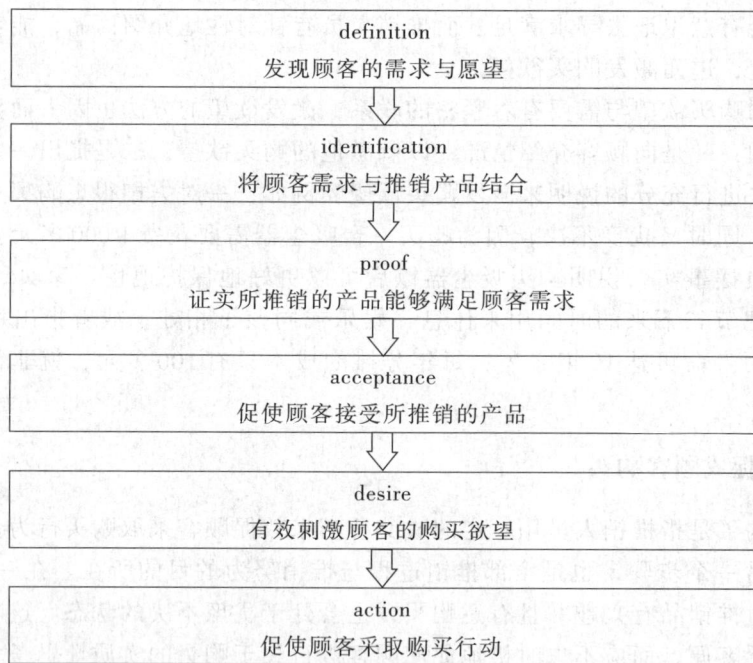

图4-2 迪伯达（DIPADA）模式

与传统的爱达模式相比，迪伯达模式的特点是紧紧抓住了顾客的需要这个关键性的环节，使推销工作更加有的放矢，因而具有较强的针对性。迪伯达模式较适用于推销生产资料产品，以及信息咨询、劳务与人才中介、保险等无形产品；就顾客类型而言，迪伯达模式更适用于组织购买者。一般来说，如果顾客主动询问某一产品并了解有关情况，那么推销人员在拜访这些顾客或者同他们进行业务洽谈时，就可以使用迪伯达模式进行推销。

二、迪伯达模式的推销步骤

（一）发现顾客的需求和愿望

顾客只有产生需求，才会产生购买动机并导致购买行为，因此推销人员要善于了解顾客需求变化的信息，利用多种方法寻找与发现顾客现实和潜在的需求和愿望，明确指出顾客的需求，并通过说服、启发、刺激与引导顾客认知需求，为推销创造成功的机会。顾客的需求可能同时有许多种，既有明显的、可言说的，又有隐蔽的、不可言说的。特别是组织购买者，有两个层次的主体，一个是组织本身，一个是组织的个人代表。发现顾客需求和愿望的方法有很多，比如市场调查预测法、市场咨询法、资料查找法、社交发现法、同行了解法、建立信息网络法、个人观察法、连锁介绍法等。

（二）将顾客需求与推销产品结合

在发现并指出了顾客的需求后，再向顾客介绍推销品，并把推销品与顾客需求联系起来，有目的地介绍所推销的产品，充分展示产品的功能、优点和特点。把顾客的需求和愿望与所推销的产品结合起来，主要方法有三个：

1.需求结合法

把握顾客的需求和愿望，从产品功能、价格、质量、售后服务等方面准确地向顾客说明该商品正是他所需要的。

2.关系结合法

联想并借助各种人际关系和工作关系，使顾客认可该产品能满足他个人或其组织的相关实际需要。

3.逻辑结合法

通过利弊分析和逻辑推理方法，向顾客说明购买该产品是其明智的选择，为顾客的购买行为提供信心依据。

结合的原则为：必须符合客观实际；必须符合顾客的利益；必须是可以证实的或令人信服的；结合的过程应不留痕迹、自然而然。

（三）证实所推销的产品符合顾客的需求

证实就是为顾客寻找购买的理由与证据。理由和证据应该具有客观性、可靠性、针对性、全面性、完善性等特征。推销人员应努力使自己的推销言之有据。推销人员在面谈之前的准备工作中，就要收集整理各种证据并排练演示，争取在推销过程中运用自如，达到最佳效果。证据多种多样：

（1）从证据的来源分，有人证、物证和例证。

（2）从证据的获取渠道分，有生产现场证据及顾客自我经验所提供的证据。

（3）从证据的形式分，有文字证据、图片证据、影像证据等。

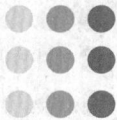

（四）促使顾客接受所推销的产品

结合和证实都是手段，促使顾客产生购买欲望才是目的。在前三个阶段，推销人员扮演主要角色，顾客则是第四步的主角。推销人员在这一步要把握的原则就是明确顾客的态度，并对前段推销工作做总结。有些推销人员在使用迪伯达模式时，往往忽略向顾客证实他对所推销的产品有需求。其实，在向顾客证实他需要购买所推销的产品以前，他一般不会把他的需求与所推销的产品联系起来。推销人员必须拿出充分的证据向顾客证明，产品符合顾客的需求，他所需要的正是这些产品。应该强调的是，必须从顾客的角度，而不是从推销人员的角度来判断这些证据是否真实可信。具体有以下方法供参考：

1.示范法

推销人员通过现场示范的直观效果促使顾客接受产品。例如，推销人员在示范过程中，显示产品操作简单、性能优良、价廉物美。

2.提问法

推销人员在讲解及演示的过程中，可不断发问以了解顾客是否认同或理解自己所做的介绍，从而使顾客逐步接受所介绍的产品及理念。

3.总结法

推销人员在讲解及演示的过程中，通过对前阶段双方的价值意向和见解的总结归纳，取长补短，求同存异，促使顾客接受推销品。

4.试用法

推销人员把已介绍和经过证实的产品留给顾客试用一段时间，同时征求顾客的使用意见和改进意见，以达到促使顾客接受推销品的效果。免费试用往往是促使顾客接受产品的一个法宝。

5.部分接受法

如果不能促使顾客全部接受推销要点，也要让顾客部分接受，这样积少成多，逐步引导顾客接受整个产品。有时顾客由于某种原因无法立即接受产品，推销人员就要学会耐心等待，并不断与顾客接触。长时间的等待与积极的推销相结合，可以创造良好的业绩。

（五）有效刺激顾客的购买欲望

激起顾客购买欲望是爱达模式的第三阶段，也是迪伯达模式的一个推销步骤，同时也是推销过程的一个关键阶段。如果顾客已经对推销人员的示范明确表示了兴趣和信心，但仍未采取购买行动，就说明顾客的购买欲望还未被激起，还需要加一把火。此时，最重要的是，要想办法使顾客相信该产品正是他所需要的产品，且正是购买的最好时机，如不立即购买有可能提价，有可能断货。一句话，"过了这个村就没这个店了"。具体方法参照爱达模式中的相关阐述。

（六）促使顾客采取购买行动

促使顾客购买是推销工作的重要步骤，也是推销所应达到的最后目标。促使顾客购买的方式多种多样，具体可参照爱达模式中的相关阐述。这时推销人员最应该采取的态度就是顺水推舟，速战速决，直接进入签约付款程序，以免夜长梦多而导致爽约。

延伸阅读4-3

迪伯达模式的应用

第三节　埃德帕（IDEPA）模式

一、埃德帕模式的内涵

IDEPA 是 identification（结合）、demonstration（示范）、elimination（淘汰）、proof（证实）、acceptance（接受）五个英文单词的首字母组合，代表这种推销模式的五个步骤，如图4-3所示。从应用范围看，埃德帕模式适用于有明确的购买愿望和购买目标的顾客，是零售行业推销较适用的模式。当顾客主动来到零售商店，提出他要购买哪些产品时，或者手里拿着购物清单要求照单购买时，可以采用埃德帕模式。

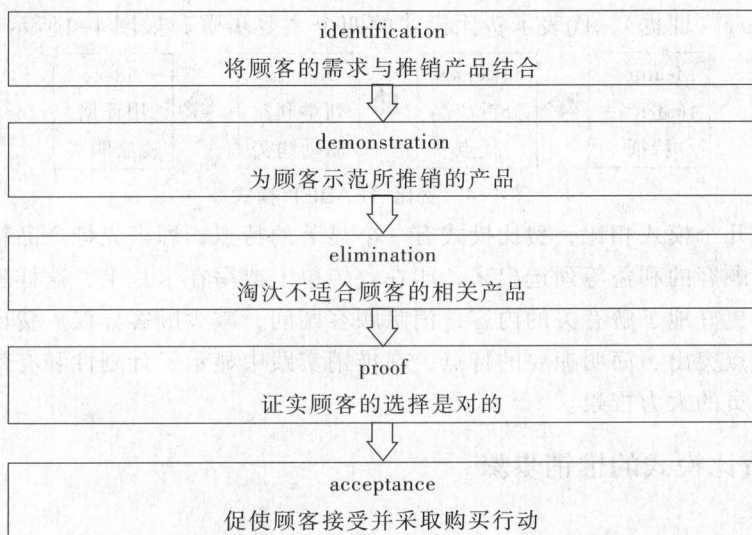

identification
将顾客的需求与推销产品结合

demonstration
为顾客示范所推销的产品

elimination
淘汰不适合顾客的相关产品

proof
证实顾客的选择是对的

acceptance
促使顾客接受并采取购买行动

图4-3　埃德帕（IDEPA）模式

二、埃德帕模式的推销步骤

埃德帕模式的五个主要步骤中，identification、proof、acceptance三个步骤所应达到的目标和应采取的行动与迪伯达模式中的内涵基本相同，这里不再一一叙述。其中，为顾客示范（demonstration）是该模式的主要特点，能够满足新时期消费者对购买过程的体验需求。

在该模式的操作过程中，有两方面的问题需要注意：

一是推销人员应为顾客示范合适的产品，力求有效结合顾客的需求。如果顾客带来进货清单，可按清单上所列品种示范，尽量让顾客参与其中。如果有新产品、潜在畅销产品、进销差价大的特殊品等，推销人员应主动为顾客示范，这样推销成功的概率也比较大。

二是适时淘汰不适合顾客的产品，主要指淘汰那些不符合顾客需要、与顾客愿望差距较大的产品。主动淘汰这一部分产品，实现产品优化，可以使顾客更容易买到合适的产品。

在产品示范与商务沟通过程中，推销人员应尽量了解顾客进货的档次、数量和目标市场消费者的需求特点，做到示范和淘汰的产品都恰到好处。

第四节　费比（FABE）模式

一、费比模式的内涵

费比模式是由中国台湾中兴大学郭昆谟教授总结的一种推销模式。"费比"是英文FABE的音译，FABE的含义是feature（特征）、advantage（优点）、benefit（利益）、evidence（证据），代表了费比模式的四个主要步骤，如图4-4所示。

feature 详述产品特征 → advantage 分析产品优点 → benefit 列举利益驱动购买 → evidence 用证据说服购买

图4-4　费比（FABE）模式

与其他几个模式相比，费比模式有一个显著的特点，即事先把产品特征、优点及能够带给顾客的利益等列选出来，印在宣传单上或写在卡片上，这样就能使顾客一目了然，更好地了解有关的内容，消除顾客疑问，减少顾客异议。费比模式正是由于具有重点突出、简明扼要的特点，在推销实践中显示了计划性和有效性，受到不少推销人员的大力推崇。

二、费比模式的推销步骤

（一）向顾客详细介绍产品的特征

推销人员见到顾客后，要以合适的语气、准确的语言向顾客介绍产品的特征。介绍的内容包括：产品的性能、构造、作用，使用的简易及方便程度，耐久性、经济性、外观优点及价格情况等。如果是新产品的话，则应更详细地介绍；如果产品在用料或加工工艺方面有所改进的话，亦应介绍清楚。如果上述内容复杂难记，推销人员可事先制作宣传单或卡片，以便在向顾客介绍时方便将材料或卡片交给顾

客。推销人员要深刻发掘自身产品的潜质，努力去找到竞争对手和其他推销人员忽略的或者没想到的产品特征。当你让顾客感到"情理之中，意料之外"时，下一步的工作就很容易展开了。

（二）充分分析、展示产品的优点

推销人员应找出推销品在外观设计、功能特点、使用方法、售后服务，以及产地、品质、品牌、创始人等方面区别于竞争品的特征，进行差异化的推介说明，以便激发消费者的兴趣和便于记忆。在产品展示过程中，要把产品的优点充分地挖掘出来，简明扼要地介绍给顾客，不要拖泥带水和面面俱到。如果是新产品，务必说明该产品开发的目的和背景，设计时的主导思想、重要意义，以及相对于老产品的差别化优势等。如果面对的是具有专业知识的顾客，则尽量以专业术语进行介绍，并力求用词简练准确。需要注意的是，推销人员展示的"优点"与上一个环节的"特征"是不同的，特征只是产品与竞争品不同的地方，而优点是产品比竞争品好的地方。

（三）尽可能列举产品给顾客带来的利益

利益推销已成为推销的主流理念，一切以顾客利益为中心，通过强调顾客能得到的利益来激发顾客的购买欲望。顾客购买产品追求的是使用价值、声誉价值以及消费者剩余（高的性价比）等，所以分析产品对顾客的价值和利益是费比模式中最重要的一环。推销人员应在了解顾客需求的基础上，把产品能带给顾客的预期利益尽可能地讲清楚，给顾客一个购买的理由。不仅要讲产品实体、功能上的利益，更要讲产品给顾客带来的内在的、形式的及附加的利益。在对顾客需求偏好了解不多的情况下，推销人员应边讲边观察顾客的专注程度与态度，在顾客表现关注的方面要特别注意多讲、细讲，多举例说明。

（四）以事实依据说服顾客购买

推销人员应以身边真实的数字、人证、物证、例证等作为有说服力的证据，消除顾客的各种异议与疑虑，使顾客相信购买该产品是正确的、明智的、合算的，从而产生从众的购买和消费行为，如顾客所认识的某人用了效果如何，顾客所知道的某单位用了怎么样，对消费者都非常具有说服力。这里所有作为"证据"的材料都应该具有足够的客观性、权威性、可靠性，以及可见证性。

微课4-3

费比模式

第五节 双赢（PRAM）模式

一、双赢模式的内涵

双赢模式是从买卖双方利益出发达成交易的模式。它追求的是通过帮助顾客得

到自己想要的东西（销售产品和服务）。在交易过程中，双方都会对彼此的决策感到满意，即达到双赢的目的。双赢模式包括四个步骤，即制订计划（plans）、建立关系（relationships）、签订协议（agreements）、持续进行（maintenance），简称PRAM模式，如图4-5所示。

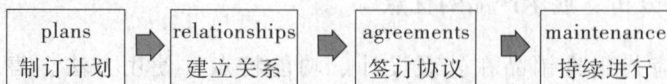

图4-5　双赢（PRAM）模式

二、双赢模式的推销步骤

（一）制订计划

双赢模式的第一步是制订一个双赢销售计划。推销人员在制订计划时要考虑自己能为顾客带来什么，问问自己："如何做才能使顾客乐意与我交往？我应该朝哪个方向努力，才能使顾客按我真正希望的那样去做？"以前人们都觉得，销售洽谈是一个付出和获得的过程，即将销售视为一项50∶50的交易。以这种态度来看待销售，双方都会发现，大部分的时间都浪费在争辩上，例如什么时候自己该停止付出，什么时候对方又应该开始付出。但是，如果能将销售视为100∶100的组合，彼此都重视付出的部分，而获得多少由双方自己去感受，在这样的情况下，销售将是一个双赢的过程。

（二）建立关系

双赢模式的第二步是建立关系，即推销人员与顾客建立良好的人际关系。人们总是乐意为自己了解并信赖的朋友推荐产品，因此推销人员要花些时间和那些能够影响自己推销工作成败的人建立良好的关系。通常来说，建立这种人际关系是很不容易的，因为人们会为自己喜欢或信任的人奔走工作，却不会为没有交情的人卖命。推销人员可以利用午餐、非正式的探访等与顾客彼此熟悉。推销人员必须让顾客了解自己是一个诚实可信的人，否则将无法取得顾客的信任。

（三）签订协议

人际关系建立后，推销人员和顾客之间就可以发展到协议签订阶段。双赢模式的协议是指协调双方的目标，使买卖双方都能接受的协议。因为该协议牵涉到双方的利益，所以一旦确定下来，同时也就确定了双方在协议中应承担的责任。为建立双赢模式的协议，推销人员必须做到：

（1）对顾客的目标有深刻的了解，要询问顾客的实际需要，注意倾听顾客的回答；

（2）了解自己与顾客目标之间的差异，关于协议的讨论必须是公开公正的。

（四）持续进行

双赢模式的第四步是持续进行。真正的销售始于售后，即使双方的合约很完备，彼此也有稳固的关系，仍有许多事情需要努力。成功的推销人员会告诉你，其实真正的销售关系是在取得订单之后才开始的。推销人员要想使顾客再次光临，并为自己介绍新客户，协议、关系、计划三者都必须是持续的。

保持协议的原则包括两个方面。首先，当务之急就是要确定协议是否能持续到底。一旦合约无法持续，双方的销售关系就会立刻结束。其次，如果双方关系还在起步阶段，那就更应该抓住机会，订立双方都满意的协议，并热切地表示有长期合作的意愿。

除了保持协议外，更要保持良好的关系。如果不谨慎维持双方的关系，随着相互的关系逐渐冷淡，信赖程度也会降低。如果信任不复存在，要达成双方都满意的协议是不可能的，人们很难和不信任的人签订协议。

维持计划最好的方法，就是多听取顾客的意见，从他们的言谈中发现有助于下次改进的宝贵意见。

第六节 顾问式（SPIN）销售模式

一、顾问式销售模式的内涵

顾问式销售模式是建立在SPIN销售技术基础上的一种实战销售模式。SPIN销售技术理论源于全球销售研究领域的泰斗、美国心理学家尼尔·雷克汉姆在20世纪80年代编写的《SPIN销售》一书。该书涉及24个不同的产业，通过实地观察与分析共计3.5万个销售拜访场景，创立了这个在世界销售史上具有里程碑意义的现代营销模式。SPIN其实就是situation（情景）、problem（探究）、implication（暗示）、need-payoff（解决）四个英语单词的首字母组合，代表了四种提问的组合，如图4-6所示。

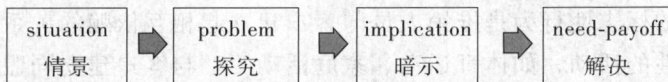

situation 情景	→	problem 探究	→	implication 暗示	→	need-payoff 解决

图4-6 顾问式（SPIN）销售模式

（1）有关现状的提问：了解客户的现状。例如：您从事销售工作已经有几年时间了，那您对从事销售工作有什么评价？

（2）有关问题的提问：针对现状找出客户最关心的问题。例如：在这两年中你感觉在销售过程中遇到的问题有哪些？这些问题有什么具体表现？

（3）有关影响的提问：根据客户关心的问题挖掘最大的痛苦。例如：如果这些问题不解决，会有什么影响吗？

（4）有关需求与回报的提问：针对最大的痛苦给予快乐的决策。例如：解决了这些问题，会给您带来什么样的好处呢？这些好处进一步延伸，对您的工作又有什么帮助呢？

而关于顾问式销售的定义，一般是指推销人员对自身的产品了如指掌，能以产品专家的身份为客户介绍产品，运用综合能力、创造能力、实践能力、分析能力、说服能力了解客户的需求，并对客户的未来需求有良好的预见性，能对客户的需求提出合理化建议的销售方法。

在产品销售过程中，顾问式销售要求推销人员必须站在客户的角度，以为客户创造利益为出发点，扮演客户顾问的角色，充分挖掘客户的显性需求和隐性需求，为客户提供最适合的产品配置与最好的解决方案，在满足客户需求的同时，实现客户购买的目标，也获得自身的商业利益。

顾问式销售模式运作的基本流程为：明确自身的资源配置情况，确立客户的正常需求和挖掘客户的潜在需求，向客户展示满足其正常需求和潜在需求的能力和方案，按需求情况结合资源情况实施方案，在实施过程中进行不断的完善，在售后提供优质服务。

延伸阅读4-4

专家式的销售人员受客户喜爱

二、顾问式销售模式的步骤

（一）建立信任

推销人员只有在与客户建立信任关系的基础上，才能了解客户的真正需求。信任来源于信心，信心来源于了解，了解来源于接触，接触来源于感觉，感觉来源于参与。客户关系的发展也有一定的阶段性，只有把握好客户关系的发展阶段，判断自己与客户关系发展到哪个阶段，有针对性地找到有效的方法推进客户关系，才能与客户建立长久有效的信任。与客户建立信任主要经过认识、约见、信赖和同盟四个阶段。认识是客户关系发展的第一阶段，给客户留下良好的第一印象是客户关系后续发展的基石。与客户认识后，能否邀请客户离开办公室参加其他活动是判断客户关系是否达到第二阶段的标准。成功与客户约见后，信赖是客户关系发展的第三阶段，该阶段的标志性行为是推销人员与客户建立起相互依赖的关系，可以与客户进行一些私密性的活动，如体育运动、家庭活动等。与客户建立同盟关系是客户关系发展的第四个阶段，在该阶段推销人员应该有能力调动客户，以实现自己的销售目标，使客户关系发挥最大的价值。

（二）发掘需求

需求的本质是客户的期望与现状之间的差距。发掘需求就是了解和发掘客户的现状与他所期望达到的目标两者之间的差距，这个差距就是客户的购买需求。发掘客户需求的有效方法有很多，常用的方法有以下几种：

（1）识破客户真正的想法。客户有自己的立场和看法，一般不会把自己真正的

想法告诉推销人员，所以推销人员必须找到好的方法从客户的语言、举止、态度中识破客户内心真实的想法。

（2）利用客户的投诉。如果企业能善待客户的投诉，就能借此了解和发现自己产品和服务中的缺陷，找到问题的关键，并有针对性地对原有的产品进行改造。

（3）观察客户的习惯。客户的习惯反映了客户的持续需求所在，经常观察客户的消费习惯，有助于销售地点的选择、包装的改善以及销售方式的确定等。

（三）有效推荐

一般如果推销人员主动推荐，人们都有一种本能的排斥感，所以如何做好有效的推荐至关重要。要想进行有效的推荐，一定要对客户的购买心理进行有效的把握。客户购买行为主要有注视、兴趣、联想、欲望、比较和决定六个阶段，在不同的购买阶段对客户购买心理进行分析，准确把握客户的购买心理，才能对客户进行有效的推荐。

延伸阅读4-5

以专家的眼
光来介绍
产品

（四）巩固信心

一般，客户在购买过程中都希望得到认同和确认，希望他人给自己增加一份购买的动力。在进行顾问式销售过程中，推销人员要注意鼓励客户的购买行为，巩固其购买信心。

复习思考题

一、选择题

1.爱达模式的四个阶段为（　　）。

A.引起注意、诱导兴趣、激发欲望、促成购买

B.引起注意、刺激需求、激发欲望、促成购买

C.引起注意、刺激需求、约定谈判、促成购买

D.引起注意、诱导兴趣、约定谈判、促成购买

2.迪伯达模式的特点是（　　）。

A.充分了解顾客的需求

B.全力满足顾客的需求

C.紧紧抓住顾客的需求

D.极力促成交易

3.下列关于顾问式销售模式的说法中，正确的是（　　）。

A.顾问式销售要求推销人员必须站在客户的角度，以为客户创造利益为出发点

B.顾问式销售只要求充分挖掘客户的显性需求

C.顾问式销售强调获得自身的商业利益

D.顾问式销售无法很好地预见客户的未来需求

4.埃德帕模式与迪伯达模式的不同之处在于（　　）。

A.结合

B.证实

C.接受

D.示范

5.下列选项中不属于费比模式推销过程的是（　　）。

A.把产品的特征详细地介绍给顾客

B.把产品的优点介绍给顾客

C.向顾客进行演示说明

D.把推销品的利益介绍给顾客

第四章在线
测试

二、案例分析

成功的推销

某手表生产商对一些手表零售商店的销售状况进行了调查，发现商店的售货员对推销该厂的手表不感兴趣，手表零售商店的销售策略也有问题。厂方决定开办一所推销技术学校，并派出厂里的推销代表李某到各手表零售商店进行说服工作，目的是使他们对开办推销技术学校产生兴趣并积极配合，如安排人员参加学习等。李某来到了一家钟表店，运用推销模式理论对该店的负责人进行了成功的推销。下面是李某与该店负责人张某的对话：

李某：张先生，我这次来这里的主要目的是想向你了解一下商店的销售情况。我能向你提几个简短的问题吗？

张某：可以。你想了解哪方面的情况？

李某：你本人是一位出色的推销员。

张某：谢谢你的夸奖。

李某：我说的是实话。只要看一看商店的经营状况，就知道你是一位出色的推销员。不过，你的职员怎样？他们的销售业绩与你一样吗？

张某：我看还差一点，他们的销售业绩不太理想。

李某：完全可以进一步提高他们的销售量，你说呢？

张某：对！他们的经验还不丰富，而且他们当中的一些人现在还很年轻。

李某：我相信，你一定会尽一切可能帮助他们提高工作效率，掌握推销技术的，对吗？

张某：对。但我们这个商店事情特别多，我整天忙得不可开交，这你是知道的。

李某：当然，这是难免的。假如我们帮助你解决困难，为你们培训商店职员，你有什么想法？你是否愿意让你的职员学习和掌握制订销售计划、赢得顾客、增加销售量、唤起顾客的购买兴趣、诱导顾客做出购买决定等技巧，使他们像你一样，

成为出色的推销员？

张某：你们的想法太好了。谁都愿意有一个好的销售班子。不过，如何实现你的计划？

李某：张先生，我们厂为你们这些零售商店的职员开办了一所推销技术学校，目的就是训练这些职员掌握你希望他们掌握的技能。我们特别聘请了一些全国有名的推销学导师和高级推销工程师负责学校的培训工作。

张某：听起来很不错，但我怎样知道他们所学的东西正是我希望他们学的呢？

李某：增加你的销售量符合我们的利益，也符合你的利益，这是其一。其二，在制订训练计划时，我们非常希望你能对我们的教学安排提出宝贵的意见和建议。

张某：我明白了。

李某：给，张先生，这是一份课程安排计划，我们把准备怎样为你培训更好的销售人员的一些设想都写在这份材料上了。你是否看一下材料？

张某：好吧，把材料交给我吧。（李某向张某介绍了计划。）

李某：我已经把你提的两条建议都记下来了。现在，你还有什么不明白的问题吗？

张某：没有了。

李某：张先生，你对我们这个计划有信心吗？

张某：有信心。办这所学校需要多少资金？需要我们分摊吗？

李某：你只需要负担受训职员的交通、伙食、住宿费用。其他费用，包括教员的聘金、教学费用、教具费用等，统统由我们包了。我们初步计算了一下，每培训一个推销员，你最多支付1 000元。为了培养出更好的推销员，花费1 000元还是值得的，你说呢？假如经过培训，每个受训职员的销售量增加5%的话，你很快就可以收回所支付的这笔费用了。

张某：这是实话。可是……

李某：假如受训职员的推销水平只是你的一半……

张某：那就很不错了。

李某：张先生，我想你可以先派3个有发展前途的职员参加第一届训练班。这样，你就知道训练的效果如何了。

张某：我看还是先派两个吧。目前我们这里的工作也比较忙，不能多派了。

李某：那也是。你准备先派哪两位去受训呢？

张某：我初步考虑派……不过，我还不能最后决定。需要我马上做出决定吗？

李某：不，你先考虑一下，下周一告诉我，好吗？我给你留两个名额。

张某：行，就这么办吧！

资料来源　佚名. 推销学案例［EB／OL］.［2021-01-10］. http://www.doc88.com／p-085374433959.html.

思考讨论：

1.李某应用了什么样的推销模式理论？

2.结合案例分析这种推销模式理论的各个步骤。

第五章

寻找和识别顾客

本章内容提要

- 寻找准顾客
- 识别准顾客
- 建立顾客档案

成功的推销总是从寻找顾客开始的，寻找顾客是开展推销活动的前提与基础。对于企业或推销人员来说，要想有效地开展推销活动，与各类推销对象最终达成交易，满足供需双方的利益需求，首先就要运用恰当的方法找到最佳销售机会，选择最有成交希望的推销对象。

第一节 寻找准顾客

一、准顾客的含义

顾客是一个广义的概念，它是指购买产品以及可能购买产品的组织和个人。顾客既可能是一个机构、一家公司，也可能是个人。对顾客的选择与发展要经历一个系统的过程，即从准顾客到潜在顾客、目标顾客、现实顾客和忠诚顾客，如图5-1所示。

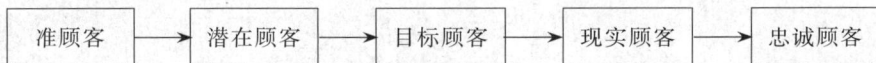

| 准顾客 | → | 潜在顾客 | → | 目标顾客 | → | 现实顾客 | → | 忠诚顾客 |

图5-1 顾客的演变

准顾客是指有购买产品或服务的潜在可能性且有资格的人或组织。在推销活动中，推销人员面临的主要问题之一就是把产品卖给谁，即谁是自己的推销对象。一个尚未找到目标顾客的企业或推销人员一开始就进行狂轰滥炸式的推销，其结果只能是大炮打蚊子似的悲哀。所以，寻找顾客是推销工作的重要步骤，也是决定推销成败的关键性工作。

准顾客如果被证实确实有需求则成为潜在顾客。潜在顾客包括一般潜在顾客和竞争者顾客两大部分。所谓一般潜在顾客，是指已有购买意向但尚未购买任何同类产品的顾客，以及虽然曾经是某组织的顾客但其在做购买决策时对品牌的认可较为随意的顾客。所谓竞争者顾客，是相对于本企业的顾客而言的，也就是竞争者所拥有的顾客群体。

推销人员要对潜在顾客进行评估鉴定，了解其是否有足够的购买力和购买决策权，经鉴定合格的潜在顾客才会成为实际的推销对象，即目标顾客。从潜在顾客中迅速准确地找出目标顾客，能够节约推销的时间，使推销工作顺利地进行下去。

当潜在顾客成为目标顾客之后，推销人员还要通过推销努力使之成为现实顾客。所谓现实顾客，是需求已经得到满足的顾客。这类顾客既有购买需求，又有购买能力，且与企业或组织已经发生了交易关系。

如果现实顾客对企业产品或服务非常满意，并且不断重复购买，那么该顾客就会成为忠诚顾客。

二、寻找准顾客的必要性

推销人员拥有顾客的多少，直接关系到推销业绩的好坏。在当今竞争激烈的市场环境中，想要获得并且保持稳定的顾客群并非易事。第一，在同类产品的目标市场区域中，同行业的竞争者采取各种营销策略，千方百计地争夺顾客，顾客的"忠诚度"日益降低；第二，随着顾客消费知识的日渐丰富与市场法律环境的完善，顾客越来越懂得怎样更好地满足自己的各种需求和维护自己的合法权益，顾客变得越

来越精明，越来理性；第三，因产品生命周期的改变，多年的老顾客流失是常见的、不可避免的。由此可见，推销人员既要留住老顾客，更要不断地开发新顾客，以维持并壮大自己的顾客队伍。

要寻找准顾客，推销人员首先必须根据自己推销的产品特征，提出一些可能成为准顾客的基本条件，再根据准顾客的基本条件，通过各种可能的线索和渠道，拟出一份准顾客的名单，采取科学的方法进行顾客资格审查，确定入选的合格准顾客，并做出顾客分类，建立顾客档案，妥善保管。

并非每一位顾客都是符合购买条件的顾客，寻找顾客的过程实际上是一个筛选顾客的过程。推销人员在寻找到众多的准顾客以后，要对顾客群进行分析、筛选，剔除不符合基本条件的个人或组织，找出那些对推销品具有购买资格的准顾客。这样，不仅使推销目标明确而集中，减少推销的盲目性，而且可以节约大量的时间和精力，提高推销成功率，达到事半功倍的效果；而不愿主动寻找顾客或寻找顾客不到位的推销人员，其付出的代价也将是很高的。

延伸阅读5-1

寻找准顾客的意义

三、寻找准顾客的原则

寻找准顾客是一项讲究科学性的工作，它是有一定的规律可循的。以下是一些寻找准顾客的原则：

1.根据产品的特征来确定推销对象的范围

根据产品的特征来确定哪些可能是你的顾客，哪些顾客根本不可能购买你的产品。工业品的主要推销对象是使用者、购买者、经销商，而消费品的推销对象主要是用户个人和经销商。工业品的推销要根据该工业品所适用的行业进行。例如，购买电子仪器产品的行业和组织主要有机电行业、各相关研究所、各仪器公司，推销人员拜访的人群主要是各企业仪表室负责人和设备科的采购员或负责人。推销电工产品（开关、灯具等）时，推销人员需要拜访的人可能是装修公司的负责人、设计院的设计师、各电工电器商店或某栋大楼的业主等。对于保险推销员来说，几乎每个有购买力的个人都可能是他的顾客。

2.选择合适的寻找渠道和方法

根据企业的定位和目标来确定寻找准顾客的渠道和方法。市场竞争的加剧，使有些企业采取了集中战略，它们把主要注意力和精力都用在一个特定的细分市场。例如，有些企业只在邮电行业寻找客户，而放弃石化等行业，或仅仅寻找达到一定规模的邮电企业，而对小邮电企业不做拜访，顾客自动上门求购又另当别论。推销人员要先确定销售对象的范围，再有针对性地寻找顾客，保证一定范围内潜在顾客的相对集中，从而提高寻找准顾客的效率。下文将详细介绍寻找准顾客的渠道和方法。

3.建立潜在顾客档案

为了进一步挖掘顾客和管理顾客，必须建立顾客档案。根据顾客的实际情况及变化，对准顾客按一定的规律进行分类，然后列出重点推销对象和访问路线，使推销工作标准化、程序化、规范化，加强推销工作的计划性。

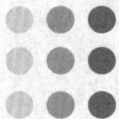

4.要有经常、随时寻找准顾客的意识

本章介绍的寻找准顾客的基本方法，仅仅是我们归纳总结出的有限的若干寻找准顾客的方法。在实际工作中，寻找准顾客的方法是多种多样的。推销人员要注意培养敏锐的观察力和正确的判断力，养成一种随时随地搜寻准顾客的习惯。

四、寻找准顾客的渠道

推销人员可以从企业内部和企业外部两个渠道获取准顾客的有关信息。通过收集准顾客的信息，推销人员可以了解准顾客的特征，从而逐步缩小将要接触的推销对象的选择范围。

（一）企业内部

一个管理机制健全的企业一般拥有一套比较完善的营销信息管理系统，这有助于推销人员确认准顾客的信息。因此，推销人员从企业内部寻找顾客信息是一个明智之举。具体而言，企业内部资料有以下几种：

1.广告反馈信息

通过查询广告反馈记录，推销人员可以了解可能的准顾客，而不再需要大海捞针式地遍访准顾客，从而缩小了准顾客的范围。这种缩小范围的办法较为可靠，推销成功的概率也较高。另外，广告反馈信息应该由相关部门进行分类，分别传递给各个推销人员，为其提供便捷、有效的市场需求线索。

2.销售记录

推销人员首先应该核查企业的各种原始数据，列出一个过去5年内停止交易的顾客清单，分析这些顾客流失的原因。例如，有的是由于企业的推销人员停止了应有的拜访；有的是由于推销人员的流动致使合作关系中止。分析原因之后，推销人员应该通过电话或是其他方式了解该顾客的现状，从中发现可能的准顾客，让他们重新进入公司的顾客名单。

3.客户服务电话

客户服务电话除了要接听和受理现有客户关于产品使用功能的询问、服务申请和投诉等之外，也需要接受其他非现有客户的咨询，即作为一种咨询方式对非现有客户开放，成为吸引准顾客的一种渠道。

4.企业网站

在信息化时代，许多企业意识到互联网的普及带来的巨大商业价值，竞相创建网站，从中获得依靠商业手段才能取得的效果。网站本身也许并不能赚钱，但它是企业的一扇窗，可以涵盖企业的历史、新闻、产品与服务、订货方式、顾客反馈、联系方式等方面，因此可以吸引一些对企业产品感兴趣的顾客点击浏览。由此，推销人员可以通过查询网站统计资料获得一些有价值的准顾客线索。

（二）企业外部

推销人员从企业内部获取资料更为及时，并且难度低、成本小。然而，仅仅靠内部资料是不够的，推销人员还需要进一步从企业外部去寻求更多的准顾客信息，其中包括以下几种途径：

1.亲戚朋友

其实亲戚朋友之间蕴藏着很多销售线索，这本身就是宝贵的客户资源。推销人员可以根据结识的同事、同学、邻居或其他组织中的人列出准顾客的名单。随着不断结识新的朋友，建立起新的顾客基础。

2.顾客推荐

如果推销人员能够实施解决问题型推销，真正地帮助顾客解决存在的问题并为顾客提供便利，则会赢得现有顾客的信任，建立起较为稳固的顾客关系，进而开展关系营销。满意的顾客除了自己可能重复购买外，还可能向他所熟悉或认识的朋友推荐，或者直接向推销人员推荐可能的准顾客信息。这样不仅能够给推销人员提供持续的利润来源，还可以不断地充实准顾客名单，帮助推销人员扩大顾客基础。

3.展销会

国内外现在有很多类型多样、规模不等的贸易展销会，比如国内的中国-东盟博览会（南宁）、广州交易博览会（广州）、西湖博览会（杭州）、中国华东进出口商品交易会（上海）、中国国际日用消费品博览会（宁波）、中国昆明进出口商品交易会（昆明）等。推销人员参加这些展销会不仅能够在现场获得订单，而且可以扩大市场影响力，是公关营销的一种重要手段；同时，通过参展还能够激发准顾客的购买兴趣，为有现实需求的准顾客提供购买线索，缩小推销走访的范围。

4.探查访问

对于一个缺乏经验的推销人员而言，直接上门探查访问也是寻找准顾客的途径。探查访问需要推销人员花费很多时间、精力和费用，但是在这个过程中他们不但能获得寻找顾客的经验，学会与顾客沟通的方法，也能锻炼自己的勇气和意志。

5.电话簿和各种名录

在商业社会中，一些公共性质的名录如电话簿、工商企业名录、企业黄页等，有很大的商业价值。只要推销人员勤于思考，花时间去研究，就可能有所收获。在我国，一般城市中的电话簿是按照党、政、工、教育、文卫、娱乐等性质划分的，首先推销人员应该基于所推销产品的属性分析出准顾客的类型，再从名录中有针对性地找到准顾客的联系信息，与准顾客取得联系或进行走访，以进一步确定其是否具有购买所推销产品的需求和能力。这些公共资料对于推销人员建立准顾客联系网络有很大帮助，推销人员应该利用好这些工具，增强推销工作的针对性。

6.自我观察

很多准顾客就在推销人员的周边，推销人员在生活中要善于观察并形成记录，

反复琢磨哪些人是准顾客，主动搜寻准顾客的"身影"，经常这样反复观察、调查，也许准顾客就出现了。

7.其他推销人员

由于各个推销人员推销的产品并不都是相同的，并不一定存在竞争的关系，而顾客在购买商品时，需求又经常具有交叉性，因此对于那些推销不同产品的推销人员而言，就存在合作的可能性，甚至还会有互补互助的可能性。他们可以共享准顾客信息，也可以同时推销彼此的产品，形成交叉营销，谋求共同发展。

8.各类咨询机构

现在市场中出现了很多咨询机构，有的是政府部门、商业协会设置的面向全社会企业的信息咨询部门，有的是专业的信息咨询公司。这些咨询机构具有专业的信息调查和分析团队、较广泛的信息收集渠道和科学的信息分析技术。推销人员可以从它们那里有偿甚至无偿获得比较准确的顾客信息。

9.商业网站

互联网上很多知名的B2B、B2C网站能够帮助企业或个人寻找客户，比如阿里巴巴网站为经销商提供了产品展示、在线沟通等网络功能，准顾客可以登录该网站选择合适的供应商进行洽谈，互留联系方式。这种方式减少了传统方式中推销人员的车马劳顿之苦，使他们把精力更好地集中在与潜在客户沟通和洽谈上，提高了积累准顾客的效率。

微课 5-1

寻找准顾客
的方法

五、寻找准顾客的方法

（一）地毯式访问法

地毯式访问法也叫全户走访法，是指推销人员在任务范围内或选定地区内，用上门探访的形式对可能成为顾客的机构、公司、家庭和个人进行寻找并确定顾客的方法。此方法是在推销人员不太熟悉或完全不熟悉推销对象的情况下，普遍地、逐一地访问特定地区或特定职业的所有个人或组织，从中寻找自己的顾客的方法。

地毯式访问法是以"平均法则"为基础的，即认为在所有的访问对象中，必定有推销人员所要寻找的潜在顾客。如果推销人员的寻找是彻底的，那么总会找出一定数量的潜在顾客，其中会有一定比例的潜在顾客与推销人员达成交易。地毯式访问法看起来是一种寻找顾客的"笨"方法，但实践证明，如果运用得当，它也是一种比较有效的方法。

采用地毯式访问法寻找顾客，推销人员要做好访问计划。首先，要挑选一个大小合适的访查范围，即先划定合适的访问范围。推销人员要根据产品的用途、功能和潜在顾客应具备的购买能力、从事的职业、居住分布等属性进行推销可行性研究，由此确定一个比较可行的推销对象范围或者推销区域。其次，要提高访问的效率。该方法实施成本较高，而且带有很大的盲目性，因此在实施前，营销部门应该对推销访问的合理范围和访问过程中推销人员的语言与动作表达技巧进行反复斟

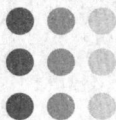

酌，设计一套切实可行的方案，尤其是斟酌好第一句话的说法与第一个动作的表现方式，以减少把大量精力放在不必要的人群上和被拒之门外的概率。

地毯式访问法的优点：

（1）可以全方位地搜寻顾客，并且不会遗漏任何有价值的准顾客。

（2）可以与市场调查同步进行，寻找过程接触面广、涉及的信息量大，有助于了解消费者现有的各种需求、对其他产品的态度等市场需求状况。

（3）可以扩大企业和推销品的影响范围。推销人员寻找顾客的过程，也是传播推销信息的过程。通过地毯式访问，推销人员可以广泛地接触顾客，进而广泛地传播企业和产品的有关信息，从而扩大企业和推销品的影响范围。

（4）可以锻炼推销人员的意志，积累和丰富推销工作经验。推销人员面对众多的被访问者，可以培养坚韧不拔、吃苦耐劳和经受挫折的意志和精神，也有利于了解和研究各种类型、各个阶层顾客的消费心理和消费特点，积累丰富的推销经验。

地毯式访问法的缺点：

（1）这种大范围、普查式的方法比较耗费时间、精力、费用、人力等成本，并且盲目性比较大。

（2）顾客对这类推销人员的造访心存戒心，往往拒绝接见，从而给推销工作带来阻力，给推销人员造成精神负担和心理压力，影响推销工作的顺利进行。

（二）连锁介绍法

连锁介绍法就是推销人员请求现有顾客介绍未来可能的准顾客的方法。有相关关系的人物有时会存在相同的需求或者彼此了解，如一个孕妇往往与其正在怀孕的朋友联系紧密，她们彼此介绍怀孕的知识和相关产品。因此，推销人员在找到一个现实顾客后，有可能通过他找到与之有联系的、可能具有相同需求特点的潜在顾客，不断扩大与潜在顾客之间的联系面，持续发展顾客资源。研究表明，在耐用品消费领域，有50%以上的消费者是通过朋友的引荐而购买商品的，有62%的购买者是通过其他消费者得到新产品信息的。

这种方法特别适用于寻找无形产品（如旅游、教育、金融、保险、家政服务等）的潜在顾客，这与服务行业的特点有关，因为服务产品的质量是很难衡量的，个性化程度很高，顾客更加愿意通过亲戚朋友了解产品的具体情况，更加相信他们的意见。

推销人员采用连锁介绍法寻找顾客，关键是要得到现实顾客的信任。推销人员只有使现实顾客对自己的推销人格和推销产品感到满意，获得现实顾客对自己的信任，现实顾客才可能引荐其他潜在顾客。推销人员通过连锁介绍法可以赢得被介绍顾客的信任，推销的成功率较高。研究表明，由亲朋好友及其他熟悉的人向潜在顾客推销产品，成功率高达80%；向现实顾客推荐的新顾客推销比向没有人推荐的新顾客推销，成交率要高3～5倍。需要注意的是，推销人员在对潜在顾客实施拜访后，应及时向现实顾客汇报情况，一是要表达对现实顾客的感谢，二是要继续争取

现实顾客对推销工作的合作与支持。

连锁介绍法的优点：

（1）减少推销人员寻找、主观判断潜在顾客的盲目性，因为现实顾客推荐的一般是自己较为了解的单位或个人，他们之间存在长时间的信息沟通，甚至存在一定的共同利益，具备一定的信任关系，所以提供的信息准确度高，内容翔实。

（2）有利于取得潜在顾客的信任，进而产生购买意向，提高了推销的成功率。

连锁介绍法的缺点：

（1）由于无法预料现实顾客介绍的情况，因此事先构想的推销计划方案经常会无法有效执行或者在中途被打破。

（2）这种方法依赖于现实顾客是否愿意介绍以及是否全力介绍，但现实顾客没有进行链式引荐的义务，如果他们出于某种考虑而不愿配合，则会使推销人员处于被动地位。

延伸阅读5-3

乔·吉拉德的250法则

（三）中心开花法

中心开花法又叫权威介绍法，属于连锁介绍法的一种，是指推销人员在一定的推销范围内发展一些有较大影响力的中心人物或组织来消费自己的推销品，再通过他们的影响把该范围内的其他个人或组织变为自己的准顾客。一般来说，中心人物或组织往往有很高的社会地位，在公众中具有很大的影响力。他们常常是消费者领袖，诸如政界要人、企业界名人、文体界巨星、知名学者、专家、教授，或者名牌大学、星级酒店、知名企业等。这些中心人物或组织的知名度高，且拥有很多的崇拜者，他们的购买与消费行为能在其崇拜者心目中起到示范作用和先导作用，从而引发甚至左右崇拜者的购买与消费行为，这就是心理学中的"光晕效应"法则。

运用中心开花法时，决定使用效果的关键是寻找到合适的中心人物。在寻找过程中，推销人员要进行详细、准确的市场细分，确定每个子市场的规模和特征，分析各子市场的潜在顾客可能会相信哪一类中心人物，然后要争取中心人物的信任和合作。只有说服中心人物，使其对企业提供的产品和服务感到满意，做出购买行为并自愿帮助企业开展推销活动，才有可能引发一大批潜在顾客。中心开花法主要适用于金融、旅游、保险等无形产品及时尚性较强的有形产品。

中心开花法的优点：

（1）节省时间和精力。运用这一方法，推销人员只需要集中精力做好中心人物的推销工作，而不用再花费大量的时间和精力去逐一游说每个潜在顾客，这样就提高了推销工作的效率。

（2）可以借力。推销人员可以凭借中心人物在某一领域的权威性和影响力发掘大批潜在顾客，提高产品的知名度，提升企业形象。

中心开花法的缺点：

（1）中心人物的寻找与确定存在很大的困难，如果选错了中心人物，结果将会适得其反。

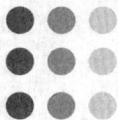

（2）在说服中心人物的工作上，推销人员要花费大量的时间和精力。如果最终中心人物不愿意与推销人员合作，推销人员就会失去很多潜在顾客。

（四）委托助手法

委托助手法也称为"猎犬"寻找法，是指推销人员在企业外部选聘一批与推销品关系密切的助理人员协助自己收集情报，提供潜在顾客线索，对潜在顾客进行初步了解或帮助自己进行其他推销活动。这种方法是以一定的经济利益换取受托人的关系资源。委托助手法可以使推销人员用最少的推销费用和时间，取得最大的推销成果。这是因为委托助手在产品销售区域与行业内寻找准顾客及收集信息，再利用现代通信设备传递有关信息，然后由推销人员亲自去接近准顾客，比推销人员亲自外出去收集信息在经济上更划算。而推销人员本身只需接近那些影响力大的关键顾客，这样可以获得最大的推销经济效益。另外，行业间与企业间都存在关联性，利用其他行业的从业人员可以较早地发现产品市场先行指标的变化，为推销工作提供及时、准确的信息。

使用委托助手法应注意对助手的挑选与聘用。挑选时可以从推销助手所从事行业的特点、职务权限、业务范围、知识范围、业务能力、社交范围及工作态度等方面进行判定。同时，要为推销助手开办必要的培训课程，帮助他们增加知识和提高收集、传递、分析信息的能力。推销人员应与助手建立良好的人际关系，并通过效益与酬劳挂钩的方法来调动助手的积极性。

委托助手法的优点：

（1）节约推销人员的有限时间，使他们能把精力用在重点推销对象和有效推销工作上。

（2）委托的助手都是经过挑选的兼职人员，他们所从事的职业都是直接使用推销品的行业或与之对口、相关的行业，有利于捕捉有效信息，扩大信息情报网。

（3）某些助手可以利用职业的关系，以第三者的公正形象出现，说服能力可能更强，比推销人员本人更容易发展大批新顾客。例如，一些汽车推销员会雇请汽车修理服务站的大批工作人员当推销助手，负责介绍潜在的汽车购买者。

委托助手法的缺点：

（1）理想的推销助手往往难以找到。推销人员的推销业绩在很大程度上取决于推销助手的密切配合，如果推销人员与推销助手之间配合不力，会使推销人员处于被动状态。

（2）对临时人员缺乏有效的管理。这些人也有可能是同类产品竞争者的助手。如果推销助手同时兼任几家同类产品制造厂家或经销商的信息员，不仅可能泄露商业机密，还可能使企业与推销人员陷入不公平的市场竞争。

（五）广告搜索法

广告搜索法是指推销人员利用各种广告直接向广大消费者告知产品的销售信

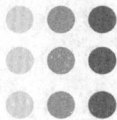

息，激发消费者的消费需求，然后向受广告吸引而前来的潜在顾客进行推销活动。根据不同的广告媒介，广告搜索法又可分为报纸与杂志广告、网络广告、电台广告、电话广告、包装广告、邮寄广告、电视广告、交通广告、室外广告等方法。推销人员可以根据产品的市场需求特点、产品属性、推销区域、推销对象特点等综合考虑分析，选择合适的广告方式。

利用广告搜索法要做好广告的创意。在产品同质化严重的市场状况下，若没有好的广告创意来突出产品理性上或感性上的卖点，就不可能使顾客对推销的产品情有独钟。同时，要选择合适的广告媒体。不同的广告媒体有不同的特性，企业从事广告活动必须对广告媒体进行正确的选择，否则将影响广告效果。

广告搜索法的优点：

（1）现代信息传播手段具有信息传递容量大、覆盖范围广、广告形式多样等特点，这大大拓宽了推销信息的传递面，使得推销人员与推销对象之间的信息传递、沟通更加便捷有效。

（2）一个创意新颖、主题鲜明的传播广告相当于成千上万的推销人员，这样可以大大减少推销的盲目性，节省时间成本，提高推销效率。

广告搜索法的缺点：

（1）推销对象的消费行为难以掌握，进而影响广告媒体的选择。不同的消费群体有不同的媒体习惯，而不同的产品又只能选择与其相适应的广告媒体，这在一定程度上会影响广告产品的促销效果。

（2）由于广告竞争激烈，广告类型日益丰富，广告的影响力越来越局限于某一类人群，缺乏创意的广告越来越难以吸引消费者的眼球，因此，制作高质量的广告更加困难，而支付广告费用也会成为企业沉重的负担。

（六）资料调查法

资料调查法是推销人员通过查阅各种现有的信息资料寻找顾客的方法。可供推销人员查阅的资料主要有：工商企业名录、统计资料、产品目录、工商管理公告、信息书报杂志、专业团体会员名册、电话簿等。这种方法注重对二手资料的收集、整理和分析，进而确定潜在顾客，实际上是一种市场调查的方法。资料分为内部资料和外部资料两个部分。内部资料是指企业内部报告系统所提供的反映企业内部情况的有关资料；外部资料是指由企业外部有关机构所保存的全部资料。

资料调查法的优点：

（1）减少寻找顾客的盲目性，节省寻找的时间和费用。

（2）可以利用资料对潜在顾客进行了解，为推销访问做好准备。

资料调查法的缺点：

（1）一些资料的时效性较差，加之有些资料内容简略，信息容量小，对寻找顾客没有帮助。

（2）随着信息的不断增加，信息的来源越来越丰富，推销人员翻阅资料的时候

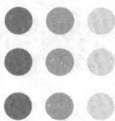

可能不知如何下手。

（七）网络寻找法

网络寻找法是指推销人员运用各种现代信息技术和互联网通信平台来搜索潜在顾客的方法。它是信息时代的一种非常重要的寻找顾客的方法。随着电子商务活动的日益频繁，网络推销逐渐盛行，推销人员可以通过大型搜索引擎（如百度、雅虎、谷歌等）和专业交易网站（如阿里巴巴等），用关键词搜索和目录查询等方式来寻找大量潜在顾客。由于各大搜索引擎信息库的信息数量和类型有所不同，如果同时使用不同的搜索引擎进行搜寻，推销人员所获得的客户信息量将更加庞大。

网络寻找法的优点：

（1）成本低，速度快。企业在网上为广大用户提供大量的信息在线服务，不仅可以大大节省推销人员的差旅费和时间，而且当潜在顾客看到自己需求的产品时，在几分钟内就可以做出反应。利用网络寻找顾客，具有经济和快速的优势。

（2）获得较大范围的潜在顾客资料。通过互联网，推销人员可以发现世界各地的潜在用户，尤其对一些顾客较分散的产品而言，更能体现网上寻找顾客的优势。

（3）双向的、互动的信息交流方式。推销人员在网上收集客户资料的同时，可以利用互联网介绍推销品。互联网集图、文、声、像、虚拟效果于一体，能使企业的广告宣传收到更好的效果。

延伸阅读5-4

计算机销售
人员寻找顾
客的方法

网络寻找法的缺点：网络环境的虚拟性使其缺乏保证信息真实性的机制，很多虚假信息弥漫在网络的各个角落，推销人员在查找时难免受到虚假信息的干扰，不能保证潜在顾客信息资料的真实性和可靠性。

除以上介绍的几种常用的寻找顾客的方法外，还有一些其他的方法，如市场咨询法、个人观察法、宣传报道法、竞争寻找法等。每种方法都各有长短，推销人员应在推销活动中结合实际，勇于创新，大胆摸索出一套高效寻找顾客的方法为己所用。

第二节 识别准顾客

推销人员在获得了准顾客的信息后，还必须对其进行鉴定，看其是否具备顾客资格。决定顾客资格的因素有很多，但最根本的一点，是要看推销的产品能否与顾客建立起现实的关系。

微课5-2

推销人员在实施顾客资格鉴定时可以使用 MAN 法则。该法则认为顾客是由金钱（money）、权力（authority）和需要（needs）这三个要素构成的，即只有同时具备购买力、购买决策权和购买需求这三个要素的顾客才是合格的顾客。

顾客资格鉴
定 MAN 法则

一、顾客购买需求鉴定

顾客有了购买需求，才会产生购买行为。对顾客购买需求的鉴定就是推销人员通过分析有关资料，对潜在顾客是否真正需要其所推销的产品以及可能的需求量做出审查与评估，从而确定具体推销对象的过程。

顾客购买产品的主要原因在于产品能够给顾客带来某种益处，解决某种问题或困难，从而满足某种需求。正如 IBM 公司前营销副总裁巴克·罗杰斯所说："人们购买某种产品，是因为产品能够解决问题，而不是因为产品本身。IBM 不出售产品，它只出售解决问题的办法。"

顾客需求不仅包括顾客客观存在并已认识到的现实需求，而且包括顾客客观存在但自己尚未认识到的潜在需求。能否正确估计顾客对推销品存在现实需求和潜在需求的可能性，主要取决于推销人员的推销经验以及对推销品的特性及顾客需求的认识。顾客需求多种多样，千变万化，推销人员应在把握顾客消费行为和消费心理特征的基础上，对顾客的需求进行深入细致的调查研究，分析和把握顾客不使用推销品的真正原因：可能尚未认识到推销品的真正用途；可能受传统习惯或传统观念的影响；可能暂无购买力；可能对处于介绍期或成长期的新产品了解不多，尚处于等待、观望阶段；也可能对本公司和公司产品存有成见等。因此，推销人员不应简单地以顾客使用或不使用推销品为标准来审查顾客需求，而应认识到顾客现在不使用推销品不等于将来不使用，表面上不需要不等于内心真正不需要。所以，推销人员应该采取一定的推销技巧，说服具备现实需求的顾客促成购买，并与顾客建立良好的关系，同时挖掘、培育、创造具有潜在需求的顾客，激发他们的购买欲望，使其相信对推销品确实存在需求。事实上，很多人类需求就是通过激发创造出来的，推销人员应该加强"创造需求"方面的训练，通过创造需求来促进销售。真正优秀的推销人员是在"创造需求"方面有出色表现的推销人员。

此外，顾客购买需求鉴定不仅包括对顾客需求可能性的审查，还包括对顾客的需求量进行评估。有些顾客虽然对推销品的需求可能性较大，但需求数量很少且只是一次性购买，如果前去推销可能得不偿失，不能给公司带来利润甚至会产生负效益，这些顾客便不能成为合格的目标顾客。而那些对推销品需求数量大，又是长期需求的顾客，则是推销人员首选的并应将其列为重点的目标顾客。

鉴定顾客需求时，要运用全面、联系、发展的观点对其进行动态的、综合的分析，既要审查顾客的现实需求，估计现实的需求量，又要考虑顾客购买的动态性以及顾客向其他顾客推荐购买的可能性，只有这样，才能对顾客的需求做出一个全面、正确的评价。

二、顾客购买力鉴定

支付能力是判断一个潜在顾客是否能成为目标顾客的重要条件。单纯从对商品的需求角度来看，人们几乎无所不需。但是，任何潜在的需求只有在人们具备了支

付能力之后，才能成为现实的需求。顾客购买力鉴定是指推销人员通过对有关资料的分析，确定潜在顾客是否具备购买推销品的经济能力，进而确定其是否为合格目标顾客的一种活动过程。

顾客支付能力可分为现有支付能力和潜在支付能力两类。进行购买力鉴定时，首先是鉴定顾客的现有支付能力。具有购买需求及现有支付能力的顾客是最理想的推销对象。其次，应注意对准顾客潜在支付能力的鉴定。一味强调现有支付能力，不利于推销局面的开拓，掌握顾客的潜在支付能力，可以为推销提供更为广阔的市场。当准顾客值得信任并具有潜在支付能力时，推销人员应主动协助准顾客解决支付能力问题，建议顾客利用银行贷款或其他信用方式购买推销产品，或对其实行赊销（偿还货款的时间不宜过长）。

鉴定支付能力时，对于个人或家庭而言，主要调查其收入水平；对于企业或单位而言，主要调查其经营状况，并可求助于银行的资信调查。但是，准确地鉴定顾客的支付能力并非易事，绝大多数顾客不愿向别人透露自己的财力状况，很多企业内部财务资料对外保密。因此，要做好顾客支付能力鉴定，也需要推销人员做大量的多方面的工作，从各方面的资料中对顾客的支付能力做出推算。

三、顾客购买决策权鉴定

顾客是否购买推销品，除了取决于其购买需求、支付能力以及购买资格外，还取决于顾客是否有权决定购买。只有拥有购买决策权的目标顾客才能决定成交。顾客购买决策权鉴定，就是评价推销对象的购买决策权状况，旨在缩小潜在顾客的范围，明确推销对象，即"向权力先生推销"，避免盲目推销，进一步提高推销效率。对以家庭或个人为消费单位的顾客进行购买决策权评价和对以企业或组织为消费单位的顾客进行购买决策权评价是有区别的。

对于家庭或个人来说，购买决策权通常掌握在一家之长手里，同时，每个家庭成员的意见对最后的购买决定也会产生很大的影响。在实际生活中，要正确判断谁是拥有购买决策权的核心人物并非易事，因为对于不同的文化背景、不同的社会经济发展水平以及不同类型的消费者来说，家庭购买决策的权威中心是不同的。美国社会学家按家庭权威中心的不同，把家庭分为四类：丈夫决定型、妻子决定型、共同决定型、各自做主型。根据消费品在家庭中的购买决策重心不同，可将其分为三类：丈夫有较大影响力的商品，如汽车、健身设备、烟酒等；妻子有较大影响力的商品，如服饰、饰品、家具、化妆品、洗衣机、吸尘器、餐具等；夫妻共同决定的商品，如住房、旅游等。

对于企业或其他各种社会团体和组织来说，购买决策权会因其所有制性质与组织结构等方面的不同而各有差异。一般来说，企业购买决策者在其购买权限范围内购买产品，涉及越权购买时，则必须向上级报请审批，有些产品甚至要高层领导集体讨论后才能做出购买决策。为此，推销人员仅掌握一定的推销知识和推销技巧是远远不够的，还需要熟悉现代科学管理知识，了解企业的组织结构、人事关系、决

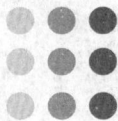

策运行机制、规章制度等,以便准确地评价顾客的购买权力。一般而言,企业都有严格的购买决策分级审批制度,不同级别的管理者往往有不同的购买决策权限。例如,部门经理、副总经理和总经理就有着不同的购买权限。

第三节 建立顾客档案

一、建立顾客档案的重要性

顾客档案包括潜在顾客的名称、电话、地址等基本信息,购买需求、购买愿望、购买偏好等消费行为信息,以及推销人员拜访顾客的日期、拜访后的印象等方面的信息。建立顾客档案对推销人员来说是非常重要的,它关系到推销人员的推销成功率和推销业绩。

(一)有助于推销人员抓住顾客

虽然推销人员寻找潜在顾客的途径、方法多种多样,但如果没有将信息资料及时记录下来,并建立起相应的顾客档案,有时候会导致顾客流失。因此,有经验的推销人员会经常把潜在顾客的相关信息记录下来,并根据顾客的重要程度、计划的拜访时间进行合理排列,制成一份名单,以防遗忘。

(二)有助于推销人员制订合理的拜访计划

推销人员在与顾客进行推销洽谈之前,需要制订一份严密的推销计划。在制订计划时一般要分析研究顾客的具体需要、合适的接触途径和方法,选择合适的谈话主题,这就需要参考顾客档案。建立顾客档案有助于制订较为严密的推销洽谈计划,提高推销工作的成功率。

(三)有助于推销人员安排好拜访日程

面对众多的潜在顾客,推销人员应通过对顾客档案资料的评估,将顾客区分为重要、次要和普通等若干级别,使推销工作有先有后,主次分明。在对潜在顾客进行第一次拜访之后,推销人员应将在拜访中获得的信息补充到顾客档案中,并再次对顾客等级进行评估,调整他们的重要程度。

二、潜在顾客档案资料整理

(一)顾客分析

推销人员可以将长期积累的顾客信息资料,按照时间顺序分为三大类,即现有顾客、过去的顾客、将来的顾客,对每一类顾客资料都要进行详细分析,力求从中发现产品销售机会。资料内容包括姓名、地址、电话、职位、公司等基本信息。对

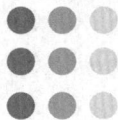

于现有顾客，要分析其向我们购买了什么、可能会再购买什么、能为我们推荐哪些新的客户等。对于过去的顾客，要分析我们为什么会失去这个顾客、是否有机会挽回以及他们有可能购买的产品是什么。对于将来的顾客，要分析其需求是什么、我们是否能够满足这些需求、他们可能购买的产品是什么。

（二）顾客资料卡

在建立顾客情况分析表的基础上，推销人员还应为每一个经过鉴定的顾客制作详细的资料卡，对卡片上的有关内容做充分的调查和了解，便于将来在接近顾客和面谈时查找，使产品推销工作系统化、表格化，进一步提高产品推销工作的效率。在推销工作中，推销人员可以根据实际需要来设计顾客资料卡的具体格式。对个人或家庭类顾客，需要记录姓名、年龄、住址、联系电话、职业、职务、兴趣、喜爱的运动、与本企业开始交易的日期、交易实绩、信用情况、往来银行、付款条件和付款日期等。对公司类顾客，需要记录公司名称、地址、联系电话、所属行业、员工人数、注册资本额、负责人、业界信用、市场地位、采购主管、采购协办人员、公司创办日期、与本企业开始交易日期、交易实绩、信用评级状况、开户银行、付款方式、付款日期和付款条件等。

（三）顾客等级评估

基于以上资料，结合 ABC 分类法，推销人员就可以根据有关标准将潜在顾客分为 A、B、C 三级或 A、B、C、D 四级。所谓 ABC 分类法，是指推销人员根据一定的具体标准对顾客进行分级管理和重点推销的科学方法。这些具体的标准可以根据不同行业的具体情况来制定，如顾客的规模大小、购买能力大小、信用高低、购买概率高低、距离远近、长期合作与否等。顾客分类可以使推销人员的日常推销工作富有计划性，实现程序化、条例化、系统化，有助于他们开展重点推销和目标管理，保证较小的推销投入量取得较大的推销业绩。

基于以上分类，推销人员可以按照级别的先后顺序制订推销计划。其中，A 类顾客为重要顾客，要加强访问；B 类和 C 类顾客是次要顾客，这类顾客无论从购买的数量还是获取的利润方面来看都具有很大潜力，应该访问，但是不太紧迫；D 类顾客属于普通顾客，这类顾客尚待开发，许多信息还不完善，推销人员若有时间与精力的话，可以去访问这类顾客。

当然，随着推销工作的展开，推销人员对潜在顾客的认识逐渐深入，资料上显示的评级不一定与面谈或深入调查后的结论相一致，这时就需要对原先的分类做出适当的调整。

（四）顾客情况的综合评价

在后期的产品推销业务中，推销人员根据顾客资料卡可随时掌握顾客购买本企业产品的情况、订货时间、订货次数，并将顾客的有关资料进行汇总、分析，掌握产品推销业务的增长数量；通过统计各类顾客的购买额及所占比例，发掘顾客的潜在购买能力；依次分析与每位顾客的每笔交易所花费的推销费用，将每一种产品的推销费用汇总起来，就可以清楚地了解推销费用占产品总推销额的合理比例，以此衡量推销业务的投入水平与产出效益。

推销人员利用顾客资料卡可以定期对顾客进行综合评价，及时发现推销过程中存在的问题，并提出改进措施。评价内容包括顾客的基本情况、每次订购产品的数量、订购产品的次数、推销额占公司推销总额的比例、推销费用水平、货款回收情况、顾客对本公司的评价、顾客对推销业务的支持程度、访问计划、延迟交货的情况等。

复习思考题

一、选择题

1.地毯式访问法的理论根据是（　　　）。

A.最优法则

B.机会法则

C.平均法则

D.均等法则

2.下列选项中不属于中心开花法的优点的是（　　　）。

A.集中精力

B.增加可信度

C.利于成交

D.方便寻找

3.收集顾客第一手资料的最普遍、最方便的手段是（　　　）。

A.地毯式访问

B.资料查阅法

C.市场咨询法

D.问卷调查法

4.下列（　　　）不属于考虑并判断某个人或组织是否可作为合格顾客的依据。

A.准顾客是否有购买的资金

B.准顾客是否有购买的欲望

C.准顾客是否有购买的需求

D.准顾客是否有购买的决策权

5.连锁介绍法的缺点是（　　　）。

A.造成判断上的主观盲目性

B.不利于消除准顾客的戒心

C.使推销人员处于被动的局面

D.增加失误

第五章在线
测试

二、案例分析

乔·吉拉德的推销术

汽车推销大王乔·吉拉德在将汽车卖给顾客数星期后就从客户登记卡中找出对方的电话号码，开始着手与对方联系："以前买的车子情况如何？"

白天打电话，接听的多半是购买者的太太，她们大多会回答："车子情况很好。"乔·吉拉德接着说："假使车子振动厉害或有什么问题的话，请送回我这儿来修理。"并且请她们提醒她们的丈夫，在保修期内送来检修是免费的。

同时，乔·吉拉德会问对方："是否知道有谁要买车？"若是对方说有位亲戚或朋友想将旧车换新的话，他便请对方告知这位亲戚或朋友的电话号码和姓名，并请对方拨个电话替他稍微介绍一下，同时让对方知道如果介绍的生意能够成功，对方可得到25美元的酬劳。最后，乔·吉拉德没有忘记对对方的帮助再三致谢。

乔·吉拉德认为，即使是质量上乘的产品，在装配过程中也会发生莫名其妙的小差错，虽经出厂检验，也难免有疏漏，虽然这些问题维修起来并不难，但对顾客来说就增添了许多麻烦。把车卖给顾客后，对新车是否有问题的处理态度和做法如何，将会影响顾客向别人描述时的角度和重点。他可能会说："我买了一辆雪佛兰新车，刚买回来就出问题了！"如果你主动征询对方对车子的评价，及时发现问题并给予免费维修，顾客就会对别人说："乔·吉拉德这个人挺够意思，时时为我的利益着想，虽然车子出了点问题，但他一发现就马上给我免费修好了。"

思考讨论：

1.乔·吉拉德是用什么方式寻找准顾客的？

2.乔·吉拉德急着给顾客打电话询问车子的状况，是否会引起对方对所购产品质量的怀疑？假如出现这种情况，你认为应怎样处理？

3.乔·吉拉德为什么明知买主白天不可能在家，却偏偏在这时候打电话到顾客家里？这里的奥秘何在？

第六章

约见和接近顾客

本章内容提要

- 接近准备
- 约见顾客
- 接近顾客

实践证明，欲使推销获得成功，推销人员在对准顾客进行访问之前，必须做好充分的准备工作，除了自身准备好外，还需收集与准顾客相关的各方面信息，真正做到"知己知彼"，从而保证推销访问工作顺利进行。

第一节　接近准备

一、接近准备的内涵

所谓接近准备，是指推销人员在接近某一特定顾客之前进一步了解该顾客情况的过程。著名推销大师原一平说："推销成功与否与事前调查工作的好坏成正比。"因此，在进行准备工作时，推销人员不要怕花费时间。"磨刀不误砍柴工"，在准备工作中所耗费的时间，必将在推销访问中得到回报。在推销工作中，有许多推销人员低估接近准备工作的意义，不愿意或根本不去做接近顾客的准备工作，对于推销任务的完成状况也任其自然，因而严重影响了自己的推销业绩。

接近准备工作在推销过程中的重要意义在于：

1.接近准备有助于推销人员进一步审查准顾客的资格

尽管我们在顾客资格审查中已经审定了顾客的资格，但那只是初步的和不完全的，还需要在接近准备中进一步确认，因为真正的准顾客要受其购买能力、购买决策权、是否已经成为竞争者的顾客和其他种种因素的制约。对于这些制约因素，推销人员都必须对准顾客的资格进行进一步的认定，而这项任务必须在接近顾客之前的准备工作中完成，以避免接近顾客时盲目行事。

2.接近准备有助于推销人员拟定接近策略

不同的准顾客有不同的接受推销的方式和特点。例如在接近时，有的准顾客喜欢开门见山地直达中心问题的接近方式，有的准顾客则更喜欢拐弯抹角地含蓄表达推销意图的接近方式；也有的准顾客要求推销人员严格守约、准时赴会，但有的准顾客对于预定的约会毫不在乎。再如在洽谈时，有的准顾客善于不动声色地掩饰自己的感情，可有的准顾客特别喜欢与人争论，感情容易冲动；有的准顾客喜欢海阔天空地东拉西扯，有的准顾客则紧紧围绕着关键问题做文章；还有的准顾客讨厌对方在洽谈时抽烟、在进餐时劝酒等这样那样的事情。因此，推销人员必须进行充分的前期准备，把握目标顾客多方面的特点，制定出恰当的接近顾客的策略。

3.接近准备有助于推销人员拟订推销面谈计划

推销人员在推荐产品时，总是要采取多种方式，从产品的各个方面进行游说，或突出产品新颖的制作材料、先进的生产工艺，或突出产品良好的售后服务和质量保证，或突出优惠的价格，等等。关键在于推销人员介绍产品的侧重点要切合顾客的关注点，否则，面谈介绍就失去了针对性，推销的效果会因此而大打折扣，甚至使推销工作无功而返。

4.接近准备有助于推销人员避免推销工作中的失误

推销人员的工作是与人打交道，要面对个性各异的潜在顾客。每一位潜在顾客都具有稳定的心理特质，有各自的个性特点，推销人员不可能在短暂的推销谈话中予以改变，而只能加以适应，迎合准顾客的这些个性特点。因此，推销人员必须注意顺从顾客的合理

要求，投其所好，避其所恶。推销人员做好接近准备，充分了解准顾客的个性、习惯、爱好、厌恶、生理缺陷等，就可尽量避免触及顾客的隐痛或忌讳而导致推销失败。

5.接近准备有助于增强推销人员的信心

有没有取胜的信心，对于推销人员能否成功至关重要。推销人员在毫无准备的情况下贸然访问准顾客，往往因为情况不明、底数不清，总担心出差错触怒顾客，而行动举棋不定，言辞模棱两可。如果推销人员对自己推销的商品信心不足，顾客会感到担心或失望，进而不能信任推销品，当然也更难以接受推销品。做好充分的前期准备工作，可以使推销人员底气十足，充满信心，推销起来态度从容不迫，言语举措得当，容易取得顾客的信任。

二、接近准备内容

推销人员要想赢得主动，就要在每次拜访顾客前或在每笔业务洽谈前，做好充分的约见准备工作。这种准备工作比以往任何时候都要具体、全面、充分。

（一）潜在顾客的资料准备

推销人员在做好顾客资格审查工作后，虽然有了一份比较可靠的潜在顾客名单，但还不能立即与名单上的顾客见面。如果推销人员没有为即将开始的推销活动做好心理、行动等方面的充分准备，就盲目地接近顾客，很可能在与顾客实际接触的过程中遇到一些没有预料到的问题，难以达到接近顾客的预期目标。因此，在实际接触顾客之前，必须有一个准备阶段。就其实质而言，这一准备过程应该是审查的继续和深化。

这里所指的顾客，不仅包括陌生的顾客，也包括熟悉的顾客，不仅指消费者个人，还包括各类组织顾客（团体、企事业单位等）。由于顾客不同，具体的准备内容也就有所不同。

1.个人顾客资料的准备

约见个人顾客前的准备内容如表6-1所示，包括在顾客的基本情况、个体特征信息、与需求和购买相关的信息，以及推销人员重点关注的其他信息。

表 6-1　　　　　　　　　接近个人顾客前的准备内容

顾客信息类别	具体内容	注意事项与作用
基本情况	姓名	写对、读准，可以缩短推销人员与潜在顾客之间的距离
	年龄	了解潜在顾客的真实年龄，有助于推测潜在顾客的个性心理特征与需要等。对女性的年龄可以大致估计
	性别	不同性别的潜在顾客在性格、气质、需要和交际等方面都有差异
	民族	不同民族有不同的风俗习惯与宗教信仰，推销品应该在包装、色彩、商标等方面符合特定民族的习惯
	受教育程度	寻求交流的基点，同时为洽谈方式的选择提供参考依据
	出生地	利用同乡关系谈话，容易被潜在顾客接受

续表

顾客信息类别	具体内容	注意事项与作用
个体特征信息	职业	潜在顾客靠什么谋生？是雇主还是雇员？从事何种职业？能力怎样？工作了多久？这些问题的答案都有利于推销人员找到推销洽谈的话题
	住所	依据住所的社区状况可以推测社会地位等情况
	个人偏好	在推销中可以适当投其所好
	消遣、兴趣、爱好	了解潜在顾客工作之外的娱乐项目、兴趣爱好，可以找到更多话题，使推销接近顺利步入正轨
	最佳访问时间	如果推销人员能在潜在顾客空闲之时去拜访，将会受到友好的接待
与需求和购买相关的信息	需求状况	了解顾客是否确实需要你所推销的产品。如果需要，应该弄清楚潜在顾客对产品熟悉的程度；如果不需要，判断是暂时的还是长期的，以便进行分级管理
	购买能力	了解潜在顾客的购买能力，提高推销的针对性
	购买决策权	判断购买决策权到底掌握在哪个家庭成员手中，并根据购买决策者的特征设计推销接近计划与方法
	家庭状况	很多购买决策是由于人们想取悦配偶或子女形成的，因此要注意
	参考群体	了解潜在顾客属于哪一个参考群体，在群体中任何一种职务，有无权威性。掌握这些信息，有利于利用群体的影响力和认同感使之接受推销品
推销人员重点关注的其他信息	……	……

延伸阅读6-1

准备客户名单：标明姓名、职位、地址、电话

2.组织顾客资料的准备

组织潜在顾客是指除个体潜在顾客之外的所有潜在顾客，包括各种企事业单位及其他社会团体组织。由于组织潜在顾客的购买目的是获利或开展正常业务活动（譬如学校购买课桌、椅子、粉笔、电脑等是为了组织教学），除具备个人采购的一些特点外，它还具有以下特点：购买数量大，订货次数少，供求关系稳定，重视品质，专业人员购买，影响购买决策的人员多，属于理智型购买。采购者只是执行购买决策的人员，通常不是做出购买决策的人，因而向组织购买者推销就是指向购买决策者推销，或向影响购买决策的有关人员施加影响，促使决策者做出购买决策。购买决策的复杂性必然要求推销人员更加充分地做好接近组织潜在顾客的准备工作。

顾客采购时需要的是产品的核心功能和附加功能而并非产品本身。在发掘顾客需求时，推销人员一定要了解清楚顾客在内心深处对产品各功能的排列次序，只有这样才能有针对性地讲解产品并做到击中要害。

在产品销售中，你是不是一味地向顾客讲解产品优点呢？是不是一味地把这些

优点认为是产品的卖点呢？如果这样，你就错了，因为你讲的优点在顾客眼里可能一文不值。只有顾客关注的产品特点才能成为产品的卖点。

因此，推销人员在拜访组织潜在顾客前，除应准备与个体潜在顾客相同的一些内容外，还应准备以下内容：

（1）组织名称。准确地了解组织潜在顾客的名称，有利于推销人员与推销对象取得联系，顺利地开展推销工作。

（2）组织性质。掌握组织是公司法人还是行政事业单位，是营利性组织还是非营利组织等，有利于推销人员制订恰当的推销计划。

（3）组织规模。组织规模包括资本、员工、生产能力、技术水平等。基于这方面的资料，推销人员可以间接地推测该组织可能接受推销品的数量、支付能力的强弱等。

（4）组织所在地。只有掌握组织总部及其分支机构的所在地、通信地址、电话号码、传真号码、电子邮箱、交通运输情况等信息，推销人员才能及时与组织取得联系，并前往组织所在地进行推销。

（5）组织的机构设置与人事。这包括组织具体机构的设置，各个部门的负责人分别是谁，总经理又是谁，是否设立了独立的采购部门等。

（6）组织的采购状况。这包括：一般的采购决策由谁做出？重大的采购项目又是由谁决策的？影响这些重大购买决策的有哪些人？组织现在的供应商是谁？对现在供应商提供的产品或服务是否感到满意？现在供应商的产品的最大缺陷是什么？我们的产品具备这方面的优势吗？掌握组织潜在顾客采购方面的情况，有利于推销人员有针对性地开展推销接近工作。

（7）组织的经营状况。这包括潜在顾客的生产规模、经营管理水平与能力、盈利能力、市场状况、技术装备水平等。了解这些情况，有助于推销人员进一步审查潜在顾客的资格，判断组织购买者购买活动的方向和水平。

（8）组织的购买习惯。这是指潜在顾客购买产品的时间、订购次数、订购批量、订货方式、订货要求等。了解组织购买者的购买习惯，有利于推销人员在推销洽谈中适应或迎合顾客的购买习惯。

3.常顾客的接近准备

所谓常顾客，也叫老顾客，简称常客，是推销人员所掌握的比较固定的买主。常顾客接近准备的内容有：

（1）老顾客的基本信息。推销人员应在平时的推销工作中有针对性地完善老顾客的基本信息，在接触前的准备过程中修正错误信息，并补充遗漏信息，同时温习老顾客原有的消费偏好、购买习惯与性格特征，以便在见面时可以从这些内容入手进行寒暄，这样会使顾客感到很亲切。

（2）老顾客的信息变更情况。在进行老顾客的接触准备时，推销人员应对原来顾客档案中的资料逐一审查，并加以核对，了解原有资料是否有变动。

对于个体老顾客，主要通过回答以下问题进行准备：这位顾客收入是否增加，

是否已经离退休或调动工作，生活习惯和消费习惯是否改变，家庭情况有无变化，是否改变住所，亲戚朋友及其他社会关系有无重大变化等。所有这些情况的变动，都会影响老顾客原有的购买习惯，如果在推销准备中不事先收集相关资料，极易影响推销工作的顺利进行。

对于团体老顾客，可以通过回答以下问题进行准备：这家公司的名称是否改动，公司的经营范围是否扩大，设备、人员、办公地点有何变动，公司生产经营情况是否好转，产品是否畅销，公司存货的变动情况以及公司财务报表的变动情况如何等。

（3）历史成交信息反馈情况。推销人员再次拜访老顾客之前，应该重点准备老顾客（无论是个体顾客还是团体顾客）上一次成交后的信息反馈情况，包括供货时间、产品价格、产品质量、使用效果和售后服务等情况。老顾客购买后的反应主要包括两个方面：一方面是购买后的满意反应，另一方面是购买后的抱怨反应。无论老顾客反应好坏，推销人员都应该在准备过程中知晓相关信息，仔细研究，并在推销过程对顾客的抱怨做出解释，对顾客的期望给予承诺。

（二）推销访问计划的准备

制订推销访问计划是指推销人员设计、规划、准备向准顾客推销时所要阐述的主题、观点以及陈述程序的过程。在接近顾客前，推销人员都应针对具体的准顾客设计、规划好其推销访问计划，以使推销介绍有目的、有计划地进行。一般来讲，在没有准备程序的情况下走进准顾客的家里或办公室，很容易导致推销失败。实践表明，推销介绍越有计划性，准备得越充分，促成交易的机会就越大。因此，无论是向新的准顾客推销，还是追踪访问以前没能成功促成交易的准顾客，或是访问经常购买的老顾客，推销人员都应养成在推销接近前做好推销访问计划的良好习惯。

推销访问计划的内容主要有：①归纳出推销介绍时所要阐述的重点内容，如产品的效用、利益或好处；②明确推销介绍的陈述程序，即先说什么、后说什么等；③针对可能出现的拒绝和问题，准备好应该做的劝说工作，即推销人员站在顾客的立场，设想一些准顾客可能提出的问题、反驳、拒绝等异议，设计出处理这些异议的方式和技巧，并进行练习，由此来提高自己的说服能力。

延伸阅读6-2

拜访客户前
问自己的18
个问题

第二节　约见顾客

一、约见的内涵

（一）约见的概念

约见是指推销人员在拜访前事先征得顾客同意后再行见面的过程。约见既是接

近准备的延续，又是接近过程的前奏。约见作为推销过程的一个环节，对整个推销活动的成败起着极为重要的作用。在推销过程中，推销人员所要拜访的顾客非常复杂，情况各异。有的顾客对推销人员的造访并不反感，还能表示欢迎，但也有不少顾客，尤其是一些身为主管或官员的顾客，由于工作繁忙，害怕受打扰，对推销人员厌恶反感，甚至拒之门外。因此，在拜访顾客时，推销人员吃"闭门羹"的现象屡见不鲜。最常见的"闭门羹"总是与"没有时间、工作很忙"有关。因此，为了成功接近顾客，顺利地开展推销洽谈，提高推销工作效率，推销人员必须重视约见这一环节。

（二）约见的意义

1.节省时间和精力，少吃"闭门羹"

在快节奏的社会生活中，现代人的时效观很强，人们十分珍惜时间，注重对自己可控时间的驾驭，职务越高的人，可控制的时间越少，因此，最大限度地谋求和支配可控时间是每一个现代人的需要。对于推销人员来说，为了不浪费顾客与自己的时间和精力，少吃"闭门羹"，最好的做法就是事先与顾客约定拜访。这样有助于合理安排推销时间，提高推销效率。

2.不打搅顾客的正常工作，是推销的基本礼仪

推销人员若以不速之客的身份突然登门拜访顾客，就打乱了顾客当日的工作计划和日程安排，使顾客措手不及，这必然引起顾客的反感，导致情绪上的对立，遭冷遇就成为不可避免的事情；反之，推销人员事先约见顾客，在顾客认为比较合适的时间再去拜访他，不仅有利于面对面的接触，也有利于培养感情，加深印象，增进相互间的了解，而且这也是推销人员的必要礼节。没有约见就进行拜访是极其不礼貌的行为。有修养的推销人员即使提前到了顾客办公室的门口，为防止打扰顾客的工作，也要在约定的时间准时进入顾客办公室，给顾客留下"非常守时守信"的印象。

3.便于双方都做较充分的准备工作

由于双方事先进行了约见沟通，顾客已对推销活动有了一定的心理准备，即使洽谈导入时间减少，亦可以尽快涉及正题，引起顾客的重视，增强说服力。

4.有利于整体规划

推销人员事先约见顾客，有助于制订洽谈计划，进行推销预测，制订可靠的行动方案，推动洽谈的顺利进行，为洽谈成功进而为整个推销的成功奠定基础。

5.争取约见本身实际上也是一种推销活动

推销在约见顾客的过程中，主要是处理各种复杂的人际关系，如推销人员与接待人员之间的关系、推销人员与顾客之间的关系等。有时，推销人员要约见那些掌握购买大权的经理是很困难的，他们更多的是与接待人员或秘书打交道，谋求与他们的合作，以求突破一道道防线，最终得到经理的约见。可见，约见是与顾客直接打交道的第一环节，对整个推销有极其重要的意义。因此，

为了消除顾客的各种偏见、误解及其他心理障碍，推销人员必须掌握一定的约见技巧和方法，并加以灵活应用，只有这样，才能克服各种阻力，尽快得到顾客的约见。

二、约见的准备工作

作为接近的前奏，约见的内容主要取决于接近和洽谈的需要。作为接近顾客的一种有效方式，约见本身又是推销拜访的准备阶段，其主要内容取决于拜访活动的客观要求。在推销中，既不能以同一种方式拜访所有的顾客，也不能用同一种方式约见所有的顾客。推销人员与顾客之间的关系不同，约见内容也就有所区别：对于来往密切的常客，约见内容应力求简洁，或许只需提前打个招呼就行了，不必过多客套；对于来往不多的一般顾客，约见内容应稍加详细，时时提醒顾客，加强双方联系，发展主顾关系；对于那些从未见过面的顾客，约见内容应尽量详细，安排周到，引起注意和兴趣，消除疑虑，以赢得顾客的信任和支持，给顾客留下美好的第一印象。此外，推销人员还应根据每一次推销拜访活动的特点来确定具体的约见内容，充分考虑顾客各方面的情况。从理论上讲，约见作为一个科学概念，具有其特定的含义，它不是推销人员随心所欲的行为，而是具有一定规律的。一般来说，约见的主要内容包括下列四项：

（一）确定拜访对象

要进行推销拜访，就要先确定具体的拜访对象，一般来说，推销人员在开始约见之前就已经选定了拜访对象。推销人员应该尽量设法直接约见购买决策人以及对购买决策具有重大影响的要人，避免在无关或无权人员身上浪费时间。但是，在实际推销中，推销人员往往发现自己无法直接约见拜访对象。事实上，许多具有决策权的要人往往把约见、拜访这类日常性工作全权委托给公务秘书、私人秘书、部下及其他有关接待人员负责处理。因此，有时推销人员必须"过五关斩六将"，方可见到真正的推销对象。

对于那些训练有素的专业秘书或保安人员来说，有些推销技巧是不奏效的。要人的高级助手一般都比较忠于职守，尽量替上司挡驾或代劳。不过，他们也害怕自己错误地怠慢来宾，很少有失礼的行为，以免可能拒绝或冒犯上司想要见的贵宾。推销人员除了设法争取有关人员的支持和合作外，更重要的还是约见访问对象本人。

（二）明确拜访事由

推销约见还必须向特定的拜访对象说明访问事由及目的。尽管推销拜访的目的在于向顾客推销产品，但推销人员的使命不仅仅是推销产品，还肩负着进行市场调查研究，收集、整理、传递并反馈信息，以及服务顾客和建立顾客关系等多项重任。现代推销人员不仅要推销产品，而且要推销新技术、新观念、新的生活方式

等。推销人员约见拜访顾客的事由主要有以下几种：

1. 以进行正式推销为由

推销拜访的主要目的是直接向顾客推销产品。在约见顾客时，推销人员应该设法引起对方的注意和重视，向顾客说明来意。若顾客确实需要推销品，就会欢迎推销人员的来访，并给予必要的合作。如果推销人员坚信自己的推销品有利于某一特定的准顾客，而该准顾客又拒不接见，则推销人员可以适当运用一些推销技巧，换一种说法再约见顾客。尤其是在人们对推销人员抱有某种成见时，推销人员更有必要讲究约见技巧，会见顾客。

2. 以从事市场调查为由

市场调查是现代推销人员肩负的重要使命之一，国内外已经有很多专门从事市场调查、预测、咨询的研究公司或信息公司。在一些比较大的企业里，也专门设有市场研究部门从事市场分析和产品开发。推销人员以市场调查为由约见顾客，比较容易为对方所接受，这既利于收集有关资料和情报，为进一步做好推销工作做准备，又可以避免强行推销，甚至还可能由市场调查转变为正式推销，甚至当面推销。

3. 以提供服务为由

推销本身就是一种服务，推销人员就是服务人员。现代推销活动已经与各种销售服务不可分割地联系在一起。没有服务或服务不佳，推销便无从谈起。在推销中，利用提供服务作为拜访事由来约见顾客，往往比较受顾客的欢迎，这既可以完成推销任务，又可以建立推销人员的商业信誉，扩大影响，为今后的推销工作开辟道路。

4. 以签订交易合同为由

推销中，有时当面成交、当面订约、当面交货、当面付款；有时则需要进行多次推销洽谈才能达成交易。经谈判达成初步协议之后，一般还要签订正式的供销合同。推销人员可以签订合同为拜访事由，当面约定下次会面。

5. 以收取货款为由

在推销中，收回货款具有重大意义，货出钱不回，久而久之，就会造成资金周转不灵，影响企业的经济效益和推销人员的推销实绩。"卖货只是徒弟，收款才是师傅"这句推销行话一语道破了推销界的真经。在推销活动中，推销人员要注意调查推销对象的购买信用，加强售后服务，并且要把握适当的收款时机约见顾客。利用收款作为拜访事由约见顾客，对方不好推托，但是推销人员也应该体谅顾客的困难，既要防止出现呆账，又不要过于紧逼，只要顾客不是轻言寡信，推销人员就不应该强人所难。

6. 以走访潜在顾客为由

在市场竞争日趋激烈的推销环境中，推销人员甚至公司经理常常亲自走访顾客，征求意见，进行市场调查，密切主顾关系，实施顾客固定化策略。以走访顾客为由约见顾客，既可以使推销人员处于积极主动的有利地位，又容易使顾客产生好感。选择适当时机走访顾客，还可能使一般性的走访转变为正式推销，可谓一举两得，甚至一举数得。

（三）约定拜访时间

约定拜访时间的主要目的之一就是节省推销人员和顾客双方的时间，拜访时间妥当不妥当，直接关系到推销接近甚至整个推销访问的成败。本着服务顾客的推销精神，在约定拜访时间时，推销人员应尽量替顾客着想，最好是由顾客主动安排见面时间，以方便顾客为前提。约见的重要任务之一就是选择最佳的访问时间。因对象、目的、方式、地点和路线等方面的不同，访问的时间也就有所区别。

1.根据拜访对象的特点选择时间

考虑拜访对象的作息时间和活动规律，尽可能避开对方工作忙碌或正在休息的时间；考虑拜访对象的心境和情绪状态，尽可能避免在对方心境不好或心情不佳时登门造访。

2.根据拜访的目的和要求选择时间

尽量使拜访时间有利于达到访问目的，这是约定拜访时间的一条基本准则。如果拜访的直接目的是正式推销，就应该选择有利于达成交易的时间进行约见，紧紧抓住每一个推销机会；如果拜访的直接目的是为用户提供服务，就应该选择用户需要服务的时候进行约见，做到雪中送炭；如果拜访的直接目的是收取货款，就应该了解顾客的资金周转情况，选择对方银行账户里有余额的时候进行约见。

3.根据地点和路线选择拜访时间

推销人员在约见顾客时，应做到拜访时间、地点和路线相一致。一般来说，如果约在家里见面，就应选择对方工作以外的时间；如果约在办公室见面，就应选择对方上班的时间；如果约在公园、电影院、游泳池、餐厅、球场或其他场所见面，也要选择相应的适当时间。在约定拜访时间时，要充分考虑拜访地点、路线及交通工具等因素的影响，保证拜访时间准确可靠，双方满意。

4.尊重拜访对象的意愿，留有充分余地

推销人员要把困难留给自己，把方便让给顾客，宁肯自己等一小时，也不让顾客等一分钟。绝大多数的顾客都乐于接受推销人员在约定时间进行拜访，甚至专门腾出时间与推销人员交谈。有时，推销人员很难与那些整天忙个不停的要人约定一个准确的时间，在约定的时间上要留有一定的余地，同时由于各种偶然因素的存在，加上每次拜访过程本身的持续时间也难以预料，所以，除非有十足的把握和周密的安排，推销人员不应该连续约定几个不同的拜访对象，以免前面的会谈延长使后面的约见落空。

5.讲究推销信用，准时赴约

拜访时间一经约定，推销人员就应该严格守约，准时赴会。万一出现意外情

况，如由于堵车、生病等各种难以预料的事件，无法在约定时间进行拜访，推销人员一定要设法通知顾客，或者推迟会面时间，或者改日再会，或者另行再约，做好向顾客解释的工作，真诚向顾客道歉。如果一时无法及时通知顾客，则应该在事后说明失约的原因，表示歉意。守约赴会是推销信用的一个方面，是推销道德的具体表现和文明推销的客观要求。严格守约可以提高推销信誉，给顾客留下良好的第一印象，顺利地由接近顾客转入正式洽谈，营造有利的推销气氛，促成交易。

6.合理利用拜访时间，提高推销访问的效率

在现代推销理念指导下，推销人员应该把方便、把时间让给顾客，把困难、把等待留给自己。现实中，不管双方约见的时间如何明确，总难免有个先来后到，发生令人焦急等待的现象。在许多情况下，等待是难以避免的，有时等待还有利于促成交易。但是，推销人员主观上应该认真进行准备，拟订周密的访问计划，尽量避免不必要的等待及其他时间上的浪费现象。

（四）选择拜访地点

约见拜访的另一项主要内容是选择地点。拜访地点的选择既要视具体情况而定，又要与拜访的对象、目的、时间和方式相适应。选择拜访地点的基本原则是方便顾客，有利于推销。从总体上看，家庭和办公室仍然是主要的推销拜访地点。

1.工作地点

对于工业消费品的推销人员或推销对象为法人组织的推销人员来说，最佳的拜访地点一般是推销对象的工作场所。因此，在拜访之前，推销人员必须全面做好拜访准备，彻底调查和了解顾客所在的工作场所和工作环境。在选择具体的推销拜访地点时，既要方便顾客，又要营造推销氛围。

2.居住地点

对于推销对象为个体顾客的推销人员来说，最佳的拜访地点一般是推销对象的居住地点。相对而言，居住地点比工作地点更复杂多变，在居住地点约见顾客比在工作地点约见顾客更困难。

3.社交场合

与传统的推销人员不同，现代推销人员经常利用咖啡厅、舞会、酒会、宴会等社交场合与顾客进行交流，能够获得意想不到的推销效果。

4.公共场所

对于某些顾客来说，工作地点和居住地点都不便会见推销人员，并且不愿意在社交场合抛头露面。在这种情况下，推销人员可以考虑把一般的公共场所作为约见拜访的地点。一般来说，公共场所不是理想的推销谈判场所，不过既然顾客执意要在公共场所见面，推销人员也应该做好充分准备，最大限度地为顾客着想，做顾客的贴心人。

延伸阅读6-4

封闭式提问
预约时间：
"一点还是
两点？"

延伸阅读6-5

初次拜访选
择轻松的环
境：咖啡厅、
家中

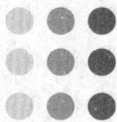

三、约见顾客的方法

（一）信函约见

信函约见即利用各种信函，包括个人书信、传真、会议通知、社交请柬、广告函件等约见顾客。它是一种成本低廉、散布面广的约见方式，因而经常被采用。约见准顾客的书信，在写作上有以下要求：

1.措辞委婉恳切

写信约见潜在顾客时，对方能否接受，既要看他的需要与购买力，也要看推销人员是否诚恳待人。一封措辞委婉恳切的信函往往能博得潜在顾客的信任与好感，也容易使对方同意会面。

2.内容简单明了

信函应尽可能言简意赅，只要把约见的时间、地点、事由写清即可，切不可长篇大论，不着边际。

3.传递的信息要投其所好

约见信函应该以说服潜在顾客为中心，投其所好，以潜在顾客的利益为主线劝说或建议其接受约见要求。

4.信函形式要亲切

约见信函要尽可能自己动手书写，而不使用冷冰冰的印刷品，如选择印刷，也要亲笔签名。

5.电话追踪

在约见信函发出一段时间后要打电话联系，询问潜在顾客的想法与意见，把电话约见与信函约见结合起来使用，可大大提高约见效果。

（二）当面约见

当面约见是指推销人员与推销对象当面约定拜访事宜的一种约见方式。推销人员可以利用在某些公共场合如展销会、订货会、社交场所、推销途中与顾客不期而遇的机会与顾客当面约见，也可以到顾客的单位、家中面见顾客。

当面约见方式具有五大优点：

（1）有利于发展双方关系，加深双方感情。当面约见，无形之中缩短了推销人员与顾客之间的距离从而可以消除各种隔阂，建立起亲密无间的关系。

（2）有助于推销人员进一步做好拜访准备。

（3）一般比较可靠，有时约见内容比较复杂，必须当面约见才能说清楚。

（4）还可以防止走漏风声，切实保守商业机密。

（5）简便易行。

当面约见方式也有四个方面的局限性：

（1）有一定的地理局限性。

（2）效率不高。推销人员很难做到及时面约每一位顾客。

（3）一旦被顾客拒绝，推销人员会当面难堪，造成被动的局面，反而不利于下一次的接近和拜访。

（4）对于某些无法拜访或接近的销售对象来说，当面约见方式无用武之地。

尽管当面约见方式具有上述局限性，但仍不失为一种可行的约见方式。

（三）电话约见

电话约见即通过电话来约见顾客，这是现代推销中常用的约见方式。它的优势在于经济方便，能在短时间内接触很多的潜在顾客，是一种效率极高的约见方式。但电话约见也有明显的缺点：推销人员与顾客没有直接见面，容易遭到顾客的推脱和拒绝。

专业的电话约见，常分为以下六个步骤：

1.问候对方

称呼对方的姓名及职务，以表达你的敬意。

2.自我介绍

简单明了地介绍自己和公司，并提及公司的业务。

3.感谢对方

诚恳地感谢对方能抽出时间接听电话，让顾客感觉你把他们当成重要人物来对待。

4.说明拜访理由

以自信的态度，清晰地表达你的拜访理由，让顾客感觉到你的专业性及可依赖性，以引起顾客的注意。

5.约定拜访时间

进一步提出多个时间方案供对方选择，这样不易遭到顾客的拒绝且你仍占主动地位。

6.结束电话

再次感谢对方，并进一步强调约定的时间，弄清约见的地点，然后快速地结束通话。

微课6-1

电话约见
客户

（四）委托约见

委托约见是指推销人员委托第三者，包括对顾客有一定社会影响的有关人士，如助理人员、接待人员、秘书、朋友、邻居等，约见顾客。委托约见有利于推销人员接近顾客。当推销人员不能或不便亲自约见顾客时，可以通过委托顾客社会关系网内的有关人士约见顾客。

委托约见的优点是可以利用第三者与目标顾客的特殊关系对其施加影响，从而克服约见障碍，顺利接近推销对象，节省推销时间，提高推销效率。委托约见有利于反馈信息，因为顾客与受托人关系比较密切，往往能够直接提出异议。这样，推

销人员就能有针对性地制定推销策略，排除推销障碍，促使洽谈成功。

（五）广告约见

广告约见是指推销人员利用各种广告媒介，如报纸、杂志、广播、电视、直接邮寄广告、散发印刷广告等，约见顾客。利用广告进行约见可以把约见的目的、对象、内容、要求、时间、地点等准确地告诉广告受众，然后在约定的时间、地点等待顾客上门，变上门推销为顾客登门求购，使推销人员处于积极主动的有利地位。广告约见比较适用于约见顾客较多，或者约见对象不太具体、明确，或者约见对象姓名、地址不详，在短期内无法找到等情况。

广告约见具有很多优点：①约见对象较多，覆盖面大；②能够吸引顾客主动上门约见；③提高约见效率，节省推销时间；④可以扩大推销人员的影响，树立企业形象等。

广告约见也有一定的局限性：①针对性较差；②费用高；③广告浩如烟海，很难引起目标顾客的注意等。

（六）网上约见

互联网的迅速发展为现代推销提供了快捷的沟通工具，不仅为网上推销提供了便利，而且为网上购物、交谈、联络感情提供了可能。尤其是电子邮件（E-mail）和即时通信工具（微信、QQ等）的普遍使用，加快了网上约见与洽谈的进程。

网上约见的优点是快捷、便利、费用低、范围广，不仅可以非常容易地约见国内顾客，而且为约见国外顾客提供了非常有效的途径。不过，网上约见也有较大的局限性，如推销人员必须掌握上网技术，而且必须获得顾客的邮箱地址、QQ号等信息。

以上介绍了六种基本的约见方法。推销人员应尝试运用各种不同的方法，判断哪种方法对自己的销售最有帮助，并把它作为推销约见的常用工具，同时，也应虚心地向业内人士学习新的方法。推销人员应该根据具体情况确定具体的约见方法。例如，对于经常见面的顾客，可以当面约见；对于距离较近的顾客，可以电话约见；对于电信不通的顾客，可以信函约见；对于比较难接近的顾客，可以委托约见；在约见对象不明的情况下，可以广告约见。而且，各种约见方法可以同时并用，互相补充。只要推销人员认真地进行接近准备，灵活运用各种约见方法，就能够接近推销对象，促进推销活动的成功。

第三节　接近顾客

一、接近顾客的内涵

所谓接近顾客，是指推销人员为顺利开展推销洽谈而与推销对象正式接触的过

程。在这一阶段，推销人员的主要任务是根据已经掌握的顾客资料和接近顾客时的具体情况，灵活地运用各种接近顾客的技巧，与顾客建立一种融洽的关系，以利于顺利进入推销洽谈阶段，取得推销的成功。接近顾客是推销洽谈的前奏，是推销人员给准顾客留下第一印象的关键时机，是能否引起准顾客注意进而对推销品产生兴趣的重要阶段。

二、接近顾客前的准备

（一）推销访问计划的准备

在接近顾客前，推销人员应根据顾客的具体情况来制订其推销访问计划，以使推销有目的、有计划地进行。具体内容参见本章第一节，此处不再赘述。

（二）推销用具的准备

在接近顾客前，推销人员应仔细检查自己需携带的推销用具。推销人员使用推销用具可以对难以用语言表达的内容给予直接的说明，有助于加深顾客的印象和记忆。对于推销新手来说，准备推销用具的意义更大，它可以弥补语言表达能力不足和对业务不熟悉的缺点。当然，推销人员由于所推销的产品不同，接近顾客的目的不同，所需的推销用具也不同。尽管如此，仍可以把推销用具划分为以下两类：

（1）推销人员自己使用的物品，包括公文包、记录本、通讯录、顾客档案或资料卡片、身份证、钢笔、计算器、梳子等。

（2）与顾客接触时展示给顾客的用品，包括名片、样品或图片资料、产品目录、价格表、推荐信函、小礼物、合同文本、收据等。

（三）心理准备

推销人员在接近顾客之前，一方面应该做最好的心理准备；另一方面也应该做最坏的打算。这样一来，如果访问顺利，那是意外收获；如果访问不顺利，也能泰然处之。在拜访顾客之前，以下三点心理上的准备能够帮助推销人员构筑坚固的心理防线：

（1）访问可能遭到拒绝。在拜访顾客前，告诉自己遭到拒绝是正常的现象，此次拒绝是下一次成功的开始。

（2）访问可能失败。在拜访之前，要客观地看到，并不是每一次拜访都会成功，也不会每一次拜访都失败，只要坚持不放弃，成功可能就在下一次拜访中。

（3）预演商谈的内容。为了加强心理准备，最好在访问前预演，假想顾客可能提出的问题，自问自答一番。

延伸阅读6-6

如何闯过
第一关

三、接近顾客的方法

完成约见顾客的工作之后，推销人员便可以按照约定的时间、地点和方式会见顾客，推销活动便进入了正式接近顾客的阶段。在此过程中，推销人员不仅要在地理位置上接近顾客，更要在心理空间上靠近顾客，与顾客实现真正的沟通。

（一）介绍接近法

介绍接近法是指推销人员通过自我介绍或经由第三者介绍而接近潜在顾客的办法。介绍接近法按介绍主体不同，可分为自我介绍法和他人介绍法。

1.自我介绍法

自我介绍法是指推销人员先自我口头表述，然后用名片、身份证、工作证等作为佐证，达到与潜在顾客相识的目的。首次接近潜在顾客时，为使顾客更加相信推销人员，消除心中的疑虑，上述证件必不可少。名片可以收到书面自我介绍的效果。名片可以让潜在顾客了解推销人员、推销商品及其代表企业的有关情况，也可以弥补口头介绍的不足，并且便于日后联系。自我介绍法是最常见的一种接近潜在顾客的方法，大多数推销人员都采用这种接近方法。但是，这种方法很难在一开始就引起潜在顾客的注意和兴趣，通常还要与其他的方法配合使用，以便顺利地进入正式面谈。

2.他人介绍法

他人介绍法是推销人员通过与潜在顾客熟悉的第三者，采用打电话、写信，或当面介绍的方式接近潜在顾客。在推销人员与潜在顾客不熟悉的情况下，他人介绍法是一种行之有效的接近方法，因为受托者是跟潜在顾客有一定社会交往的人，如亲戚、朋友、战友、同乡、同学、同事等，这种方式往往使潜在顾客碍于人情面子而不得不接见推销人员。介绍人与潜在顾客之间的关系越密切，介绍的作用就越大，推销的目的就越容易达到。所以，推销人员应设法摸清与潜在顾客有一定的交往的人，尽量争取有力人士的介绍和推荐。但是，推销人员应用此法时，必须尊重第三者的意愿，切不可勉为其难，更不要招摇撞骗。

（二）产品接近法

产品接近法又称实物接近法，是指推销人员直接利用所推销的产品引起顾客的注意和兴趣，从而顺利转入推销洽谈的接近方法。这一方法主要是通过产品自身的魅力与特性刺激顾客的感官，如视觉、听觉、嗅觉、触觉，通过产品无声的自我推销吸引顾客，引起顾客的兴趣，以达到接近顾客的目的。美国推销人员贺伊拉说："如果你想勾起对方吃牛排的欲望，将牛排放到他的面前固然有效，但最令人无法抗拒的是让他听到煎牛排的'滋滋'声，他会想到牛排正躺在黑色的铁板上，'滋滋'作响，浑身冒着油，香味四溢，不由得咽下口水。"这一推销至理名言告诉人们，利用产品自身独特的魅力刺激顾客的需求欲望，可以达到较好

的推销效果。

采用产品接近法时，推销人员应注意下述问题：

（1）产品本身必须具有一定的吸引力，能够引起潜在顾客的注意和兴趣，才能达到接近潜在顾客的目的。

（2）产品本身必须精美轻巧，便于推销人员携带，也便于潜在顾客操作。像推土机那样的笨重物品，不宜使用产品接近法，但可利用产品模型、图片等作媒介接近潜在顾客。

（3）推销品必须是有形的实物产品，可以直接作用于潜在顾客的感官。看不见摸不着的无形产品或服务不能使用产品接近法。理发、旅游、美容等，都无法利用产品接近法。

（4）推销品本身必须质地优良，经得起潜在顾客反复接触，不易损坏或变质。推销人员应准备一些专用的接近产品，平时注意加以保养，以免在潜在顾客操作时出问题，影响推销效果。

（三）利益接近法

利益接近法是指推销人员利用顾客求利的心理，强调推销品能给顾客带来的实质性利益而引起顾客的注意和兴趣，以达到接近顾客目的的一种方法。顾客之所以购买产品，是因为它能给自己带来一些实质性的利益或提供解决问题的办法，如增加收入、降低成本、提高效率、延年益寿等。而在实际推销活动中，许多顾客并不太了解推销品蕴含的显性利益或隐性利益，又不愿主动询问这方面的问题，妨碍了顾客对推销品利益的正确认识。推销人员若能及时解释这些问题，将有助于顾客正确认识推销品利益，引起顾客的注意和兴趣，使其增强购买欲望，达到接近顾客的目的。

应用利益接近法时应注意下面几个问题：

（1）推销人员要实事求是地陈述推销品的利益，不可夸大其词，无中生有，欺骗顾客，否则会失去顾客的信任，带来不良的后果。

（2）推销品的利益要具有可比性，使顾客认识到它比市场上同类产品具有明显的优势，能给自己带来更多、更好、更实际的利益。

（3）商品利益必须加以验证，才能取信于潜在顾客。推销人员必须为商品利益找到可靠的证据，如财务分析、用户反馈、使用前后对比情况等资料。

（四）问题接近法

问题接近法是指推销人员直接向顾客提出有关问题，以引起顾客的注意和兴趣，从而达到接近顾客的一种方法。推销人员在不了解潜在顾客真实想法的情况下，通过向其提出问题，可引发双方的讨论，而在讨论的过程中，潜在顾客的真实需求、意见、观点等就比较容易表露出来，推销人员可以从中发现潜在顾客的需求，然后根据其对问题的反应，循循善诱地解答问题，从而把潜在顾客的需求与推

销品有机地联系起来。

推销人员在提问与讨论中应注意以下几点：

（1）运用这一方法的关键是发现并适时地提出问题，问题要明确具体，避免使用含糊不清或模棱两可的问句。例如："你愿意节省一点成本吗？"这个问题就不够明确，只是说明"节省成本"，究竟节省什么成本、节省多少、需要多长时间，都没有说明，很难引起潜在顾客的注意和兴趣。而"您希望明年节省7万元材料成本吗？"这个问题就比较明确，容易达到接近潜在顾客的目的。

（2）推销人员提出的问题，重点应放在潜在顾客感兴趣的主要利益上。在实际生活中，每一个人都有许多问题，其中有主要问题，也有次要问题。推销人员只有抓住最重要的问题，才能真正打动人心。如果潜在顾客的主要动机在于节省金钱，提问应着眼于经济性；如果潜在顾客的主要动机在于求名，提问则宜着眼于品牌价值。因此，推销人员必须设计适当的问题，把潜在顾客的注意力集中到他所希望解决的问题上面，缩短成交距离。

（五）馈赠接近法

馈赠接近法是指推销人员通过赠送礼品引起顾客的注意，进而达到接近顾客目的的一种方法。把礼品作为推销人员和顾客之间传递感情、沟通思想的媒介，对于拉近彼此的距离、营造融洽的商谈气氛具有重要的作用。从推销学理论来讲，馈赠接近法符合一些顾客求小利的心理。一般来说，人们乐于接受免费获赠的一些东西，例如一支印有公司名称的圆珠笔或一本印有公司产品的挂历等。如果所馈赠的礼品就是推销品则效果更佳，顾客通过试用推销品，留下美好的印象，进而决定购买推销品。

推销人员运用赠品接近顾客时，须注意以下问题：

（1）通过调查了解顾客的喜好和需求，按照投其所好的原则选择赠品，确定赠送礼品的内容和方式。

（2）明确赠品的性质。赠品只能当作接近顾客的见面礼和媒介，而不是恩赐顾客的手段。

（3）礼品的内容和金额必须符合国家有关法律法规和纪律的规定，价值不宜太高，否则，馈赠就变成了贿赂，属违法行为。

（4）赠品最好是与推销品或本企业有联系的物品，使赠品既是接近顾客的媒介，又是企业与推销品的宣传品，起到双重的作用。

（六）赞美接近法

赞美接近法是指推销人员利用顾客的求荣心理，通过赞美顾客达到接近顾客目的的一种方法。喜欢被人赞美是人之共性，在他人的称赞中可以树立自尊和自信，获得被人认可和接纳的满足感。"人性的弱点之一，就是喜欢被别人赞美。"（卡耐基语）每一个人都有值得夸耀的地方，推销人员在了解顾客的基础上，若能适时、

巧妙、真诚地赞美顾客，就可以达到缩短双方心理距离、调动顾客积极心态、融洽面谈气氛、成功接近顾客的目的。

一般来说，在采用赞美接近法时，推销人员还应注意下面的问题：

（1）选择适当的赞美对象。推销人员必须选择适当的对象加以赞美。就个人购买者来说，长相、衣着、举止、谈吐、气质、才华、成就、家庭环境、亲戚朋友等，都可以给予赞美；就组织购买者来说，除了上述赞美对象之外，企业名称、规模、产品质量、服务态度、经营业绩等，也可以作为赞美对象。但最佳的赞美对象是符合潜在顾客的心理，其自以为最值得赞美的人或事。只有双方的认识相统一，才会产生共鸣，才会有融洽和谐的气氛，才能达到接近潜在顾客的目的。如果推销人员信口开河，胡吹乱捧，则必将弄巧成拙。

（2）选择适当的赞美方式。对不同个性的潜在顾客，推销人员应有不同的赞美方式。即使是同一个潜在顾客，他在不同的时候，由于心境不同，对同样的赞美也会产生不同的反应。所以，推销人员一定要针对不同的顾客选择不同的赞美方式。对于严肃型的潜在顾客，赞语应自然朴实，点到为止；对于虚荣型的潜在顾客，则可以尽量发挥赞美的作用。对于年老的潜在顾客，应该多用间接、委婉的赞美语言；对于年轻的潜在顾客，则可以使用比较直接、热情的赞美语言。

延伸阅读6-8

赞美客户的方法

（七）请教接近法

请教接近法是指推销人员利用慕名拜访顾客或请教顾客的理由达到接近顾客目的的一种方法。这种方法体现了以敬重顾客、满足顾客自尊的心理需求为原则的推销思想，在实际应用中效果较好，尤其是对那些个性较强，有一定学识、身份和地位的专家型顾客，这种方法更为奏效。

请教的问题可以是推销品经营方面的问题，也可以是人品修养、个人情趣等方面的问题。不论请教什么方面的内容，推销人员都应本着谦虚诚恳、多听少说，赞美在前、请教在后，请教在前、推销在后的思想。

（八）好奇接近法

一般人们都有好奇心，推销人员可以利用动作、语言或其他一些方式激发顾客的好奇心，引起顾客的注意和兴趣，然后引出推销品的利益，转入推销面谈。唤起好奇心的方法多种多样，推销人员应做到得心应手，运用自如。

人们对事物的好奇是一种较为普遍的心理，顾客的许多购买决策有时也受到对宏观世界好奇心理的驱使。因此，只要善加运用，定能创造良好的推销效果。譬如，推销人员在首次推销遭到拒绝时，可以用"我只说一句话"之类的小小请求引发顾客的好奇心，重新唤起顾客的注意，促使他再次考虑对产品的需求。这样往往能够产生戏剧性的转机。当然，运用好奇接近法时，推销人员不可故弄玄虚，引起顾客的反感。

除以上介绍的接近顾客的方法外，还有调查接近法、震惊接近法、表演接近

延伸阅读6-9

如何制造再访的机会

法、搭讪与聊天接近法等。在各种接近顾客的方法中，并没有严格的、绝对的优劣之分，也不可能有统一的、固定的模式。这就要求推销人员在实际推销活动中，不断积累，不断创新，将接近顾客的方法与潜在顾客的特点结合，加以灵活运用，创造性地开展推销工作，以期产生良好的推销效果，取得显著的推销业绩。

复习思考题

一、选择题

1.进行推销访问之前，首先要确定的是（　　）。

A.确定访问对象　　　　　　　　　　B.明确访问事由

C.约定访问时间　　　　　　　　　　D.选择访问地点

2.（　　）既是接近准备的延续，又是接近过程的前奏。

A.确认　　　　　　B.约见　　　　　　C.初见　　　　　　D.洽谈

3.如果推销对象为法人团体，那么访问地点一般在（　　）。

A.公共场合　　　　B.居住地点　　　　C.工作地点　　　　D.社交场所

4.电话约见的优点是（　　）。

A.方便快捷　　　　B.直接明了　　　　C.经济便捷　　　　D.避免尴尬

5.以下选项中，不属于网上约见的优点的是（　　）。

A.范围广　　　　　B.无时空限制　　　C.方便快捷　　　　D.可信度高

第六章在线测试

二、案例分析

小李的接近法

小李："请问朱小姐在吗？"

秘书："不在，她在开会，半小时后你再打来吧！"

小李："嗯，好的，多谢！请您告诉她我是小王介绍来的哦。"

半小时后，小李准时打过去。

小李："朱小姐，您好！我是××的小李，方便打扰您3分钟吗？"

小朱："不方便，我现在很忙。"（非常忙，这是第一次反对。）

小李："当然了，您的好朋友小王跟我讲过，您是一个大忙人。像您这样功成名就的人，时间一定非常宝贵，小王强调说我最多只能耽误您30分钟。请教一下，您觉得星期三下午3：30和星期四下午3：30，哪个时间比较方便？"

小朱："你留资料给我好了。"（推脱的常见方式，第二次反对。）

小李："我们的资料非常多，我也非常乐意给您，但是呢，我们的资料都是量身定做的，您的朋友小王说了，您是一个非常尊重专业的人。我们公司也非常专业，我提供给您的家庭保障计划，我个人无法确定是否适合，这需要您自己来判断。所以朱小姐，您觉得星期三下午3：30和星期四下午3：30，哪个时间比较方便？"

小朱："李小姐，姓李对吧？我买了很多的保险。"（第三次反对）

小李："是的是的，我知道，小王说了您是一位特别爱家的女士，她也接受了我们×××的服务，她个人觉得我给她设计的个人家庭保障计划非常好，很适合她的家庭，所以也特地让我联系您，看看我做的计划是否符合您的需求，这都要您自己来做决定。那您看这个星期三下午3：30和星期四下午3：30，哪个时间比较方便？"

小朱："李小姐，我买了很多的保险，我的保费1年多得不得了！"（第四次反对）

小李："当然了，朱小姐，我非常了解，您有非常多的保单。我这次跟您约见，不是要跟您谈保险，我们公司推出的新型家庭保障计划，我相信对您非常有帮助。请问您看是星期三下午3：30比较方便，还是星期四下午3：30比较方便？"

小朱："陈小姐，我妈妈就是卖保险的！"（第五次反对）

小李："是吗？那相比您的妈妈，我算是后辈了，您妈妈肯定是前辈。那您可以约妈妈一起出来，我也正好跟前辈请教一下，她是如何通过人寿保险工作，将您养育成为社会栋梁的。还有，她老人家也可以帮我看一下我的这套家庭保障计划是否合理，我们互相可以做个分享。请教一下，您是星期三下午3：30比较方便，还是星期四下午3：30比较方便？"

这回朱小姐彻底语塞："李小姐，那好，你来吧！"

小李："那您看是星期三还是星期四？"

小朱："星期三。"

小李："好的，那星期三下午3：30。是我去您的办公室，还是您到我的办公室来？"

小朱："你来我的办公室。"

顾客会有5次左右的拒绝，之后，他一定会说"Yes"，这有心理学的依据。

资料来源 佚名. 台湾"保险天后"陈玉婷全能接近法现场演讲实录［EB/OL］.［2021-01-10］. http://www.360doc.com/content/16/0911/17/34450287_590052885.shtml.

思考讨论：

1.小李使用了哪些形式的接近方法？利用了准顾客的一些什么心理？

2.小李所设计的接近法是否还有缺陷？如果有，应如何克服这些缺陷？

第七章

推销洽谈

本章内容提要

- 推销洽谈概述
- 推销洽谈方法
- 推销洽谈技巧
- 推销洽谈策略
- 价格谈判策略

在通信技术不发达的时代，推销人员主要依靠一双"铁腿"和一张"巧嘴"，行万里路，登万户门，说万次话，讨万回价，和顾客当面商议，各得其所。因此，该时期所称的推销洽谈基本上属于当面洽谈。在现代推销环境里，新的推销方法、推销技术和推销手段不断涌现，推销洽谈的方法、技巧和策略也在不断变化，推销人员学习、掌握这些方法和技巧对更好地开展推销活动有很大的帮助。

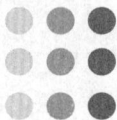

第一节　推销洽谈概述

一、推销洽谈的内涵

推销洽谈也称交易谈判，是指推销人员运用各种方式、方法和手段，向顾客传递推销信息，并设法说服顾客购买产品或服务的协商过程。在现代推销洽谈中，推销人员可以利用人类所能利用的一切信息沟通工具，除面对面的直接洽谈外，还有电话、微信、钉钉、电子邮件等推销洽谈方式。因此，作为现代推销学中的一个科学概念，推销洽谈具有特定的含义，是一项既丰富又复杂的活动。

推销洽谈具有以下特点：

1.利益的合作性与冲突性并存

推销洽谈是建立在双方的利益既有共同点又有分歧点的基础之上的。合作性表明双方利益共同的一面，冲突性表明双方利益分歧的一面。

2.洽谈的原则性与可调整性并存

原则性是指洽谈双方在洽谈中最后退让的底线。可调整性是指洽谈双方在坚持彼此基本原则的基础上，在某些问题上可以向对方做出一定的让步和妥协。

延伸阅读7-1

推销洽谈的
4P

二、推销洽谈的类型

（一）按照推销洽谈的性质区分

1.输赢式洽谈

这种洽谈的性质表现在一方得到的利益就是另一方的损失。例如，对商品价格条件的谈判，买方希望以低价买进，卖方希望以高价卖出，在价格上的任何让步，都是自己一方利益的减少和对方利益的增加。输赢式洽谈是推销洽谈中最常见的一种，这种洽谈往往寸土必争，尖锐激烈。

2.互利式洽谈

这种洽谈的性质表现在洽谈的成功对双方都有利，洽谈的结果使双方的需要都得到满足。

当然，现实中并没有纯粹的输赢式洽谈，而是两种性质的洽谈交织在一起，使洽谈变得更为复杂。推销洽谈人员要能够正确认识和区分这两种性质的洽谈并巧妙地将输赢式洽谈转化为互利式洽谈，消除洽谈双方由于利益对立而产生的敌对情绪，使洽谈得到满意的结果。要达到这一目的，一是需要双方站在对方的立场重新审视所进行的洽谈，从对自己有利也对对方有利的角度考虑问题，从而对自己原来所坚持的条件进行适当的调整；二是不要一味地以谋求最大利益作为唯一目标，而是以谋求自己满意的利益（次佳原则，没有最大化，只有满意化）为目标，这样，双方的分歧就会适当缩小。例如，在推销产品时，要多陈述买方购买产品后获得的

利益，如满足生产急需、提高生产效率、填补市场某一方面的空缺等；还要从生产成本出发，解释本企业制定产品价格的依据，并分析该产品的市场需求状况和对方购买经销该类产品可能获得的利润，使买方感到购买该产品对自己是有利的，而且产品定价是合理的。

（二）按照推销洽谈的方式区分

1.一对一洽谈

一对一洽谈是指一个推销人员面对一个顾客进行洽谈的方式。这种洽谈有利于营造良好氛围，可以充分发挥推销人员的个人才干，但相应来说，推销人员个人的缺点也暴露无遗和无法补救。所以，这种方式一是适合有经验的推销人员，二是适用于小宗交易的洽谈，三是适用于大宗交易准备阶段的洽谈。经验不足的新手需要通过业务培训和以老带新的方式提高一对一洽谈的能力。

2.一对多洽谈

一对多洽谈是指一个推销人员面对一组顾客或一个洽谈小组进行洽谈的方式。例如，参加订货会、展销会等情况。一般而言，推销人员在面对许多不同的顾客时，应该将群体顾客予以分散，转化为一对一洽谈的方式处理，如分别约定不同时间、不同地点与顾客进行洽谈。这样做的好处，一是可以防止顾客联手压低价格，二是有利于根据各个顾客的具体情况展开有针对性的推销洽谈。如果推销人员是面对一个洽谈小组，那么推销人员就应该在洽谈中冷静应变，将对方的不同成员提出的问题归纳整理成条理化的问题，每一次将一个问题作为重点进行洽谈，将该问题解决以后再进行下一个问题的洽谈，不能同时多条战线作战。那种试图对所有问题都同时做出令对方满意的解释的洽谈方式，一是不利于我方对每一个问题进行审慎的研究，二是容易被对方抓住可能出现的漏洞，因为对方是每个成员专门负责一个问题，而我方是以一当十，一个人同时考虑许多方面的问题，极有可能出现破绽。

3.多对一洽谈

多对一洽谈，即一个推销小组面对一个顾客进行洽谈的方式。这种方式一是出现在新产品的推销中，因为需要对顾客详细介绍新产品的有关情况和了解用户对新产品的意见，所以需要产品开发、生产和其他方面的有关人员共同参与洽谈；二是所推销的产品出了问题，需要了解问题的性质，区分彼此的责任，并且找出解决问题的办法，而这些是推销人员一人所不能胜任的。

4.多对多洽谈

多对多洽谈是指一个推销小组面对顾客的一个采购小组或者一组推销人员面对一组顾客进行洽谈的方式。多对多洽谈时，应该做好小组内的分工，进行对口洽谈，每个推销人员必须对自己负责的问题进行周密的考虑，即应该将其转化为一对一洽谈的方式，每个推销人员负责一个顾客，这样便于沟通和交流，尤其是在洽谈一些如价格折扣、数量折扣等隐蔽性的问题时，更应如此安排。

三、推销洽谈的内容

（一）产品条件洽谈

推销的客体是产品，因此推销洽谈首先是关于产品条件的洽谈。关于产品条件的洽谈有的复杂，有的简单，主要取决于顾客类型和购买的数量。对于一般的个体消费者来说，其购买的产品数量少，品种单一，所以产品条件洽谈比较简单；对于中间商和集团用户来说，其购买的产品数量多，品种型号也多，所以产品条件洽谈较为复杂。一般来说，产品条件洽谈的内容包括产品的名称、品种、型号、规格、数量、款式、色彩、质量标准、包装等。

（二）价格条件洽谈

影响价格的因素有很多，如市场行情、成本、品牌、竞争对手的价格和消费者的认知等。价格条件洽谈是推销洽谈的中心内容，是洽谈双方最为关心的问题。通常，双方会进行反复的讨价还价，最后才能敲定成交价格。除了价格之外，价格条件洽谈也包括对数量折扣、退货损失、市场价格波动风险、商品保险费用、售后服务费用、培训费用、安装费用等条件的洽谈。

（三）其他条件洽谈

除了产品条件洽谈和价格条件洽谈之外，还有交货的时间、地点，付款方式和时间，违约责任的界定、违约的处罚和仲裁，以及其他一些条件的洽谈。

四、推销洽谈的步骤

推销洽谈是整个推销活动的中心环节。在洽谈过程中，推销人员要运用各种推销方法和技巧说服顾客购买企业的产品。那么，推销人员通过洽谈促使交易达成的流程是怎样的？

在现代推销实践中，洽谈是推销人员掌握顾客购买心理变化、诱导顾客采取购买行为的一个过程。营销学者将顾客购买的心理过程分为五个阶段：注意、兴趣、欲望、记忆、行动。推销人员的洽谈步骤可以说是顺应顾客心理变化的一个过程，但并不是说推销人员就没有能动性，推销人员可以主动去遵循顾客心理的发展过程，即首先要引起顾客对产品的注意，然后使其对产品产生兴趣，并进一步使顾客了解和熟悉产品，再激发顾客对产品的需求，进而激发顾客的购买欲望，最后采取说服的方法促使顾客做出购买决定。

一般来说，推销洽谈可以细分为营造开场气氛、介绍并示范推销产品、合理报价并陈述交易条件、实质性磋商和达成业务交易五个步骤。

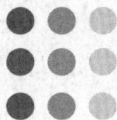

（一）营造开场气氛

从双方洽谈人员见面入座到洽谈实质内容之前，为摸底阶段，旨在营造推销洽谈气氛、交换意见、开场陈述。

1.营造轻松愉快的洽谈气氛

双方要努力营造诚挚合作、轻松愉快的洽谈气氛。为此，要把洽谈场地布置得赏心悦目，要使推销洽谈者的举止行为给人留下热情、诚挚、轻松、美好的印象。开场陈述的最终目的是和顾客就拜访中将谈及的事项和达成的协议取得一致，良好的开场白对交易的达成至关重要。当然，并不是拜访或者接近所有的顾客都需要开场白，但基本的问好和寒暄是必不可少的，因为第一印象将决定成败的一半，而且你无法重来。

一个成功的开场白应注意以下事项：首先，准备好开场白。进行顾客背景资料调查，所谓"知己知彼，百战不殆"。问自己："顾客和我会面，他想达成什么目的？""我和顾客会面，想达成什么目的？"其次，引出开场白。例如，闲聊一下店内的装修、当天的天气等；也可以谈论共同认识的人或互相感兴趣的话题，以先建立融洽的关系。当双方都准备好谈生意时，将话题转回业务和会面的目的。

2.向对方陈述洽谈计划

双方要及时交换意见和看法，就推销目的、计划、人员情况等方面取得一致意见，即使双方早已联系，也应在正式洽谈中重新明确一下。为了进一步了解对方的洽谈原则、态度等情况，推销人员可以从主要问题、期望目标、主要原则、变通措施等方面开始陈述或者提出建议。

延伸阅读7-2

如何给顾客留下良好的第一印象？

（二）介绍并示范推销产品

制订洽谈计划时，对产品的性质、类别、功能、特色以及它能为顾客带来什么利益等都要明确，这样才能把顾客的需要与所推销的产品联系起来，促使顾客接受产品。随着我国市场经济的不断发展、各个行业竞争的逐步放开，产品之间的差异越来越难以建立。当很多同类产品和服务相互竞争时，顾客就会由于选择太多而感到困惑。推销人员要帮助顾客解决问题，协助他们得到其想要的产品和服务，也只有这样才能赢得顾客的信赖，顺利达成交易。

推销人员应随身携带一些推销产品，在推销过程中直接向顾客展示，这样有助于激发顾客的购买动机。在推销产品难以携带的情况下，推销人员可以利用产品模型或者图文材料来替代，尽量让顾客亲自试用产品，这样能够刺激顾客的购买欲望，增强顾客购买的信心。

（三）合理报价并陈述交易条件

报价是洽谈过程中十分重要的阶段。在推销洽谈中，不论谁先报价，都真正进入了报价与讨价还价的阶段，这意味着顾客具有购买动机。价格条件的洽谈是推销

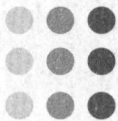

洽谈的中心内容，它涉及交易双方的利益，是买卖双方最关心的敏感问题之一。推销人员可按企业确定的上下限价适当报价，但报价一般高于最终的成交价格。报价时，力求果断、明确、清楚、无保留，不用解释和详细说明报价理由，在对方讨价还价的过程中表明定价的原因，尽量留有充分的磋商余地，也便于对方表述自己的价格。除了报价之外，其他的关键交易条件，比如交货、质保等，也需要在报价的同时提出，甚至可能需要在报价之前就向顾客表明。

与顾客迈向一个互利的决定是推销人员拜访顾客的目的。推销人员要询问顾客是否接受交易条件，当顾客故意拖延时，推销人员要进一步询问并找出真正的原因，有针对性地加以解决，比如，可以就对方关心的事项给出一个恰当的承诺。即使顾客说不，也要感谢顾客花时间面谈。当然，如果可以进一步商谈，要尽量让顾客确定继续商谈的时间，并了解对方关心的事项。

报价和提出交易条件后，可能会出现以下三种情况：

1.顾客接受关键销售条件

如果双方交易分歧很小，即可跨越磋商阶段，直接转入签字成交阶段，以减少不必要的讨价还价，缩短洽谈时间，提高推销洽谈的效率。推销人员不应过分表现出急于求成的心理状态，以免顾客采取拖延战术。这种情况较少出现，一般情况下，对方会提出异议，当然在顾客急于实现交易时，也可能会出现直接进入成交阶段的情况。

2.顾客接受部分销售条件

顾客可能接受部分销售条件，还有一部分存在异议，需要磋商。这时，推销人员可以对洽谈中所涉及的关键问题进行全面细致的分析，考虑在哪些方面存在坚持或让步的可能。在推销洽谈中，推销人员一定要对顾客存在最大异议的事项进行认真分析，尽量确定一个可以实现的范围，例如最理想的情况是怎样的，可接受的情况是怎样的，可接受的最低限度是怎样的。只要分歧在可接受的范围之内，就可以考虑努力争取达成协议。

3.无法预见实现交易的可能性

当买卖双方意见分歧很大时，特别是在买方表示困难时，推销人员将很难按照原定计划成交。此时可能存在以下三种情况或者选择：一是终止推销洽谈。这是最坏的结果，意味着前期投入的浪费，因此即使不得不采取这个对策，推销人员也要慎重考虑。有时，在采用以退为进的策略时，也可以考虑主动终止洽谈。具体来说，只有在市场对推销人员有利，推销人员处于强有力的地位，推销人员的退出反而会刺激顾客要求重新洽谈时，才可主动提出终止洽谈。二是继续洽谈。在按原计划无法达成交易时，推销人员可以继续与顾客就一些次要的问题进行磋商，并与主管部门联系，寻求进一步修改既定交易条件的支持，力求能够从局部进行突破。三是请求顾客改变计划。很多时候，顾客提出的成交条件也是有很大的变动余地的，因此可以请求顾客相应地改变其原定的洽谈计划，这也是第二轮洽谈的开始。

（四）实质性磋商

实质性磋商是指对可能达成的交易，双方不断调整意见，从分歧较大到协调一致最终成交的过程。实质性磋商是决定交易成败的关键阶段，推销人员要善于运用磋商技巧，使洽谈获得成效。

1.分析分歧原因

双方在推销洽谈中难免会有分歧，这是正常现象。要分析造成分歧的原因，弄清楚原委。总结起来不外乎有以下几个原因：一是想象中存在的分歧，这是因为没有很好地理解对方意图或者是因缺乏沟通而发生的误解；二是人为的分歧，由洽谈人员故意制造障碍所致；三是真正的分歧，即由双方经济利益得失而引起的分歧。

2.正确施加压力，善于抵御压力

在洽谈过程中，推销人员可以对顾客恰当地施加压力，以保持对交易的控制优势。适当施加压力还有助于制造与顾客之间竞争的事实和气氛，逐步降低顾客的期望水平。常见的方法就是暂时中断推销洽谈，但是在实施过程中也需要把握分寸，防止感情冲动和心理外露，以免适得其反。

如果顾客给予推销人员压力，一方面，推销人员可以采取先发制人策略，在对方可能提出问题时先提出该问题，同时尽可能提出解决方案，但这需要推销人员做足功课；另一方面，推销人员也可以采用耐心等待策略，以寻找对方可能存在的漏洞，并抓住时机将顾客的问题解决掉。必要的时候也可以请第三方适当干预。

3.提出要求和适当让步

推销人员提出要求的目的是使对方愿意将洽谈继续下去，同时为提出更高的目标而铺平道路，因此，在适当时候提出要求是合理的，也能够吸引对方。

另外，主动做出某些让步也是为了吸引对方。但是，让步要有原则，不能无限地、轻易地做出让步，只有在认为必要且恰当的时候才能做出让步。此外，尽量不要做出单方面的让步，而是要以自己的让步来换取对方的一定让步。让步幅度要适中，速度不能太快，并尽量在较小的问题上做出让步，在重要的问题上不先让步。

如果双方分歧较大，并且都不愿意主动退让，推销人员要避免出现无法继续洽谈的僵局，可以将问题分开处理，避开次要矛盾，找到主要矛盾进行协商，也可以通过次要矛盾来分散顾客对主要矛盾的关注，在实在无法打破僵局的时候，也可考虑先暂停洽谈。

（五）达成业务交易

这是推销洽谈的最后阶段。经过上述几个阶段的洽谈，情况逐渐明朗，洽谈接近尾声。这时推销人员务必善终，正确处理有关问题。

1.要向对方发出正确的成交信号

推销人员要阐明立场，就对方所提出的条件表明肯定态度；或以特定的方式表

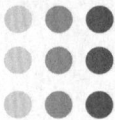

明成交意愿；或告诉对方洽谈时间已到，可以结束了。

2.要及时进行总结

推销人员要明确交易内容是否谈妥，是否有遗留问题，如有遗留问题要提出处理意见；要明确推销洽谈的结果是否达到原先期望的交易目标，明确最后让步事项及让步幅度，着手安排交易记录事宜。

3.确定最后报价

在交易达成阶段，双方都要做最后一次报价。推销人员应该选择好提出最后报价的时间，最好分成两步报价，尽量不要一步到位，让步幅度应因人因具体情况而异，并将此报价作为双方最后成交的标志。

4.整理洽谈记录、起草书面协议

对于组织购买而言，双方谈妥后还需要签订合同，因此，在最后阶段，推销人员应将整理出的洽谈记录检查一遍。在双方都确定无误后，可以将记录内容作为书面协议的依据。对敏感性事项，比如价格问题、合同完成问题、规格要求问题、索赔处理问题等，应尽量做到非常细致。

第二节　推销洽谈方法

推销人员在实际推销活动中总是要面对各种各样的顾客。很多推销人员坚持自己的推销方法，而不愿意针对不同顾客做修改。推销理念与态度是可以坚持的，但为了推销的成功，推销人员使用的推销方法、方式要因人而异，不能千篇一律。这就要求推销人员在推销洽谈前认真准备有关资料和知识，针对不同顾客拟订具体的推销洽谈计划，制订解决顾客异议的方案。只有这样，推销人员才能将不同的推销洽谈内容分清主次，突出重点，采用不同的方式、方法，有的放矢地进行洽谈。

一、提示法

提示法是指推销人员用语言形式直接或间接、积极或消极地提示顾客购买推销品的方法。提示法又分为直接提示法、间接提示法、积极提示法、消极提示法、明星提示法、联想提示法和逻辑提示法七种。

（一）直接提示法与间接提示法

1.直接提示法

直接提示法是指推销人员在推销洽谈过程中主要运用口头语言的形式直接劝说顾客购买推销品的方法。这一方法将推销人员对推销品信息的直接陈述与建议顾客立即采取购买行动的动议提示结合，直截了当，开门见山，有利于节省时间，提高推销效率。因此，直接提示法是目前使用最多、应用范围最广的一种推销洽谈方法。

应用直接提示法应注意以下问题：

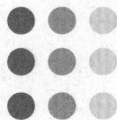

（1）突出推销重点。推销人员不仅要重点提示推销品与众不同的主要特色和优势，而且要把顾客的主要需求与购买动机同推销品的优势和特色结合起来，并直截了当地向顾客进行提示性陈述，以满足顾客需求，解决顾客问题。如果忽视顾客需求，盲目提示推销品的特点，就难以激发顾客的购买欲望。

（2）内容真实可靠。推销人员在向顾客进行提示时，要实事求是、有根有据地陈述推销活动的有关信息，做到真实可靠，不蒙骗顾客，以赢得顾客的信任、支持与合作。

（3）提示的内容易于被顾客理解与接受。推销人员要做到有效地提示，不仅要根据顾客的特点，有针对性地运用不同的提示语言，而且要善于运用各种方式和技巧，对推销品及顾客利益进行生动形象的描述，以突出产品特色与优势，加深顾客印象。另外，运用直接提示法时要尊重顾客的个性，切勿冒犯顾客。

2.间接提示法

间接提示法是指推销人员采用间接的信息传递与接收方法向顾客传达推销品的重点信息，以劝说顾客购买推销品的一种方法。

在实际的推销活动中，推销人员的直接提示容易使顾客产生一种心理压力，使顾客感到推销人员的观点似乎无可辩驳、必须购买推销品。这种心理压力有可能使顾客在推销洽谈中故意制造一些虚假的洽谈异议，致使推销人员难以说服顾客，进而影响推销洽谈的顺利开展。为此，推销人员可以运用各种道具、事例虚构一个推销提示对象，作为向顾客传递有关推销信息的中间媒介，对顾客进行间接提示，使顾客觉得除了推销人员这么说之外，还有其他人也这样认为，从而减少顾客购买的心理压力，缓解顾客对推销人员及推销活动的排斥心理和对立情绪，增加顾客的信任度。

延伸阅读7-3

间接提示法
——用第三
人的成功案
例说服

（二）积极提示法与消极提示法

积极提示法是指推销人员从积极的角度，用肯定的、正面的明示或暗示提示顾客购买推销品后可以获得的正面效益等，调动顾客心理活动的积极因素，从而促使顾客购买。

消极提示法是指推销人员运用反面的、消极的、否定的暗示提示顾客不购买推销品可能会带来的反面效应或产生的消极作用，从而激发顾客的购买动机，促使顾客购买。

同一个提示内容，既可以从积极方面提示，也可以从消极方面提示。一般来说，积极提示可产生正效应，消极提示则产生负效应。例如，"欢迎各位乘坐本公司高级游览车观光，我们保证大家既舒适又安全！"这是积极提示舒适安全，一般会收到明显的效果。换一种说法，效果可能完全不一样。"欢迎各位乘坐本公司高级游览车观光，我们保证大家不会感到不舒适，也不会发生意外事故！"这就是消极提示，顾客听了这些话也许会产生不舒服和发生事故的可怕联想，从而拒绝此类旅游服务。

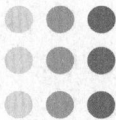

消极提示法的作用并不一定都是消极的，在某种特定推销环境中，有时也可以产生积极的心理效应，间接刺激顾客的购买动机。例如，"先生，请允许我看看您的汽车轮胎。哎呀，不太妙啊！这轮胎已经不行了，还是赶快换掉吧！要不然会出事的。"这是十分明显的消极提示。它有助于让顾客发现问题，提示问题的严重性，引起顾客高度重视，为了防止事故，顾客很自然就会接受推销人员的意见。

无论是积极提示还是消极提示，都可以给顾客较大的心理震撼，促使顾客产生购买动机，从而达到推销洽谈的目的。推销人员在运用这两种提示时，要根据不同的顾客、不同的产品、不同的需求状况灵活应变，真诚地、实事求是地提示，避免虚假提示，失去顾客的信任。

（三）明星提示法

明星提示法是指推销人员借助一些有名望的自然人、法人或其他团体组织购买、使用推销品的事例，劝说顾客采取购买行为的一种提示方法。例如，"我厂生产的防寒服是国家赴南极考察队员的首选产品""健力宝是中国奥委会指定专用饮品"。这一方法主要是利用顾客普遍存在的崇尚权威、崇拜偶像、追求名望的心理进行洽谈提示，使社会名流们的消费行为成为顾客购买与消费的参照楷模，对顾客的消费心理与行为起到了较好的引导与影响作用，产生良好的"晕轮效应"。

利用明星进行洽谈提示成本较高，如果选择不当，不仅不会对顾客产生积极效应，还会产生明显的负效应。因此，运用明星提示法应注意以下问题：所提示的明星在一定的区域有较高的知名度和美誉度，为顾客所知晓、认同；所提示的明星与推销品之间有一定的内在联系，以增强推销洽谈的感染力与说服力；所提示的明星与推销品之间要存在真实的关系，不能弄虚作假，欺骗顾客。

延伸阅读7-4

明星效应："我们的手机是王一博代言的"

（四）联想提示法

联想提示法是指推销人员通过向顾客提示或描述与推销品有关的情景，使顾客产生某种联想，进而刺激顾客购买欲望的洽谈方法。例如，一位推销天蓝色瓷片的推销员的一句话打动了顾客："你把这种天蓝色的瓷片铺在浴室里，每当你洗澡的时候，就有一种置身大海的感觉。"这一方法中，推销人员向顾客勾画出梦幻般的情景，让顾客去想象，使产品更具有吸引人的魅力，从而达到强化顾客购买欲望的良好效果。联想提示法要求推销人员善于运用语言的艺术去表达、去描绘，避免使用刻板、教条的语言，也不能采用过分夸张、华丽的辞藻，这样方能打动顾客，感染顾客，让顾客觉得贴切可信。

（五）逻辑提示法

逻辑提示法是指推销人员利用逻辑推理说服顾客购买推销品的一种洽谈方法。它是通过向顾客摆事实、讲道理来启发、引导顾客进行分析、思考与判断，使顾客

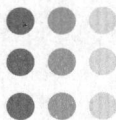

逐步认识到推销品的功能、利益等，心悦诚服地信任推销品，从而采取购买行为。这种方法尤其适用于具有理智购买动机的顾客。

例如，一位营业员在向顾客推销电视机时这样说道："这台电视机售价仅2 000元，寿命却长达1万小时，相当于你看电视每小时只需要2角钱，而现在看电影每小时平均需要30元钱，且不说电视机使用起来还有非常方便等好处。"电视机的销售人员在说明电视机物美价廉、使用方便时，并没有笼统地讲，而是运用比较分析、罗列事实的思维方式，采用算账的办法启发、引导顾客进行分析与判断，而且最后巧妙地把部分理由留给顾客自己去推理、判断，从而使顾客在理性的分析判断中，科学地和发自内心地理解推销活动，从而自觉地、心悦诚服地信任推销品，并乐于购买它。

二、演示法

在现代推销环境里，推销品种类越来越多，信息越来越复杂，越来越难以引起顾客的认知和记忆。推销人员如果完全利用口头语言来传递全部推销信息，很难被顾客完全理解，还要借助一些展示工具来加深消费者的理解和认知。

（一）产品演示法

产品演示法是指推销人员通过展示推销品来劝说顾客购买的洽谈方法。这是一种最常用的演示法，要根据顾客的性质和特点，选择理想的产品演示方式、内容和地点。展览会等活动提供了很好的产品演示平台。推销人员要善于调节洽谈气氛，抓住适当时机开展产品演示。当顾客还完全不了解推销品，一点都不感兴趣的时候，不要急于演示产品；当顾客对推销品产生兴趣时，就是产品演示的最佳时机。演示时要注意演示的步骤与艺术效果，最好边演示边讲解；要渲染演示的气氛，产生情景效应，做到生动形象、干净利落；要请顾客参与演示活动，使顾客亲身体验推销品的优点，从而产生认同感和占有欲，提高推销洽谈的成功率。

（二）文案演示法

文案演示法又称为文字、图片演示法，是指推销人员通过演示有关推销品的文字、图片资料来劝说顾客购买推销品的洽谈方法。它特别适用于用语言不便简要说明或难以说明产品相关信息的情形，如一些产品的设计原理、工作原理、统计数据、价目表等，都可以制作成彩页甚至是PPT文件，通过电脑和投影设备向顾客说明。

采用文字、图片演示法最大的优点在于生动形象，既准确可靠，又方便省力，还可以使推销对象容易理解、印象深刻。使用这一方法应注意：

1.文案的准确性与及时性

要使用具有系统性、准确性、权威性、及时性的相关资料，这要求推销人员保证资料的可靠性、真实性和新颖性，随时修正、补充、更新有关的演示资料。

2.文案与推销主题一致

在文案的设计、创作和制作上，要力求与推销主题一致，还要足够精美，能吸引顾客注意。文案要能充分展示推销品的特点，给顾客以强烈的刺激，如文字的放大特写、图片的色调结构等，要收到形成反差又相互衬托的效果。

3.文案要依据不同顾客特征而有所变化

设计文案时，要结合目标市场顾客的特点和不同的洽谈环境准备不同的演示资料。

（三）证明演示法

证明演示法是指推销人员通过演示有关物证资料劝说顾客购买推销品的方法。为了有效地说服顾客，推销人员必须出示有关的证明材料，这是现代推销洽谈中经常使用的方法。生产许可证、质量鉴定书、营业执照、身份证、购销合同书等都是可以令顾客信服的资料。

推销人员针对顾客的从众心理，及时演示推销证明，增强推销的说服力，具有良好的推销效果。例如："这个价格已经是成本价，不能再降，你看这是我们的进货发票。"使用这一方法应注意：证明资料要真实可靠，具有权威性和针对性。同时，要注意演示技巧，意在证明而非炫耀，令顾客心悦诚服。

（四）音像演示法

音像演示法是指推销人员通过录音、录像、电影、音响等现代声像工具，生动形象地传递大量的推销信息，营造真实可信的推销气氛，充分调动顾客的情感，增强推销说服力和感染力的方法。在生产资料推销、批发推销和国际贸易的实践中，推销人员已经广泛采用音像演示法进行贸易洽谈。它具有很强的说服力和感染力，是一种新颖而有效的演示方法。例如，泰国的旅游业和珠宝业就制作了介绍旅游景点和项目，宝石采集、加工等的电影短片。

（五）试用法

产品本身就是一位沉默的推销人员，是一个最准确可靠的购买信息源，是一种最有效的刺激物，可以制造一种真实可信的推销情景。鼓励试用是最好的推销洽谈方法之一。无论是工业用户还是个体用户，都可以试用产品。对于工业用户，可以组织其到生产企业所在地参观考察并试用产品。对于个体用户，可以派发试用装的产品。

第三节 推销洽谈技巧

虽然不同的推销人员，不同的顾客，不同的产品，在面对面的推销洽谈中所表现出来的特点各不相同，但大量的实践证明，在推销洽谈过程中，有一些技巧是可

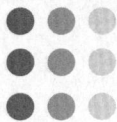

以概括出来的，这些技巧对推销人员开展推销活动是非常有用的，也可以说是一些规律性的知识。

一、洽谈中的语言技巧

推销洽谈的过程，实际上就是介绍、倾听、提问、回答、说服的过程。其中，介绍、提问、回答、说服等环节都离不开语言，可见语言在洽谈中是非常重要的。

（一）提问的技巧

在推销洽谈中，提问题的一方总是能掌握销售对话的全局。对推销人员来说，提问是了解对方的需要、获取所需信息的手段，也是沟通双方感情的一种比较好的方式。在洽谈过程中，推销人员要善于结合不同的环境、不同的洽谈阶段、不同的情节提出不同的问题。常见的提问技巧有：

1.简单明确地提出问题

推销人员向顾客提出的问题应简单明确，使对方一听就能明白，并便于回答。如果提出的问题含含糊糊，似是而非，顾客就会无所适从，不知如何回答。每次提出的问题不宜太多，一般只提一两个，以免顾客记不住提问的内容或感到紧张，不知先回答哪个好。如果提的问题太多，顾客会产生厌烦的情绪，不利于推销的进展。

2.把握提问的时机，有针对性地提出问题

推销人员提问时应注意把握时机，在顾客适宜答复问题的时间提问，不要打断对方的谈话。应针对顾客关心的问题提问，不要无故发问；先从简单的问题入手，逐渐深入，转向特定的问题。

3.对于关键性的问题，要善于追问

对于关键性的问题，顾客回答得不完整或故意避而不答时，推销人员应善于耐心地追问，或变换角度继续提问，直至弄明白为止。例如，对某些重要问题或数据再次提问，除了表明自己重视外，客观上也是让对方明白自己的承诺，减少对方以后就此反悔的可能性。

4.选择适当的提问方式

在推销洽谈中，推销人员应根据具体情况选择适当的提问方式。常用的方式有：

（1）限制性提问。这是一种目的性很强的提问技巧，即在一个问题中提示两个肯定的答案，供顾客选择回答。它能帮助推销人员获得较为理想的回答，减少顾客说出拒绝的或推销人员不愿意接受的回答。例如，询问顾客何时给予答复时，可用这种限制性提问："你愿意下星期一还是星期二给我答复？"这样提问一般可以得到一个确切的回答。

（2）启示性提问。这是一种声东击西、欲正故误、先虚后实、借古喻今的提问方法，以启发顾客对某个问题的思考，让顾客做出提问者想得到的回答或说出自己的看法。

（3）协商性提问。这是一种以征求顾客意见的形式提问的方法，应尽量用商量的口吻向顾客提出问题。例如，"你看这样写合同是否恰当？"这种提问方法比较容易被顾客接受，而且即使顾客不接受你的条件，洽谈的气氛仍然能保持融洽，双方仍有合作的可能。

延伸阅读7-6

提问的方法

（4）澄清性提问。这是一种针对顾客的答复重新措辞以让其证实或补充的一种提问方法，目的在于让顾客进一步明确自己的需求，如："你说你想买一部电脑，是不是？"

（二）叙述的技巧

叙述是一种不受顾客提出问题的方向、范围的制约而带有主动性的阐述，是一种传达大量信息、沟通情感的方法。它是指推销人员在了解顾客需要、立场、观念等的基础上，通过陈述来表达对各种问题的具体看法，或告诉顾客应该购买这种产品或服务的理由，以便使对方有所了解。叙述问题、表达观点和意见时，应当态度诚恳、观点明朗、语言生动流畅、层次清晰紧凑。具体来说，叙述的技巧有：

1.叙述一定要围绕主题

在洽谈中，叙述要得体，不要随意说一些与洽谈主题无关的个人意见，不要抛离主题、随心所欲、信口开河，也不要哗众取宠、大发幽默之感。这样不仅对己无助，还会使顾客感到厌烦，形成洽谈障碍。

2.叙述应简洁，通俗易懂

在洽谈中，我们要达到的目的就是让顾客相信我们所说的内容均为事实，并使其接受我们所说的观点。要实现此目的，应尽量使用能使顾客明白的语言和尽量使用"共同语言"，特别对于一些专业性很强的术语，应尽量用简明易懂的话加以解释。每次叙述的时间不宜太长，如果你长篇大论，顾客会听不进、记不住、理不清，会产生不耐烦的情绪。

3.叙述应主次分明，层次清楚，措辞得当

在洽谈中，叙述应主次分明，层次清楚，推销人员不仅有责任把自己心中所想表达清楚，而且要让顾客容易理解，产生兴趣。在说的过程中，措辞要得当，言语要委婉、含蓄、幽默。尽量避免使用贬义的词语、否定的词语、刺激性的词语、暧昧的词语和夸张不实的词语。例如，"你别讲了""我就料到会这样""你错了"等听起来就很不舒服，容易引起顾客的反感。

4.叙述应客观真实，让顾客产生信任

在洽谈中，叙述的内容应客观真实，选择确切的事实和数据，准确、形象地加以说明。不要使用空洞无据的话语，当遇到某些数据、资料不清楚或无把握时，应尽量回避或搞清楚后再做说明，不要信口开河或随便敷衍。如果你说错了，以后更改会非常困难，有时还会使顾客对你不信任。

5.适当运用语言技巧及语调来增强表达效果

不同的语言表达方式，会产生不同的效果。好的表达方式，会使讲者激昂，听者兴奋；讲者陶醉，听者自然愉快。因此，说话要抑扬顿挫，富有感情，适当变化说话的速度，陈述要点时斟字酌句，在要点前后做适当的停顿等，这样可以增强表达、叙述的效果。

（三）答复的技巧

答复既是回答顾客的询问，又是表明、解释或推销自己见解的过程。在洽谈中，答复与提问同样重要，因此也要讲究一定的技巧。如果回答不当，顾客会觉得你缺乏诚意，或对你产生误解，或认为你不值得信赖，因而造成不利于洽谈的局面。要回答好顾客的问题，推销人员应掌握一定的答复技巧，具体有：

1.给自己留下思考的时间

推销人员在回答问题时应谨慎从事，对问题进行认真的思考，因此在回答问题之前必须要有充分的思考时间。

2.不要彻底回答顾客提出的问题

在洽谈中，顾客提出问题是想了解我方的观点、立场和态度，或是想确认某些事情。推销人员在回答顾客的问题时，应将顾客的问话范围缩小，或者对回答的前提加以修饰和说明。例如，顾客询问产品的价格，如果彻底回答顾客，把价格一说了之，那么在进一步的洽谈中，推销人员一方就会显得比较被动，如果采取"我相信我们产品的价格会令你们满意的，请先让我把这种产品的性能说一下好吗？""我相信你们会对这种产品感兴趣的……"这样的回答，能够避免顾客将注意力一下子就集中在价格上。具体如何回答，应视情况而定。

3.不要确切回答顾客所提的问题

推销人员在回答顾客提出的问题时，要给自己留下一定的余地，不要过早暴露自己的实力，通常可先说明一种类似的情况，再拉回正题，或利用反问把重点转移。例如："是的，我猜想你会这样问，我会给你满意的答复。不过，在我回答以前，请先回答我的一个问题。"如果对方还是不满意，你可以回答："也许你的想法很对，不过，你的理由是什么？"或者回答："那么你希望我怎么解释呢？"

4.顾左右而言他或答非所问

对于顾客提出的那些很难直接从正面回答，但又不能以拒绝回答的方式来逃避的问题，可以顾左右而言他或答非所问。

5.以问代答

对于那些一时难以回答或不想回答的问题，可以用以问代答的方式，如同把对方踢过来的球又踢回去。

6."重申"和"打岔"

要求顾客再次阐述其所提的问题，为自己争取思考问题的时间。打岔的方式多

种多样，如借口去洗手间，或去打个电话。

7.使问话者不要继续保持追问的兴致

回答问题的时候，可以说明许多理由，但不要把自己的理由说进去。

（四）推销活动中的语言禁忌

所谓语言禁忌，是指在推销活动中，不能采用的语言和态度。

1.任何有损对方自尊心的语言

推销人员必须与各种各样的顾客打交道，顾客的情趣、爱好、性格各不相同，其想法不可能与我们的想法完全一致，因此，推销人员不应该把自己的观点强加给顾客，更不能有任何有意、无意伤害顾客自尊心的语言。"气话""俏皮话""讥讽话"都应禁止使用。

2.含糊其词与简单生硬的语言

语言简洁、精练，少说废话，是提高推销效率的重要方法，但精练不等于含糊其词，更不等于简单生硬。对待顾客的提问不能用"不行""只能如此""没法考虑"等拒人于千里之外的语言。这种生硬的语言，既不尊重对方，也给推销人员带来一定的心理障碍，同时也是自身缺乏素养的表现。

3.用动作代替语言

任何用动作去回答对方提问的做法，都是目中无人和不礼貌的行为。不论你是有意还是无意，都会使对方反感，并失去信任。用明确、礼貌的语言回答顾客的各种问题，是对现代推销人员最起码的要求。

4.采用催促语言

询问、挑选、比较、权衡是顾客在购买行为中普遍的心理现象。在推销中，顾客要挑选、对比，这是很正常的；任何催促的语言，都会破坏顾客思考的平衡心理，从而产生紧张和不满情绪。推销人员应从顾客的立场出发，帮助其分析和权衡，这是推销获得成功所不能缺少的。

5.在顾客说完话以前就提出反对意见

顾客还没说完话就提出反对意见，不仅是一种急躁的行为，也是缺乏礼貌和没有修养的表现，很可能因此而使推销完全失败。

二、洽谈中的倾听技巧

优秀的推销人员是那些能够问出好问题，又能专心听顾客回答的人。洽谈成功的另一个重要的条件就是要具备聆听他人讲话的能力、欲望与耐性，聆听不仅能建立信任，而且能使推销人员准确地获取信息。从人际关系的角度讲，听是尊重对方，改善或加深人际关系的手段。在推销过程中，多听是一种重要的洽谈策略。当你发问的时候，你就获得了一个聆听的机会，而且你听得越多，顾客就越喜欢你，越相信你，就越能接受你的话，并且会渐渐开始考虑你的产品或服务。有些推销人员认为必须将产品的资料提供给顾客，而且越多越好，因此对顾客喋喋不休，使顾

客逐渐失去耐心，或者对顾客的批评与质疑采取戒备的态度，不喜欢听有关竞争对手的事情，只喜欢听到内心期待听到的事情，而不去听对方真正想讲的事情，最终导致推销失败。

（一）重视聆听的好处

重视聆听并善于聆听的人可以获得很多好处：

（1）避免在错误的时机说错话，他们让耳朵告诉自己，应该说什么及什么时候说。

（2）他们可以知道周围人的动机。

（3）他们对其他人更了解，所以更有能力去说服这些人。

（4）他们看起来比较聪明，因为其他人都把知道的事情告诉他们。

（5）他们听别人讲话，因此赢得这些人的尊敬。

（6）他们让其他人尽情诉苦，避免其发脾气。

（7）他们牺牲宝贵的时间听别人讲话，因此让人觉得有尊严。

（8）他们表现出对他人的关怀，因而赢得好感。

（二）专心聆听的方法

1.表现出注意听的态度

眼睛看着顾客，思考的时候也不要看着别的地方。顾客讲话的时候，你的身体要稍微向前倾；你讲话的时候，要稍微向后。不时点点头，扬起眉毛笑一笑。

2.不要被其他事情分心

顾客讲话的时候，不要东张西望。不要注意其他干扰的声音，有其他人走进来也不要理睬。

3.少说话

你不可能又听又讲，所以少开口。对于每个问题，让顾客完整说完他的看法，即使你有很好的答案，也不要打断他说话，在他讲完之后，再判断他说的是什么意思。

4.表现出很满足的样子

注意听顾客说话，不要表现出"还不就是这么回事"的态度，也不要评论顾客讲话的格调。

5.注意顾客的肢体语言

注意顾客的声调、语气、音量以及肢体语言。想一想：这些肢体语言传达什么样的意义？告诉你什么？

6.让顾客不断讲话

如果顾客讲得差不多了，但是你还希望他多讲一点，可以用以下的方法：①重复顾客的最后一句话，转换成问句："你不相信这问题有这么严重吗？"②如果顾客说的是一种特别情绪化的经验，要让他继续说下去，你可以问他："这对你来说一定很有趣/刺激/难挑战/痛苦吧？"③使用非直接的问法："真的？""接着呢？""还有呢？""还有谁？""你觉得如何？"

7.证实你确实注意听了

如果你认为顾客该说的都已经说完了，将你听到的解释一遍，如："你说的是……"这个技巧也使你收回了发言权，同时证明你确实用心听他说话了。这也告诉对方，你将要讲的话是回应他刚刚所说的。

8.抑制争论的念头

你和你的顾客之所以成为对手，就是因为你们之间有意见不一致之处。如果你打断顾客的谈话，或只是内心有此念头，都会筑起沟通的障碍。要学会控制自己，抑制自己争论的冲动。

延伸阅读7-7

做一个好的
听众

第四节　推销洽谈策略

一、促使对方让步的策略

谈判是一项互惠互利的合作事业，谈判中的让步也是相互的。在现实的谈判活动中，谈判双方各有其追求的目标，在许多情况下，谈判者并不会积极主动地做出退让，双方是在激烈的讨价还价中逐步达成一致的。精明的谈判者往往善于运用诱导或施压等策略迫使对方做出让步，从而为己方争取尽可能多的利益。

（一）红白脸策略

红白脸策略就是在谈判人员的角色搭配以及手段的运用上软硬相间，刚柔并济。在某一方的谈判班子中，有的人扮演"强硬者"，坚持本方的原则和条件，向对方施加压力；其他的人则以"调和者"的面孔出现，向对方表示友好或者予以抚慰。这种做法的效果就是，当"强硬者"寻找借口离开谈判现场之后，对方变得更愿意向扮演"调和者"的"好人"提供更多的材料。从某种意义上讲，这实际上是一种变相的对比效应。通常，这种策略在对付那些初涉谈判场合的对手时作用较大，而那些谈判老手对此则会应付自如。

微课7-1

红白脸策略

（二）制造竞争策略

当谈判的一方存在竞争对手时，另一方完全可以选择其他的合作伙伴而放弃与之谈判，那么，他的谈判实力就将大大减弱。在推销谈判中，谈判者应该有意识地制造和保持对方的竞争局面，在筹划某项谈判时，可以同时邀请几方，分别与之进行洽谈，并在谈判过程中适当透露一些有关竞争对手的情况。在与其中一方最终达成协议之前，不要过早地结束与另外几方的谈判，以使对方始终处于几方相互竞争的环境中。有的时候，对方实际上并不存在竞争对手，但谈判者仍可巧妙地制造假象迷惑对方，借此向对方施加压力。

（三）虚张声势策略

在有些谈判中，双方一开始都会提出一些并不期望能实现的过高的要求，随着时间的推移，双方再通过让步逐渐修正这些要求，最后在两个极端之间的某一点上达成协议。谈判者可能会将大量的条件放进议事日程中，其中大部分是虚张声势，或者是想在让步时给对方造成一种错觉，似乎他们已做出了巨大牺牲，但实际上只不过舍弃了一些微不足道的东西。过分的要求并不一定表示实力强大，但可能动摇对方的信心，迫使其修改自己的期望值，并降低自己的目标和要求。

（四）吹毛求疵策略

吹毛求疵策略也称先苦后甜策略，是一种先用苛刻的虚假条件使对方产生疑虑、压抑、无望等心态，以大幅度降低对方的期望值，然后在实际谈判中逐步给予其优惠或让步的策略。对方由于心理上得到了满足，便会做出相应的让步。该策略由于用"苦"降低了对方的期望值，用"甜"满足了对方的心理需要，因而很容易实现谈判目标，使对方满意地签订合同，己方从中获取较大利益。

（五）蚕食策略

蚕食策略是指在完成一件事情时不能一蹴而就，需要分步骤、分次解决，将事情拆分成很多小的部分，使之更容易做成，从而更顺利地实现既定目标。这就像蚕吃桑叶一样，不能一口吃下整片桑叶。人们在使用蚕食策略时一般有两种操作方法：一种是集中力量对目标各个击破；另一种是将事情分段一步步地解决。

蚕食策略是一种稳扎稳打的策略，虽然实现目标的速度有些慢，但是一种安全可靠的策略。在销售场景中，推销人员在与顾客谈判产品报价时应该根据实际情况来使用蚕食策略，如在恰当的时机换人、换时间、换地点、换事件，让顾客逐步从拒绝转变为接受，一步步引导顾客按照自己的意愿进行产品及价格的谈判，最终实现交易。

推销人员在使用蚕食策略时，不要急功近利，否则顾客会感觉推销人员咄咄逼人，致使价格谈判失败甚至交易失败。推销人员在使用这一方法时，应该循序渐进，通过对顾客购买意图的分析和确定，让顾客在谈判中不由自主地一步一步跟随自己的引导，做出符合自己心意的购买决定。

微课7-2

蚕食策略

（六）转移策略

转移策略的核心是先不谈产品的价格，而是将产品的价值放在首位，使顾客对产品的价值有大体的认识，从而更容易接受产品的价格。转移策略的优点是使顾客在产品价格的认识上有一个缓冲，不会让顾客在第一时间出现拒绝的情况，而且先介绍产品的价值还能够让顾客对产品的功能和优点有全面的了解，更加有利于产品的销售。推销人员如果先报出了产品的价格，之后再向顾客详细地介绍产品，很容

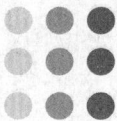

易让顾客产生产品价格较高的感觉，而在介绍完产品的价值以后再向顾客报价，让顾客充分感受到物有所值，顾客就比较容易接受产品的价格。

在使用转移策略时，推销人员应注意顾客对产品价格的态度，如果顾客对产品的价格不太关注，也可以先向顾客报出产品的价格。至于是否采用这种方法，还需要推销人员根据当时的实际情况进行判断。

（七）遛马策略

遛马策略是一种比较形象的说法，是指推销人员面对顾客的价格逼问采取顾左右而言他的办法，说一些其他的话来应对顾客，让顾客的注意力转移，消耗顾客的耐心，从而让顾客在最后的价格博弈中失去主动权。

推销人员在使用这一策略时，要注意自己的态度，最好全程保持微笑，对顾客提出的降价要求表示认可和理解，之后用第三人的案例告诉顾客已经有很多人希望得到优惠，想要以低价购买产品，但是产品的价值非常高，成本也很高，所以那些人没有得到优惠，顾客自己也不例外，不能够得到价格优惠。

遛马策略的核心就是在谈判中推销人员反复用产品的优势和特征消耗顾客的耐心，一方面重复告知顾客产品价值，另一方面让顾客感到疲惫，不愿意再与推销人员进行价格谈判。推销人员在使用这一策略时，一定要根据顾客在谈判中的实际反应来灵活运用，如果顾客已经察觉到了推销人员的意图，推销人员就不能再顾左右而言他，而是应该转换策略，继续与顾客谈判。

（八）揣度顾客心理策略

揣度顾客心理策略就是推销人员在洽谈前对顾客的有关情况，诸如顾客需要什么，顾客在工作和生活方面有哪些奋斗目标，哪些因素有利于顾客在工作和个人奋斗方面获得成功，哪些因素不利于其获得成功，顾客对推销人员的态度如何，顾客的性格如何等问题进行认真的揣度，使自己在洽谈过程中做到心中有数。俗话说，"人心难测"，虽然要获得这些问题的准确答案是一件很难的事情，但人的心理活动无论多么隐蔽，最终总会或多或少从行为上反映出来，因此推销人员不但要在推销洽谈前仔细揣度顾客的心理，而且必须在推销洽谈过程中不断观察对方所有细微的谈吐、举动，从对方的行为表现中获得信息，不断修正自己的"揣度"，以最大限度地接近顾客的真实心理。

（九）寻找共同点策略

寻找共同点策略是指推销人员在洽谈前对顾客的需要、自己的需要，以及如何将两者的需要结合在一起等问题进行深入的思考、策划，以便在洽谈中因势利导，控制洽谈的进度，使洽谈按预定的方向有秩序地进行。推销人员与顾客之间的共同点可以是多方面的，如喜欢穿同样颜色和款式的服装，喜欢同样的运动，有着共同的关注对象等，这些都有助于缩短推销人员与顾客之间的距离、增进沟通。

微课 7-3

转移策略和
遛马策略

延伸阅读 7-8

寻找共鸣：
围绕客户的
兴趣爱好

（十）扬长避短策略

扬长避短策略是指在洽谈中尽量突出己方的优点和长处，少谈或不谈及缺点和不足的策略。这种策略的目的是要以优遮丑，弥补在洽谈中的不利地位。例如，某企业产品在合格率和技术水平方面落后于同类产品，但是价格便宜，可以大量供应，退换货制度完善，还有零配件供应和厂家售后维修的支持等，推销人员就可以在这些长处上下功夫，突出己方的优势，说服对方，达成交易。但是，扬长避短绝不意味着弄虚作假，欺骗对方，而是突出优势，弥补不足。在某些条件上己方不如别人，但在另一些条件上己方占有一定优势，甚至是绝对优势，在综合考虑下，己方并不比别人差。

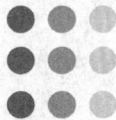

延伸阅读7-9

对比介绍法：用自己产品的优势对比竞品的弱点

（十一）兵不厌诈策略

兵不厌诈策略是指在洽谈的过程中，当遇到对方设置的诸如数字、假报价等陷阱时，采用的防止自己跌进陷阱的策略。推销洽谈，特别是涉及一些大宗商品交易的洽谈，需要推销人员富有极大的耐心，既不能操之过急，也不能粗心大意，需要时时警惕谈判过程中对手设下的陷阱。例如，对于洽谈中屡见不鲜的假报价陷阱，就可以采用兵不厌诈策略，以保障己方的基本利益。所谓假报价陷阱，就是买方利用报高价手段（或卖方利用报低价手段）排除交易中其他的竞争对手，优先取得交易权，等到最后成交的关键时刻，买方又大幅度压价（或卖方大幅度提价），这时才真正开始进行讨价还价。在假报价情况下，通常是假报价一方占便宜，另一方只好忍痛割爱。

对于假报价陷阱，可采取相应措施：要求对方先付大笔订金，使他不敢轻易反悔；给对方一个最后期限，同时与其他买方接洽等。

（十二）锚定策略

锚定策略的根据是锚定效应。锚定效应是指人们在判断某一事物时，很容易受到第一印象或第一信息的影响，就好像船锚沉入海底一样，第一印象或第一信息把人们的思想固定在一个特定的地方。在价格谈判中，推销人员可以在初始报价过程中先行提高产品的实际价格，之后在讨价还价时划掉原价给出低价，这样会更利于顾客接受产品的目标价格。运用这种策略时，锚定价格不能太高。推销售人员如果不顾产品的实际情况将价格设定得超出实际很多，就会给顾客留下"不靠谱，外行人"的印象，反而会弄巧成拙，将价格谈判的主动权交到顾客手中，结果就会得不偿失。

锚定策略的核心是使顾客跟着自己定的价格走。推销人员使用这一策略时，务必抓住第一个报价的机会，将产品的初始报价定得稍高一些，最基本的就是高于产品的目标价位，这样才能掌握主动权，争取价格谈判的胜利。

微课7-4

锚定策略

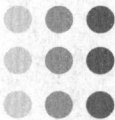

（十三）先发制人策略

先发制人策略是指在洽谈中由己方先提出有关的条件和合同草本的策略。例如，推销人员可以预先提出有关产品价格、供应数量、各种规格的构成比例、付款方式等的一个洽谈框架。在这种情况下，如同"您问客人是需要红茶还是绿茶，客人就不好意思说我要咖啡"一样，对方很难另起炉灶，再提出自己的方案，只能在推销人员提出的这一方案的基础上提出自己的意见。先发制人要求知彼知己，掌握当前的市场情况和双方的力量对比，提出的条件要适度，过高则容易吓跑对方，过低则会失去一定的利润。这种策略对卖方来说，多用在大企业对小买主的谈判中；对买方来说，多用在供过于求、许多卖主对一个或者少数几个买主的谈判中。先发制人并不意味着一口说死，不可改变，所以提出方案的一方还要准备应变方案，即哪些条件是可以让步的，哪些条件是不能让步的，让步可以让到什么程度等。如果对方采取这种策略，推销人员不能被对方牵着鼻子走，应该坚信，任何条件都是可以通过洽谈改变的，所以要按照己方原定的洽谈方针进行洽谈，不能让对方的方案束缚住自己的手脚，而不敢提出自己的条件和方案。

（十四）以退为进策略

以退为进策略是洽谈桌上常用的一种制胜策略。在推销洽谈中，双方并不总是唇枪舌剑、据理力争的，有时也需要采取以退为进策略，为了将来的进攻暂时退让，伺机而动，以求最后取得谈判的成功。例如，某家大型的家电生产企业想让电力公司以低价供电，但遭到电力公司的拒绝，洽谈陷入僵局。后来该家电生产企业索性不谈了，声称由自己配建发电设备更合算，因而决定自行配建发电设备。电力公司听到这一消息后，立即改变原先的强硬态度，主动请人从中说情，表示能给予优惠价格，于是双方达成协议。在这场推销洽谈中，家电生产企业采用了以退为进策略，把原先在电力公司手中的谈判主动权转移到自己手中，并达到了自己的目标。

（十五）肯定答复策略

"杯子的一半是满的"和"杯子的一半是空的"这两句话从逻辑上来说，意思是一样的，但从心理学的角度来说，有很大的区别。所以，当顾客向推销人员提出某种要求，而推销人员只能满足顾客的部分要求时，最好把精力集中在力所能及的方面。推销人员应该说："这是我明天早上要办的第一件事情。"最好不要说："这件事今天办不了啦。"

如果顾客同意推销人员的观点，推销人员可以采用提问式的方法开始洽谈，以引起顾客的购买兴趣。为了更好地了解顾客的想法，推销人员可以重复问几遍，用这种方法创造一个机会，促使顾客自然而然地做出肯定的回答。

如果顾客首先承认推销人员在一个次要的问题上是正确的，那么他会倾向承认

推销人员在第二个问题上也是正确的，然后，他就会在一系列小的方面做出某些让步，小的让步必然会导致大的让步。在此过程中，反问式提问特别有效。例如："您想保证您的生意兴隆，是吗?""您想阻止您的竞争对手突然跑到您的前面，对吧?""您需要挖掘老产品的潜力，是不是?""您已经想过使用价格比较便宜的材料，对不对?"针对这些问题，顾客一般都会做出肯定的回答，这样就有利于进行下一步的沟通直至成交。

（十六）最后通牒策略

最后通牒策略是指在谈判过程中，通过向对方发出最低条件、最后期限等形式的最后通牒，促使对方就关键性或实质性的问题尽快做出决定的策略。例如："这个价格已经是我们所能答应的最低价格了。""本月30号是最后期限，若到时还不能谈妥、签订合同，我们就要采取另一种行动方案了。"一般来说，最后通牒策略要慎用、少用，一来容易导致谈判的破裂，二来经常使用也会使对方识破推销人员的计谋而产生不信任感，很难达成交易。

（十七）笑到最后策略

即使洽谈大获全胜，推销人员也不能认为达成交易已成定局，因为在洽谈成功与达成交易之间还有一定的距离。常言道，"煮熟的鸭子也会飞"，而成功的洽谈仅仅是实现交易的"雏鸭"阶段，除非交易已经得到了顾客的确认，否则推销人员就不能高兴得太早。因此，推销人员有必要向顾客复述一遍双方达成协议的全部内容。在重复的过程中，顾客可能会提出一些反对意见。对此，推销人员要认真地给予解释，打消顾客的顾虑，最终实现销售商品的目的。

二、控制对方攻击的策略

在推销谈判中，任何一方都可能受到对方的攻击，承受各种直接或间接的压力，或者在对方的逼迫下或在无意识中做出某些让步。让步有时是必需的，没有适当的让步，谈判就难以继续下去。但是，一味地让步又会直接损害本方的利益。因此，面对对方的讨价还价和进攻，谈判者应善于运用有关策略构筑起有效的防线，以保护自己的利益。

（一）极限控制策略

援引极限是一类常用的谈判策略，用来控制谈判的范围。从某种意义上讲，资源确实有其极限，但在大多数情况下，援引极限的目的是使对方处于不利的地位，限制对方采取行动的自由。典型的极限控制策略包括权力极限策略、政策极限策略、财政极限策略，下面分别予以介绍。

1.权力极限策略

权力极限策略是通过控制本方谈判人员的权力来限制对方的自由，防止其进攻

的一种策略。谈判者的权力是在其职责范围内的支配力量。美国谈判专家赫本·柯思则把权力定义为"达成事物的涵容力或能力"。显然，谈判者拥有的权力支配着他的行为，权力的大小直接决定了谈判者的决策范围与限度。在权力有限的情况下，对方的讨价还价只能局限在本方人员权力所及的范围与限度之内，任何试图超出这一范围与限度去谋求更多利益的努力，都将是徒劳的。

如果你告诉对方："我没有权力批准这笔费用，只有我们的董事长有权批准，但目前他正在非洲进行为期两个月的狩猎旅行，无法与他联系。"那么，对方立刻就会意识到，在这一事项上要求你做出让步将是绝无可能的了。

有些谈判者对加在自己身上的种种限制多有微词。其实，应当烦恼的不是你而是对方。受到限制的权力是用来阻挡对方进攻的坚固盾牌，有限的权力恰恰意味着无限的力量。当然，这种策略只能在少数几个关键时刻运用，使用过多对方会认为你缺乏诚意，或没有谈判的资格而拒绝与你做进一步的磋商。

2.政策极限策略

政策极限策略是本方以企业在政策方面的有关规定作为无法退让的理由，阻止对方进攻的一种策略。这一策略与权力极限策略如出一辙，只不过用来限制对方行动自由的不是权力，而是本方所在企业的政策。通常，每一个企业都会制定一些基本的行为准则，这些政策性的规定对企业的生产经营活动具有直接的约束力，企业的谈判人员也必须以此规范自己的行为。既然谈判者不能偏离企业政策的要求来处理他所面临的问题，那么对方就只能在企业政策许可的范围内进行讨价还价，否则，其要求便无法得到满足。

3.财政极限策略

财政极限策略是利用本方在财政方面所受的限制向对方施加影响，达到防止其进攻目的的一种策略。比如，买方可能会说："我们非常喜欢你们的产品，也很感谢你们提供的合作，遗憾的是公司的预算只有这么多。"卖方则可能表示："我们成本就这么多，因此价格不能再低了。"向对方说明你的困难甚至面临的窘境，往往能取得比较好的效果。在许多情况下，人们对弱者抱有同情之心，并乐于提供帮助。当对方确信你基于目前的财政状况已经难以做出更多让步时，他可能会放弃进一步发动攻势的想法，而立即与你达成一项"皆大欢喜"的协议。

微课 7-5

极限控制策略

（二）先例控制策略

所谓先例，是指过去已有的事例。引用先例处理同类的事物，不仅可以为我们节省大量的时间和精力，缩短决策过程，而且会在一定程度上给我们带来安全感。在推销谈判中，谈判的一方常常引用对他有利的先例约束另一方，迫使对方做出让步。在这种情况下，谈判者就必须采取一些控制措施，以遏制对方的进攻。

在谈判中，引用先例一般采用两种形式：一是引用以前与同一个对手谈判时的例子。比如，"以前我们与你谈的都是 3 年租借协定，为什么现在要提出 5 年呢?"二是引用与他人谈判的例子。例如,"既然本行业的其他厂商都决定增加20%,你提出的10%就太低了。"先例控制的目的在于消除对方欲强加给己方的种种限制,从而保护己方的合理利益。当对方使用该策略时,你应该向对方说明,他所引用的先例是一种与目前的谈判无任何关系的模式,因为环境或者某些条件的变化已经使以往的模式不再适用。你还可以告诉对方:"如果答应了你的要求,对我们来说等于又开了一个先例,今后我方对其他客商就必须提供同样的优惠,这是我方无法负担的。"至于这次的所谓"先例"是真是假,对方是无从考察的。

第五节　价格谈判策略

一、影响价格的因素

商品的价格是商品价值的货币表现。影响价格的直接因素主要有:商品本身的价值、货币的价值及市场供求状况。上述每一个因素,又是由许多子因素决定的,并处于相互联系、不断变化之中。在推销洽谈中,进行价格谈判时应当首先了解影响价格的具体因素。这些具体的因素有:

(一)市场行情

市场行情是指谈判的标的物在市场上的一般价格及波动范围。市场行情是市场供求的反映,是价格磋商的主要依据。如果谈判的价格偏离市场行情太远,谈判成功的可能性就很小。所以,谈判者必须掌握市场信息,了解市场的供求状况及趋势,从而了解商品的价格水平和走向,掌握谈判的主动权。

(二)利益需求

由于谈判者的利益需求不同,他们对价格的理解也不相同。对于能满足头等需求的产品,顾客愿意出高价购买。例如,在日常生活中,对于一款新潮的时装,即使价格较高,年轻人也可以接受,而老年人可能不会接受,因为老年人比较注重衣服的面料质地,并据此来评价商品的价格。某公司拟从国外一厂商进口一批货物,由于利益需求不同,谈判的结果可能有三种:一是国外厂商追求的是利润最大化,该公司追求的是填补国内市场空白,价格谈判的结果可能是高价;二是国外厂商追求的是打入我国市场,该公司追求的是利润最大化,价格谈判的结果可能是低价;三是双方都追求利润最大化,价格谈判的结果是各自妥协后的可接受价,或者谈判失败。

(三)交货期要求

在价格谈判中,如果对方迫切需要某种原材料、商品、设备、技术,可能会忽

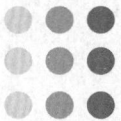

略价格的高低；如果某方只注重价格的高低，而不考虑交货期，也可能会吃亏。例如，某远洋运输公司拟向外商购买一条旧船，外商开价1 000万美元，该公司要求降低到800万美元。谈判结果是，外商同意了800万美元的价格，但提出推迟3个月交船，该公司认为价格合适，便答应了对方的要求。哪知道外商又利用这3个月的时间开展运输，获得营运收入360万美元，大大超过了船价减少的200万美元。显然，运输公司并没有在这场谈判中赢得价格优势。

（四）附带条件和服务

从整体产品观念来看，谈判标的物的附带条件和服务，如质量保证、安装调试、免费维修、供应配件等，是产品的组成部分，能为顾客带来安全感和许多实际利益，往往具有相当大的吸引力。人们往往宁愿"多花钱，买放心"或"多花钱，买便利"，因此这些附带条件和服务能提升产品在人们心目中的价位和缓冲价格谈判的阻力。

（五）支付方式

在价格谈判中，货款的支付方式，如是现金结算还是支票、信用卡结算，是一次性付款，还是分期付款或延期付款等，都对价格有重要的影响。因此，如能提出易于被对方接受的支付方式，将会使己方在价格上占据优势。

二、报价策略

推销洽谈实际上就是推销人员与顾客之间的一场谈判。报价是谈判活动的一个重要环节，交易条件的确立是以报价为前提的。报价不仅表明了谈判者对有关交易条件的具体要求，集中反映着谈判者的需要与利益，而且有助于谈判者进一步分析、把握彼此的意愿和目标，以便有效地引导谈判行为。这里所谓的报价不仅仅是指价格方面的要求，而是包括价格在内的关于整个交易的各项条件。在推销谈判中，有效运用报价策略可以使交易条件更易于被对方接受。

（一）报价的时间策略

在任何一项推销谈判中，谈判双方在报价的时间上通常都有一个先后次序，而且报价的先后往往会对最后的结果产生重大影响。可供谈判者选择的时间策略不外乎两种，即先于对方报价和后于对方报价。

一般而言，先报价较之后报价更为有利，先报价产生的影响力在整个谈判过程中都会持续地发挥作用。先报价的有利之处主要表现在两个方面：首先，它为谈判的结果设定了难以逾越的界限，最终的协议将在这一界限内形成。比如，卖方报价某货物每吨1 000美元，可以肯定地说，最后的成交价是不会高于这一价格水平的。其次，先报价会在一定程度上支配对方的期望水平，进而影响对方在随后各谈判阶段的行为。尤其在报价出乎对方预料的情况下，对方往往会仓促调整原来的

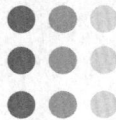

计划。

当然，先报价的做法也有一定的缺陷。其一，先报价容易为对方提供调整行为的机会，可能会使己方丧失一部分原本可以获得的利益。在己方先行报价之后，由于对方对己方的利益界限有了相应的了解，他们就可以及时修改原来的报价，获取某些超出其预期的利益。比如，卖方报价某货物每吨1 000美元，而买方事先准备的报价可能是每吨1 100美元。在卖方报价后，买方显然会调整原先的报价，其报价水平肯定将低于每吨1 000美元。这样对买方来说，后报价就使他至少获得了100美元的利益，而这恰恰是卖方所失去的。其二，在某些情况下，先报价的一方往往会在一定程度上丧失主动权。在己方报价后，有些谈判对手会对己方的报价提出各种疑问，不断向己方施加压力，迫使己方一步一步地降价，而矢口不谈他们自己的报价水平。在这种情况下，先报价的一方应坚持让对方提出他们的交易条件，以免使己方在随后的磋商中陷入被动。从某种意义上讲，先报价的上述不足之处，也正是后报价的优点所在。

先报价虽然要比后报价更有利，但这并不说明在任何情况下，谈判者都应采用先于对方报价的策略，更何况先报价的只能是双方中的某一方。事实上，选择后报价的策略有时不仅十分有效，而且也是非常必要的。在选择报价时机时，谈判者应充分考虑下列几个方面的因素，根据实际情况做出决策：

1.谈判的冲突程度

在冲突程度极高的推销谈判中，能否把握谈判的主动权往往是至关重要的，因而先报价比后报价更合适。在比较合作的谈判场合，先报价与后报价则没有多大差别，因为谈判双方都将致力于寻找共同解决问题的途径，而不是试图施加压力去击垮对方。

2.谈判双方的实力对比

如果己方的谈判实力强于对方，或己方在谈判中处于相对有利的地位，先报价是比较有利的。如果己方实力较弱，又缺乏必要的谈判经验，应让对方先报价，因为这样就可以通过对方的报价了解对方的真实动机和利益所在，以便对己方的报价做出必要的调整。

3.商业习惯

就一般的商业习惯而言，发起谈判的一方通常应先行报价。在有些推销谈判中，报价的先后次序似乎也有一定的惯例，比如货物买卖谈判，多半是卖方先报价，买方还价，与之相反的做法则比较少见。

（二）报价的时机策略

在价格谈判中，报价时机也是一个策略性很强的问题。有时，卖方的报价比较合理，但并没有使买方产生交易的欲望，原因往往是买方首先关心的是此商品能否给他带来价值，能带来多大的价值，其次才是价值与价格的比较。所以，在价格谈判中，卖方应当首先让对方充分了解商品的使用价值和能为对方带来多少收益，待

对方对此产生兴趣后再谈价格问题。实践证明，提出报价的最佳时机，一般是对方询问价格时，因为这说明对方已对商品产生了购买欲望，此时报价往往水到渠成，比较自然。

有时，在谈判一开始对方就询问价格，这时最好的策略是听而不闻，应首先谈该商品或项目的功能、作用，能为对方带来什么样的好处和利益，待对方对此商品或项目产生兴趣，交易欲望已被调动起来时再报价比较合适。

（三）报价的起点策略

报价的起点策略通常是：作为卖方，报价起点要高，即"开最高的价"；作为买方，报价起点要低，即"出最低的价"。这种被人们称为"狮子大开口"的报价起点策略，是合乎常理的。谈判双方在提出各自的利益要求时，一般都包含策略性虚报的成分，这种做法其实已成为谈判中的惯例。研究结果表明：若卖方开价较高，并振振有词，则为买方提供了一个评价卖方商品价值的尺度，买方往往会重新估算卖方的保留价格。一般情况下，价格总是能够基本反映商品的价值，即"一分钱一分货"，人们总把高价与高档联系在一起，因此双方往往能在较高的价位成交。若买方出价较低，并有理有据，卖方往往也会重新评价买方的保留价格，双方可能在较低的价位成交。同时，报价起点策略中的策略性虚报部分，为下一步的讨价还价过程提供了充分的回旋余地和准备了必要的交易筹码。在这种策略下，倘若双方能够有理、有利、有节地坚持到底，在谈判不致破裂的情况下，往往会达成双方满意的成交价格，使双方都能获得预期的利益。但要注意，"开价要高"并不是漫天要价，"出价要低"并不是胡乱杀价，否则就会失去谈判的机会。

（四）报价的差别策略

由于购买数量、付款方式、交货期限、交货地点、顾客性质等方面的不同，同一商品的购销价格也不同。这种价格差别体现了商品交易中的市场需求导向，在报价策略中应重视运用。例如，对老顾客或大批量购买的顾客，为巩固良好的客户关系或建立稳定的交易联系，可适当实行价格折扣；对新顾客，有时为开拓新市场，也可适当给予折让；对某些需求弹性较小的商品，可适当实行高价策略。甚至，对于同样的商品，面对同一顾客群也可以标不同的价格，以高价陪衬低价，通过价格对比给顾客制造便宜的感觉。

（五）价格分割策略

价格分割是一种心理策略。卖方报价时采用这种技巧，能让买方在心理上产生价格便宜感。价格分割包括两种形式。

1.用较小的单位报价

例如，茶叶每千克200元报成每两10元；大米每吨1 000元报成每千克1元。国外某些厂商刊登的广告也采用这种技巧，如"淋浴1次8便士""油漆1平方米仅

仅5便士"。巴黎地铁公司的广告是："每天只需付30法郎，就有200万名旅客能看到你的广告。"用小单位报价比用大单位报价更能使人产生便宜的感觉，更容易使人接受。

2.用较小单位商品的价格进行比较

例如，"每天少抽一支烟，每天就可订一份××报纸""使用这种电冰箱平均每天只需0.5元电费，0.5元只够吃1根最便宜的冰棍""一袋去污粉能把1600个碟子洗得干干净净""××牌电热水器，洗一次澡，不到1元钱"。用小商品的价格类比大商品会给人以亲近感，拉近与消费者之间的距离。

（六）报价对比策略

在价格谈判中，使用报价对比策略往往可以增加报价的可信度和说服力。报价对比可从多方面进行。例如，将本商品的价格与另一可比商品的价格进行对比，以突出相同使用价值的不同价格；将本商品以及附加各种利益后的价格与可比商品不附加各种利益的价格进行比较，以突出不同使用价值的不同价格；将本商品的价格与竞争者同一商品的价格进行比较，以突出相同商品的不同价格。在谈判中，如果买方以第三方的出价低为由加以胁迫，你应明确告诉他"一分钱一分货"，并对第三方的低价毫不介意。只有当对方表现出真实的交易意图，为表明至诚相待，才可在价格上开始让步。

（七）心理价格策略

人们在心理上一般认为9.9元比10元便宜，而且认为有零头的价格精确度高，给人以信任感，容易使人产生便宜的感觉。像这种在十进位以下的、在心理上被人们认为较小的价格被称作心理价格。因此，市场营销中有奇数定价这一策略。例如，标价49.90元，而不标50.00元；标价1999元，而不标2000元。

三、价格让步策略

谈判本身是一个讨价还价的过程，也是一个理智取舍的过程。在任何一项推销谈判中，谈判双方都必须做出某些让步，可以说，没有让步也就没有谈判的成功。从某种意义上讲，让步是作为谈判双方谋求一致的手段而存在的，服从于谈判者追求自身最大利益的需要。让步是难免的，在许多情况下，谈判双方常常要做出多次的让步，才能逐步地趋于一致。但是，何时让步，在哪些方面做出多大的让步，又是极为复杂的问题，这与让步的具体方式是直接相关的。

谈判中的让步是涉及谈判双方的行为。一方做出某项让步，常常源于对方的要求，迫于其压力，或者给予对方一种回报，也就是说，是对方付出了一定的努力后取得的结果。人们往往很珍惜那些来之不易的成果，而对轻易就可得到的东西则并不看重。因此，某项让步是否能取得理想的结果，并不仅仅取决于量的绝对值，还取决于你是怎样做出这一让步的，或者说对方是如何争取到这一让步的。

表7-1列出了卖方让步的方式。假设在某一谈判方案中，卖方决定在谈判中让步100元，共有8种方式可供选择。

表7-1   卖方让步的方式   单位：元

让步方式	第一阶段	第二阶段	第三阶段	第四阶段
1.冒险式	0	0	0	100
2.一步式	100	0	0	0
3.等额式	25	25	25	25
4.山峰式	40	30	10	20
5.虎头蛇尾式	50	35	10	5
6.递减式	40	30	20	10
7.断层式	80	15	0	5
8.满足式	60	40	−5	5

微课7-6

推销洽谈中
的让步策略1

（一）冒险式让步策略

这是一种在让步的最后阶段一步让出全部可让利益的让步方法，即在开始时寸步不让，态度十分强硬，到了最后时刻，则一次让步到位，促成和局。该策略给对方的感觉是一直没有什么妥协的希望，因此也有人称之为坚定的让步策略。如果买方意志薄弱，当卖方采用此策略时，买方可能早就放弃讨价还价了，因而得不到利益；如果买方意志坚强、坚持不懈、不达目的不罢休，那么买方只要不断地迫使对方让步，即可达到目的，获得利益。在运用这种策略时，买卖双方往往都要冒着可能形成僵局的危险。此种让步策略的特点是：让步方态度比较果断，往往被人认为有大家风范。

此种让步策略的优点是：首先，在起初阶段寸步不让，坚持几次"不"之后，足以向对方传递己方的坚定信念。如果谈判对手缺乏毅力和耐性，就有可能被征服，使己方在谈判中获得较大的利益。其次，在坚持了几次"不"之后，一次让出己方的全部可让利益，对方会有险胜感，也必然会特别珍惜这种让步，不失时机地握手言和。最后，会给对方既强硬又出手大方的强烈印象。

此种让步策略的缺点是：在谈判的开始阶段一再坚持寸步不让，可能失去伙伴，具有较大的风险；同时，易给对方传递己方缺乏诚意的信息，进而影响谈判的和局。

此种策略一般适用于对谈判投资少、依赖性差，因而在谈判中占有优势的一

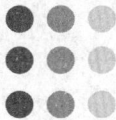

方。实践证明，谁在谈判中投资少、依赖性差，谁就有承担谈判失败风险的力量，或在某种意义上说，不怕谈判失败。总之，此种让步策略有利也有弊，有时在卖方一再坚持"不"的情况下，还有可能迫使恐惧谈判的买方做出较大的让步。

（二）一步式让步策略

这是一种一次性让步的策略，即在谈判进入让步阶段时，一开始就亮出底牌，让出全部利益，以达到以诚制胜的目的。此种让步策略的特点是：态度诚恳、务实、坚定、坦率。

此种让步策略的优点是：首先，谈判者一开始就向对方亮出底牌，让出自己全部可让利益，比较容易打动对方，使对方采取回报行为，以促成和局；其次，率先做出让步榜样，给对方以合作感、信任感；再次，此种率先的大幅度让步富有强大的诱惑力，会在谈判桌前给对方留下美好的印象，有利于获得长远利益；第四，谈判者一步让利、坦诚相见，可提高谈判效率，有利于速战速决，降低谈判成本。

此种让步策略的缺点是：首先，这种让步操之过急，会给买方造成极强的影响和刺激，给买方传递一种尚有利可图的信息，导致买方大大提高期望值，继续讨价还价；其次，一次性做出大步让利，可能失去本来能够力争到的利益；再次，在遇到强硬而又贪婪的买方的情况下，在卖方一次让步后，买方可能会要求更大的让步，这时卖方显然会拒绝买方的要求，因而可能导致买方的不理解，使谈判陷入僵局。

此种让步策略一般适用于己方处于谈判劣势或谈判各方之间的关系较为友好的情况。处于谈判劣势的一方，往往是谈判的被动方，但不一定是提议的一方。为此，该方在谈判中应当表现得积极、坦诚，以诚动人，用一开始就做出最大让步的方法感召对方以同样的方式来回报。在关系比较友好的谈判中，双方更应该以诚相待。有时，卖方采用此种策略还会得到对方大量的回报，也可谓利弊并存，事在人为。

（三）等额式让步策略

这是一种等额地让出可让利益的让步策略，即在让步过程中不断地讨价还价，像挤牙膏一样，挤一步让一步，让步的数量和速度都是均等的、稳定的。卖方运用此种策略时，只要买方能够耐心等待，就会不断获得进一步的让步。此种让步策略的特点是：态度谨慎，步子稳健，极富有商人的气息。

此种让步策略的优点是：首先，由于这种让步方式平稳、持久，本着步步为营的原则，因此不易让买方轻易占到便宜；其次，对于双方进行充分讨价还价比较有利，容易在利益均沾的情况下达成协议；最后，遇到性情急躁或无时间长谈的买方时，往往会占上风，削弱买方的议价能力。

此种让步策略的缺点是：首先，每次让步的数量相等、速度平稳，这种马拉松似的谈判，给人的感觉是平淡无奇，容易使人产生疲劳厌倦之感；其次，此种让步

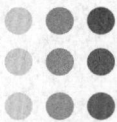

效率极低，通常要浪费大量的精力和时间，因此谈判成本较高；最后，买方每讨价还价一次，卖方都有等额利益让出，这样会给买方传递一种信息，即只要耐心等待，总有希望获得更大利益。

这种谈判策略就像切香肠一样，把自己的让步总值切成小片，切得愈薄愈好，这样可以给对方虚假的印象，似乎我们很强硬。因为双方好像都无法确认哪个是最后的一片香肠，所以双方都拭目以待，这样就进一步托长了谈判的时间。因为双方都消磨了过多的时间、精力，都志在必得，所以压力也就不可避免地越来越大，甚至很容易使谈判双方"走火"，超出慎重的界限，脱离谈判现实。

等额让步策略目前在商务谈判中极为普遍。在缺乏谈判知识或经验的情况下，以及在进行一些较为陌生的谈判时运用，往往效果较好。在一些商务谈判中，双方讨价还价比较激烈，分利必争，在价格问题的谈判上常常采用步步为营的原则，因此人们普遍愿意使用此策略。另外，缺乏谈判经验以及进行较为陌生的谈判时，因为不熟悉情况，不宜轻举妄动，以防因急于求成而在谈判中失利，所以运用这一策略更为慎重，而且在试探中前行也是十分必要的。

（四）山峰式让步策略

这是一种先高后低、然后又拔高的让步策略。在商务谈判的让步过程中，运用这种策略能够正确把握竞争与合作的尺度，在较为恰当的起点上让步，然后缓速减量，给对方传递一种接近尾声的信息。这时，买方如果已经知足，即可收尾。如果买方仍要穷追不舍，卖方再大步让利，在一个较高的让步点上结束谈判。这种让步策略的特点是：比较机智、灵活，富有变化。

此种让步策略的优点是：首先，让步的起点比较恰当、适中，能够给对方传递可以合作并有利可图的信息；其次，谈判富有活力，如果不能在缓速减量中结束谈判，则采取大举让利的手法，易于取得谈判的成功；最后，由于在中期的让步中减缓一步，可以给对方造成一种接近尾声的感觉，容易促使对方尽快拍板，最终保住己方较大的利益。

此种让步策略的缺点是：首先，此种让步策略表现为由少到多且不稳定的特点，容易鼓励对方得寸进尺，继续讨价还价；其次，中期让步时已经向买方传递了接近尾声的信息，而后来又做了大步让利，往往会让对方感觉己方不够诚实，不利于建立友好的合作关系；最后，由于初期的让步比较恰当、适中，因而给对方留下了很好的印象，可中期的让步又给对方传递了一个不真实的信息，反而会影响初期留下的美好印象。

微课 7-7

推销洽谈中
的让步策略 2

此种让步策略一般适合在竞争性较强的谈判中，由谈判高手来使用。该种策略富有变化性，要求谈判者技术较高，能时刻观察谈判对手对己方让步做何反应，以调整己方让步的速度和数量，实施起来难度较大。缺乏谈判经验的谈判者使用此策略，往往容易出现破绽。另外，在一些关系友好的合作性谈判中，双方更加注重的是诚实、可信，因此，不宜采用本策略。

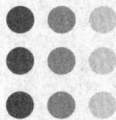

（五）虎头蛇尾式让步策略

这是一种从高到低、然后又微高的让步策略，即在谈判初期以高姿态出现，并做出较高的礼让，向前迈出两大步，再让微利，向对方传递已无利再让的信息，这时如果买方一再坚持，再以较为适中的让步结束谈判，效果往往不错。这种让步策略往往可以显示出卖方的立场越来越坚定，表示卖方愿意妥协，但是防卫严密，不会轻易让步，也提示买方，可挤的东西越来越少了，到最后以一个适中的让步结束谈判。此种让步策略的特点是：合作为首，竞争为辅，诚中见虚，柔中带刚。

此种让步策略的优点是：首先，由于谈判的让步起点较高，富有较强的诱惑力，买方一般都会比较满意，因此谈判的成功率较高；其次，由于经过大幅度的让步之后，到三期仅让微利，给对方传递了已基本无利可让的信息，因此比较容易使对方产生优胜感而达成协议；最后，如果三期做微小让步仍不能达成协议的话，则再做出稍大一点的让步，往往会使对方很满意而达成协议。

此种让步策略的缺点是：首先，一开始让步很大，容易给强硬的买方造成我方软弱可欺的不良印象，从而加强进攻性；其次，头两步让大利与后两步让小利形成了鲜明的对比，容易给对方造成我方的诚意不足的印象。

此种让步策略一般适用于以合作为主的谈判。由于双方的谈判是建立在互惠互利基础之上的，因此开始时做出较大的让步有利于营造良好的合作气氛和建立友好的伙伴关系。尽管后两步让利较少，但终究是做出了让步，这时，如果买方能够正确看待卖方所做出的让步，也会给予相应的回报。

（六）递减式让步策略

这是一种由大到小、逐次下降的让步策略，即先让出较大的利益，然后再逐期减让，到最后一期让出较小的利益。此种让步策略的特点是：比较自然、坦率，符合商务谈判活动中讨价还价的一般规律。因此，这种让步策略往往给人以和谐、均匀、顺理成章的感觉，是谈判中最为普遍采用的一种让步策略。

此种让步策略的优点是：首先，给人以顺乎自然、无须格外劳神之感，同时也易为对方所接受；其次，由于在让利的过程中采取了一次比一次更为审慎的让步策略，一般不会产生让步上的失误，同时也可以防止对方猎取超限度的利益；最后，有利于谈判各方在等价交换、利益均沾的条件下达成协议。

此种让步策略的缺点是：首先，这种让步由大到小，对于买方来讲，越争取利益越小，往往感觉不好，故终局情绪不会太高；其次，这是谈判中让步的惯用方法，缺乏新鲜感，也比较乏味。

此种让步策略一般适用于商务谈判的提议方。通常情况下，谈判的提议方对谈判的和局更为关切，理应以较大的让步激发对方从谈判中获利的期望；相反，如果谈判的提议方在谈判过程中不肯率先让出足以吸引对方的利益，对方更不会做出相

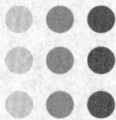

应的让步。这种让步策略的技巧之处就在于此。

（七）断层式让步策略

这是一种开始时大幅度递减，后又出现反弹的让步策略，即在初期即让出绝大部分利益，二期让步到己方可让利益的边际，到三期则原地不动，这就向对方传递了能让的利益基本让完了的信息。如果对方仍一再坚持，再让出己方保留的最后一步，以促成谈判的成功。此种让步策路的特点是：给人以软弱、憨厚、老实之感，因此成功率较高。

此种让步策略的优点是：首先，以求和的精神为先，开始就让出多半利益，因此有可能会换得对方的回报；其次，在三期让步时做出了无利再让的反应，这有可能打消对方进一步要求我方再一次让利的期望；再次，最后又让出小利，既显示了我方的诚意，又会使通情达理的谈判对手难以拒绝签约，因此往往收效不错；最后，尽管其中也藏有留利的动机，但客观上仍表现了以和为贵的温善态度，是比较艺术的做法。

此种让步策略的缺点是：首先，由于开始时表现软弱，大步让利，在遇到贪婪的对手时容易刺激对手变本加厉，得寸进尺；其次，由于对手在三期的让步要求遭到拒绝，可能出现谈判僵局或败局。

此种让步策略一般适用于在谈判中处于不利境地，但又急于获得成功的一方。由于本方处于劣势，如果初期就让出较大的利益，可能会尽快促成谈判的成功。同时，三期的让步会给对方传递"该收场了"的信息，最后让出小利更坚定了自己的立场，同时又给对方以台阶，有利于促成谈判尽快地结束。

（八）满足式让步策略

这是一种在起始两步全部让完可让利益，三期赔利相让，到四期再讨回赔利相让部分的谈判策略，即首先果断地让出绝大部分可让利益，二期让步时再让出一小部分利益，使己方可让利益全部让完，在三期时并不消极地拒绝，而是诱惑地让出本不该让的一小部分利益，最后再从另外的角度进行讨价还价，以收回不该让的部分利益。可见，这是一种具有很高技巧的让步策略，只有富有谈判经验的人才能灵活运用。此种策略在谈判中是最具有特殊性的一种让步策略，也是最富有戏剧性的一种策略。此种让步策略的特点是：风格果断、诡异，又具有冒险性。

此种让步策略的优点是：首先，由于开始两步即已让出了全部可让的利益，因此具有很大的吸引力，往往会使陷入僵局的谈判起死回生；其次，如果前两部分让利尚不能打动对方，再冒险让出不该让的利益，这样就会产生一种诱惑力，使对方沿着我方思路往前走；最后，对方一旦上路，并为谈判付出了代价，再借口某种原因，从另外一个角度收回自己所需要的利益，就促成和局了。

此种让步策略的缺点是：首先，在起始两步就让出己方全部可让利益，会导致对方期望过大，在心理上强化了对方的议价能力；其次，在三期让步时，让出了不

该让的利益，如果在四期不能收回，则具有一定的风险性，如处理不当，往往会导致谈判的破裂。

此种让步策略一般适用于陷入僵局或危难的谈判。由于己方处境危险，又不愿使己方的让步付之东流，因此不惜在初期就大步相让，并以牺牲自己的利益为代价来挽救谈判以促成谈判的和局。

综上，我们将常见的八种让步策略从数量化的角度给予了介绍，有利于谈判人员在实践中灵活运用和掌握。在实际谈判中，如果谈判人员对让步策略理解较深，并能够选择恰当的让步策略，就可以从对方的让步策略中获取一定的谈判信息，进而强化己方的议价能力，促成有利于己方的谈判和局。

上述八种让步策略各有其特点和利弊，分别适用于具有不同的特点、内容和形式的谈判。谈判人员应根据自己的实际需要，在谈判的让步阶段恰当地进行选择。通常，在买卖货物的谈判中，买方最好是采用缓慢而有节奏的让步策略，而卖方则适宜选择先做稍大一点的让步再减缓的策略。实践证明，这样做既有利于成交，又可以少做让步。另外，谈判提议方往往是迫切要求谈判和局的一方，因此也要先做出较大的让步才能吸引对方；相反，谈判提议的接受方，在谈判让步的开始阶段，最适宜选择少做让步，以强化己方的议价能力，维护己方在心理上的优势。总之，技巧来源于理论与实践的最佳结合，谈判的失效和失误就源自这种实践与理论之间的差距，为此，要注意灵活把握和运用。

复习思考题

一、选择题

1.进行推销洽谈时，在谈判人员角色搭配、手段运用上软硬相间、刚柔并济的策略是（　　）。

　A.红白脸策略　　　　　　　　　　B.蚕食策略

　C.笑到最后策略　　　　　　　　　D.肯定答复策略

2.关于"在让步的最后阶段一步让出全部可让利益的让步策略"的说法错误的是（　　）。

　A.对谈判投资少，依赖性差　　　　B.在谈判中占有优势的一方使用

　C.可能形成僵局　　　　　　　　　D.以诚制胜

3."欢迎各位乘坐本公司高级游览车观光，我们保证大家既舒适又安全！"属于（　　）。

　A.直接提示法　　　　　　　　　　B.间接提示法

　C.积极提示法　　　　　　　　　　D.消极提示法

4."声东击西、欲正故误、先虚后实"的提问方法属于（　　）。

　A.限制性提问　　　　　　　　　　B.启示性提问

　C.协商性提问　　　　　　　　　　D.澄清性的提问

5.将事情拆分成很多小的部分，将事情分段一步步地解决的策略是（　　）。

第七章在线
测试

A.红白脸策略   B.蚕食策略

C.笑到最后策略   D.肯定答复策略

二、案例分析

百科全书的演示

小王销售的产品是百科全书。公司已经开发了一个演示程序让销售员使用。公司要求销售员筛选顾客,只拜访那些家里有小学生的家庭。

小王来到了张家并敲门,他向开门的张太太做完自我介绍后,告诉张太太,他正在做一项有关教育情况的调查,希望能问张先生和张太太几个问题,下面是他们的对话。

小王:两位好!今天,我来这儿是做一个调查,调查的目的是选出一个家庭接受一项不同寻常的计划。我们公司经过多年的计划和大量投资,刚刚推出了一个家庭教育图书馆,为了使销售初期的工作容易进行,我们决定把我们的图书馆建在一个合适的家庭中。这绝对不需要任何代价,您觉得怎么样?

张先生:听起来还不错。

小王:好。我先给您看一张教育图书馆的照片。毕竟百闻不如一见,您看看这些漂亮的摆设和与之相配的书架吧,这是价值1 000多元的书和250元的书架。这绝对不需要任何代价。您觉得怎么样?如果您喜欢这个教育图书馆,我希望您做三件事:一是给我一封证明信;二是允许推销员复印这封信并将其作为演示的工具;三是确保您的图书馆的藏书一直是最新的。您听明白了吗?

张先生:听明白了。

小王:很好。当您谈起这个图书馆时,我们希望您的朋友和邻居也想见到它。因此,我们希望他们看到最新的丛书。(小王出示参考书的图例并表明修订词典如何插入其中)为了协助您保持图书馆的藏书是最新的,您每天需要往您的银行账户里存5角钱。如果您不愿意在10年内每天都往银行账户里存5角钱,也可以在一年内每月付款一次,每次支付145元,这样就可以保证10年之内图书馆的藏书都是最新的。通过这种方式,您将免费得到9年的修订版本。因此,如果您愿意现在就在这份协议上签字,并支付第一个月的145元,免费的图书馆将在3天之内送到。在一年之内,您要每月付款一次,当然这能使图书馆保持10年藏书都是新的。我非常高兴您符合所有要求,祝贺您得到了免费图书馆,请一定将有关情况转告您的朋友。

张先生:……

资料来源 刘志超,等. 现代推销学 [M]. 广州:广东高等教育出版社,2004:136-137.

思考讨论:

1.评价小王所用的销售陈述与演示方法。你的第一印象是什么?

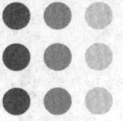

2.从道德的角度讲，你对这种"调查式"销售方法有什么看法？该公司继续使用此法合适吗？

3.从上述销售介绍中获得信息，改写它，并通过一种你认为有效的方式演示出这个销售陈述，同时解决所有的道德问题。

第八章

处理顾客异议

本章内容提要

- 顾客异议的产生
- 顾客异议的处理

销售是从顾客的拒绝开始的。顾客异议是推销活动中的必然现象。从接近顾客、推销洽谈直至成交签约的每一个阶段，顾客都有可能提出异议。推销人员只有正确地认识并妥善地处理异议，才能最终说服顾客，促成交易。正确对待和妥善处理顾客异议是推销人员必备的基本功。

第一节 顾客异议的产生

顾客异议是指顾客对推销品、推销人员、推销方式或交易条件产生的任何怀疑、抱怨、否定或提出的反面意见。推销人员必须正确地对待并妥善处理顾客异议，这样才有可能促成交易，实现推销的目标。

顾客在购买活动中有异议是绝对的，没有异议是相对的。也就是说，顾客对产品和企业有抱怨是非常正常的，顾客有抱怨远远比对企业和产品不闻不问要好得多。据统计，4%的顾客会把自己对产品和企业的异议说出来，96%的顾客会默默离开；如果对产品和企业的不满没有得到消除，90%的顾客会永远不再买这个品牌的产品或关注这家企业；这些不满的顾客会把这种不满传递给8~12个顾客，这8~12个顾客又会把这一信息传递给20个人；商场吸引一个新顾客的难度是留住一位老顾客的6倍。由此可见，处理好顾客的抱怨或异议、管理好客户关系是每一个推销人员的必备素质。

一、正确认识顾客异议

（一）顾客异议是推销过程中的必然现象

推销人员与顾客分别代表不同的利益主体，当顾客用自己的利益标准去衡量推销人员的推销意向时，难免会产生否定的反应。顾客提出异议是推销介绍的必然结果，是推销活动中的必然现象。一些成功的推销人员甚至认为，顾客提出异议正是推销洽谈的目的与追求的效果。只有当顾客开口说话，提出反对购买的理由时，推销人员才有可能进行针对性的介绍与解释，推销活动才能真正开始。因此，推销人员不要害怕顾客提反对意见，而应欢迎并理解顾客提出异议，虚心听取顾客的不同意见、看法，认真分析顾客异议产生的原因，为妥善处理异议提供依据。

（二）顾客异议既是成交的障碍，又是成交的信号

推销人员在推销过程中难免会遭到拒绝，顾客在推销人员介绍和示范后，马上就购买的情况是很少见的。表面上，顾客有异议是成交的障碍，而实际上，顾客提出异议，就表明他们对你推销的产品感兴趣，而那些不提任何意见、无动于衷的顾客往往是没有购买欲望的。因此，顾客的异议对任何一个推销人员都是一种帮助。

对顾客来说，谁都希望买到称心如意的商品，否则就会把心里的不满发泄出来，指出这里不好，那里不行。有的顾客对使用某种商品较有经验，在挑选时就非常仔细，甚至是非常挑剔。有经验的推销人员都知道，喜欢挑剔的顾客，往往都是诚心要买的，而且越是诚心要买，就越是对商品求全责备。假如他根本不想买，就不会下功夫去挑选。许多推销人员总被异议的表象所吓倒。其实，异议并不说明顾客不与你合作，可能只是在某个时间、某一方面对你的想法有所抵制。异议不仅能

被克服，还可以为人所用。只要了解造成它的原因，就容易把它转化为成功的力量。真正出色的推销人员，最重要的能力就是将顾客异议转化为成交。

（三）顾客异议是顾客不求报酬的投资

顾客的异议大部分是从产品开始的，顾客对产品的性能、价格以及技术含量等都很在意。顾客提出异议不过是表达了对产品满足自己的需求或为自己解决问题的疑虑。有时候，顾客提出异议只是因为误解了产品，对此，推销人员可以快速、直接地解释。即使顾客异议确实是由推销人员的工作问题或产品问题造成的，这种异议也可以帮助推销人员和决策者改进工作和产品，这等于是顾客对产品和推销人员给予的不求报酬的投资。

推销人员要善于发现顾客异议背后的信息，它可能暴露出许多有关顾客和自己的问题。推销人员应该多想想顾客为什么焦虑不安、犹豫不决，自己的推销方式在哪些方面还需要改善。

因此，当顾客提出异议时，推销人员要善于倾听，对顾客表现出一种欢迎的态度，这不仅是对顾客的尊重，而且能让顾客感受到推销人员是真诚、严肃地对待自己所提出的问题，从而有助于转变顾客的态度，促进双方的相互理解和信任。

延伸阅读8-1

拒绝处理禁忌：放弃或争辩

二、顾客异议的来源

导致顾客异议的原因有很多，有顾客方面的，也有推销人员方面的，有推销环境方面的，也有推销产品方面的。有些异议的产生是必然的、可预料的，而有些异议的产生是偶然的、不可预料的。在很多情况下，引起顾客异议的原因有多个方面，并且各因素之间互相联系、互相影响，难以捉摸。

尽管引起顾客异议的原因错综复杂，但推销人员要积极地深入研究这些原因，为消除顾客异议探寻有效的方法。从现代推销环境来说，顾客异议产生的原因主要有以下几种：

（一）来自顾客方面的异议

1.顾客没有真正认识到自己的需要

顾客提出异议是由于顾客没有真正认识到自己的需要或发现自己存在的问题，没有意识到需要去改变现状而维持原来的消费方式，缺乏对新产品、新服务、新供应商的需求和购买动机。推销人员对于这类缺乏认识而产生需求异议的顾客，应通过深入了解后确认顾客的需要，并从关心与服务顾客的角度出发，利用各种提示和演示技术，帮助顾客了解自己的需要和问题，刺激顾客的购买欲望，提供更多的推销信息，使其接受新的生活方式和消费方式。

2.顾客缺乏对商品的认识

随着现代科技的发展，产品的生命周期日趋缩短而新产品层出不穷。有些新产品，尤其是高科技产品的特点与优势并不能一目了然，而顾客的认识水平有限，从

延伸阅读8-2

客户一开口就是没有兴趣或现在不需要，怎么办？

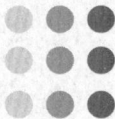

而导致了顾客异议的产生。对此，推销人员应当以各种有效的展示与演示工具，深入浅出地向顾客推荐产品，进行有关产品知识的启蒙与普及工作，以消除顾客异议。

3.顾客的购买经验与成见

顾客在以往的购买活动中积累了一定的经验，如产品经验、价格经验，当推销人员的推销与顾客的购买经验不符时，顾客就会提出购买异议。如果顾客在以往的购买实践中有过较深刻的经验教训，顾客也许会牢记心间并形成对某个推销产品或推销人员的成见。偏见或成见往往不符合逻辑，其内容十分复杂并带有强烈的感情色彩，不是靠讲道理就可以轻易消除的。在不影响推销的前提下，推销人员应尽可能避免讨论偏见、成见和习惯的问题。在处理这类顾客异议时，推销人员首先要推销的是新的消费观念和消费方式，引导顾客改变陈旧的生活方式，还要注意不要和顾客辩论，不要顶撞顾客，要各抒己见，不强加于人。

4.顾客缺乏支付能力

如果顾客缺乏支付能力，即使有很强烈的购买欲望也会提出各种购买异议或直接拒绝购买。对此类顾客，推销人员可在不损害己方利益的前提下适当让步，可以按延期付款、分期付款或赊销等结算方式达成交易。

5.顾客的自我表现

在买方市场条件下，顾客处于优势地位，有些顾客自高自大，经常会在推销人员的推销介绍之后提出一些似是而非的异议，借以显示自己能言善辩、见多识广、消息灵通、反应机敏、成熟老练等，或者想以此从心理上对推销人员施加压力，达到对自己更加有利的交易目的。对此，推销人员要予以理解，并注意采取谦虚的态度耐心倾听，甚至对某些有道理的意见表示赞同，使顾客的自尊心和虚荣心得到满足，这无疑会赢得顾客的好感，促成交易。

6.顾客有比较固定的采购关系

在长期的生产、经营活动中，大多数顾客都有比较稳定的购买渠道，团体顾客尤其如此。一般情况下，顾客在面临新的交易伙伴时，必然会考虑原有采购关系的协调问题。除非推销人员的推销活动能够给他带来更多、更好的利益，否则顾客是不愿冒险随便丢掉长期以来建立的固定的业务合作关系的。

7.顾客是一位善于挑刺的买主

有些顾客虽然心里想买，但为了争取对自己有利的交易条件，往往对产品百般挑剔，肆意夸大产品的某些微不足道的缺点，甚至无中生有，把产品说得一无是处，这是顾客讨价还价前的一种策略。对这类顾客，推销人员要有耐心，不要恼火，更不要被对方的声势吓住，而要坚定对产品的信心，巧妙地进行反驳。

（二）来自产品方面的异议

1.产品价格

价格是形成推销障碍最常见、最重要的原因之一。如果顾客认为推销品的价格

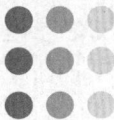

太贵，就会讨价还价，在取得能够接受的价格后才实施交易。顾客认为价格太贵的原因是多方面的。例如，顾客的经济状况、支付能力；顾客对同类产品或替代用品价格的比较；顾客对推销品的误解等。一般来说，如果顾客认为价格太高，就可能提出价格异议和财力异议等；在一定的条件下，如果顾客认为价格过低，也可能提出需求异议。例如，有些顾客自以为购买便宜货是一件有失身份的事。因此，推销人员要认真研究和掌握顾客在购买过程中的价格心理活动，有针对性地采取价格策略，以消除顾客的价格异议。

2.产品质量

推销品的质量包括推销品的性能（适用性、有效性、可靠性、方便性等）、规格、颜色、型号、外观、包装等。如果顾客对推销品的上述某一方面存在疑虑、不满，便会产生异议。当然，有些异议确实是推销品本身存在的质量问题，有的却是顾客对推销品的质量存在的认识上的误区或成见，有的是顾客为了获得价格或其他方面的优惠找出的借口。所以，推销人员要耐心听取顾客的异议，去伪存真，发掘其真实的原因，对症下药，设法消除异议。

3.产品服务

产品的销售服务包括产品的售前、售中和售后服务。在日益激烈的市场竞争中，顾客对销售服务的要求越来越高。销售服务的好坏直接影响到顾客的购买行为。在实际推销过程中，顾客对推销品的服务异议主要有：推销人员未能向顾客提供足够的产品信息和企业信息，未能提供令顾客满意的服务，对产品的售后服务不能提供明确的信息或不能得到顾客的认同等。对企业来讲，产品的销售服务是现在乃至将来市场竞争中最有效的手段。推销人员为减少顾客的异议，应尽其所能，为顾客提供一流的、全方位的服务，以赢得顾客，扩大销售。

（三）来自推销人员方面的异议

1.推销人员素质低

一名合格的推销人员必须具备良好的思想品质、职业道德，顾客至上的推销观念和忘我的敬业精神；精通业务，能熟练地运用推销技巧，具有全面的市场知识和商品知识；除具备一般能力外，还具备能吸引顾客、诱导顾客的特殊能力。如果推销人员不具备上述条件，必然会引起顾客的反感，从而导致推销障碍的产生。

2.推销人员形象欠佳

这里的形象主要是指相对内在气质而言的外部形象。尽管推销人员的外部形象在很大程度上取决于遗传因素，但也可以通过内在气质的衬托和形象的设计来加以提升。优秀的推销人员往往会巧妙地设计个人形象，并逐步在顾客心目中形成较为固定的形象，以促进推销的顺利进行。如果推销人员不拘小节、不修边幅、不讲究礼仪，往往会引起顾客的反感，遭到顾客排斥。

3.推销人员方法不当

一种推销策略和技巧之所以能够成功，是因为运用者选择了恰当的时间、恰当

的地点、恰当的对象。同样的策略和技巧，不同的人去运用，最后取得的结果是不相同的。这说明，推销方法的运用是有条件的。苏联社会心理学家艾·林切夫斯基认为，面对想要吵架、故意刁难的顾客，推销人员的热情与积极性无异于火上浇油，只能强化"冲突"的发生。因此，当推销人员选择了错误的时机去运用"正确"的方法时，结果可能适得其反。此外，推销人员在方法运用上的某些"误区"，也容易引起顾客异议。例如，有的推销人员认为要运用"三寸不烂之舌"竭力推销，因此忽略了给顾客表达想法的机会；或者认为推销是以销售人员自己为中心的单方面的行为，因此忽视了作为另一个推销主体的顾客等。这些行为都会引起顾客的反感。

4.推销人员受顾客排斥

这是一个具有双重性的问题，它反映的是推销人员与顾客的有效配合问题。顾客排斥推销人员，犹如顾客排斥广告宣传一样，这是由顾客所持的偏见造成的，可以视为常规性的异议。此外，某些顾客排斥推销人员并不是单纯地排斥所有的推销品或所有的推销人员，而是排斥某些特定的推销人员，即排斥某一性别的或某一年龄段的或某一类型的推销人员。这种排斥是一种非常规的排斥，由此引起的顾客异议是一种非常规排斥异议。它既可归结为来自顾客方面的异议，也可以归结为来自推销人员方面的异议。

三、顾客异议的类型

（一）按性质划分

1.真实异议

真实异议是指顾客提出的异议是有事实依据的，因而是真实的、有效的，比如，某顾客告诉推销人员，企业流动资金暂时不足，没有能力购买推销品，或者是购买推销品需总经理批准。如果实际情况的确如此，这些异议都是真实异议。推销人员可以从真实的顾客异议中获取对推销有用的情报，详细分析，结合具体情况妥善处理。

2.虚假异议

虚假异议是指顾客提出的异议是违反客观事实的，因而是虚假的、无效的。比如，某顾客账户上有很多存款却说因没有钱而不购买推销品，明明他有权决定是否购买推销品，却说需等总经理批准。这些话与客观事实不符，因此这些异议都是虚假异议。虚假异议通常是顾客不想购买的一种推托之词。推销人员要对虚假异议做具体分析，要找出虚假异议后面的真实原因，根据不同情况分别处理。

（二）按内容划分

1.需求异议

需求异议是指顾客认为产品不符合自己的需要而提出的反对意见。当顾客对你说"我不需要"或"我已经有了"之类的话时，表明顾客在需求方面产生了异议。顾客的需求异议存在两种可能：一是顾客确实不需要或已经有了同类产品。在这种情况下推销人员应立刻停止推销，转换推销对象。二是这只是顾客想摆脱推销人员的一种托词。面对这种可能，推销人员应运用有效的异议化解技巧排除障碍，从而深入开展推销活动。

延伸阅读8-3

识别真假拒绝：不需、不信、不适还是不急

2. 财力异议

财力异议是指顾客以支付能力不足或没有支付能力为由而提出的一种购买异议，如顾客说"产品确实不错，可惜无钱购买""如能在资金上通融一下，我们还是很想进货的"。财力异议往往有真实与虚假之分，推销人员要善于分析，加以区别、判断，采取妥善的办法处理。

延伸阅读8-4

"没有钱"：借口或经济紧张

3. 权力异议

权力异议是指顾客以自己无权决定购买产品为由提出的一种异议，如顾客说"领导不在，我做不了主""这个事情不属于我们管理的范围，实在很抱歉"。权力异议也有两种情况：一是真实的异议，即顾客确实无权购买；二是虚假的异议，即顾客以无权购买为借口，拒绝购买。

延伸阅读8-5

权力异议应对技巧

4. 产品异议

产品异议是顾客对推销品的质量、式样、设计、结构、规格等方面提出的异议。这类异议也可以分为两种情况：一是推销品本身确实存在某种缺陷，这要求推销人员及时收集市场信息并反馈给生产企业，以生产出适销对路的产品；二是顾客想通过产品异议了解更多的产品信息，这种异议带有一定的主观色彩，表明顾客对这种产品的了解还不够，推销人员一定要先对产品有充分的认识，才能用适当的方法消除顾客的异议，满足顾客的需求。

5. 价格异议

价格异议是指顾客认为价格过高或价格与价值不符而提出的反对意见。在推销过程中，推销人员最常碰到的就是价格方面的异议，这也是顾客最容易提出来的问题。一般来说，顾客在接触到推销品后，都会询问其价格。因为价格与顾客的切身利益密切相关，所以顾客对产品的价格最为敏感，一般首先会提出价格异议。即使推销人员的报价比较合理，顾客仍会抱怨"你这价格太高了"。在他们看来，讨价还价是天经地义的事。当然，顾客提出价格方面的异议，也是表示顾客对产品感兴趣的一种信号，说明顾客对产品的其他方面，如性能、质量、款式比较满意。因此，推销人员应把握机会，可适当降价，或从产品的材料、工艺、售后服务等方面证明其价格的合理性，说服顾客接受其价格。

6. 购买时间异议

购买时间异议是指顾客自认为购买推销品的最佳时机还未成熟而提出的异议，如"我们还要再好好研究一下，再把结果告诉你""我们现在还有存货，等以后再说吧"。购买时间异议是一种来自顾客本身的异议，是顾客心理活动的一种表现，不同阶段的购买时间异议背后有不同的原因。若顾客在推销活动开始时就提出时间

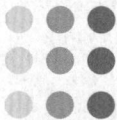

延伸阅读8-6

"没时间"：
工作忙、兴
趣不大

异议，则可以认为这是一种搪塞的表现，是顾客拒绝接近的一种手段；若顾客在推销活动进行到一定程度之后或推销活动即将结束时才提出购买时间异议，则大多表明顾客的其他异议已经很少或不存在了，只是在购买的时间上仍有一点顾虑和犹豫，属于有效异议，推销人员此时要运用适当的方法与策略，消除顾客的异议，促成交易。

7.货源异议

货源异议是指顾客自认为不应该购买某推销人员所代表的企业生产的产品而提出的异议，如"很抱歉，这种产品我们有固定的供货渠道"。货源异议的产生大多是由于顾客对推销人员本人或对其所代表的企业与产品不信任，如怀疑推销人员的信用、怀疑推销企业的信誉与实力、怀疑推销品的功能。

8.服务异议

服务异议是指顾客对购买推销品能否获得应有的、良好的售货服务表示不信任或担心而提出的一种异议。售货服务包括售前服务、售中服务和售后服务，其中售后服务是推销服务的重点，服务异议大多源于售后服务，如"空调坏了怎么修呀？到哪里去找你们呀？""这种洗衣机有没有免费送货上门服务？"

9.政策异议

政策异议是指顾客对自己的购买行为是否符合有关政策的规定而有所担忧进而提出的一种异议，也称为责任异议。推销人员在进行推销准备时，应该对有关政策有所了解，在实际推销活动中能有的放矢地解决顾客的政策异议。若顾客因不了解有关政策而提出无效的政策异议，则推销人员只需把有关政策说清楚、讲明白即可解决顾客异议；若顾客存在有关政策明确规定不能购买的情况，推销人员则应该立即停止推销活动，切不可欺骗顾客。

第二节　顾客异议的处理

一、处理顾客异议的原则

在推销过程中，顾客异议是顾客对推销行为、推销产品乃至推销人员的不同看法。认真听取和处理顾客的异议，是改进推销工作、提高企业信誉、改进产品质量、改善企业经营的有效途径。处理顾客的异议，要遵守以下原则：

（一）向顾客提供真正的价值和利益

在处理顾客异议时，推销人员要真正做到从顾客的立场出发，了解顾客的问题，在立足于满足顾客的需求和利益的前提下，去说服顾客。这时，推销人员应着重说明顾客通过购买推销品所能获得的价值和利益，并通过各种可能的方法向顾客证明购买推销品确实能够得到这种利益，让顾客眼见为实。这是推销人员能否说服顾客的关键。要做到这一点，推销人员必须设身处地地为顾客着想，进一步了解对

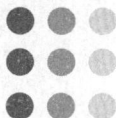

方的感情及所想所虑，从各方面缩小与顾客的心理距离，同时也有利于正确对待和处理顾客的异议。

（二）欢迎顾客提出异议

任何商品都不可能是十全十美的，任何推销也都不可能是无懈可击的，因此顾客的异议是在所难免的，而且顾客在异议消除之前是不会决定购买的。所以，顾客异议是不能回避的。推销人员应尽早让顾客提出异议并设法予以解决，但对价格问题，不应过早提及，应放在引起顾客的注意和兴趣后，这时即使顾客有价格异议，推销人员也能凭借产品的特点和优势在洽谈中处于主动地位。

（三）尊重顾客的异议

提出异议是顾客的权利，顾客都希望自己的意见能够受到重视，希望推销人员能够对自己提出的异议给予同情和理解。若推销人员不能正确对待顾客的异议，甚至持厌恶、抵制的态度，就不能妥善处理顾客的异议，也就无法达成交易。顾客提出异议并不可怕，关键是能否对顾客的异议给予满意的答复，使顾客感到推销人员重视其意见，对解决异议有诚意。这样，顾客更易于接受推销人员的观点、听取推销人员的解说。

在听取顾客异议的过程中，推销人员要表现出极大的关心和兴趣，让顾客充分发表意见。推销人员不要有一丝一毫的不在意或厌烦的表示，也不要中途插话、试图辩解，打断顾客的谈话。只有认真听取，才可能弄清问题的症结，才能有针对性地处理顾客的意见，消除异议。福特汽车公司认为："顾客的拒绝正是指引推销人员认清顾客实际需求的路标，要想利用这些机会，就必须对任何反对意见持欢迎态度，并且使顾客认识到他们的意见是值得尊重的。"推销人员可以用以下的语言来表示自己的态度："我明白您的意思，我也曾这样想过""我很高兴您提到这一点""这真是个聪明的想法，我明白您的顾虑了""如果换我来购买这个产品，我也会有同样的疑问""请告诉我您对此有什么意见"等。

（四）永不争辩，实事求是

推销人员应尽量避免与顾客争论，更不能争吵。有一句销售行话是这么说的："占争论的便宜越多，吃销售的亏越大。"因为对推销人员来说，主要目的是推销产品，而不是和顾客讨论是非曲直，所以推销人员在处理顾客异议时，应避免伤害顾客的感情和自尊。推销人员和顾客之间的关系既是一种买卖关系，也是一种融洽的合作关系，推销人员必须把顾客当作朋友，从感情上去征服顾客。因此，推销人员必须加强自身的修养，面对顾客的异议和抱怨，既不与其发生争吵，也不对其冷嘲热讽。尤其是面对一些敏感的话题时，推销人员用词要谨慎，否则即使无意冒犯，也会引起顾客的不满。同时，不要夸大或缩小顾客异议。若夸大了顾客异议，就会使顾客纠缠不放，延误成交；若缩小异议，将会引起顾客的反感，可能产生新的异议。

微课 8-1

顾客异议
处理方法 1

二、处理顾客异议的时机

优秀的推销人员懂得何时回答顾客的异议。美国通过对几千名推销人员的研究发现，好的推销人员遭到顾客严重反对的比率只是差的推销人员的十分之一。这是因为，优秀的推销人员对顾客提出的异议不仅能给予一个比较圆满的答复，而且能选择恰当的时机进行答复。推销人员处理顾客异议的时机有四种选择。

（一）提前处理

推销人员完全有可能预先揣摩到顾客异议并抢先处理，因为顾客异议的发生有一定的规律性，如推销人员谈论产品的优点时，顾客很可能会从最差的方面去琢磨问题。有时顾客没有提出异议，但他们的表情、动作以及谈话的用词和声调可能有所流露，推销人员觉察到这种变化，就可以抢先解答。这样，推销人员可以争取主动，先发制人，避免事后纠正顾客的看法或反驳顾客的不同意见，也避免与顾客发生争执。另外，在做推销介绍时，推销人员不仅要向顾客介绍推销品的特点和优势，也要向顾客说明该产品的不足之处和使用注意事项。这样做，通常会使顾客感觉到推销人员没有隐瞒自己的观点，能客观地对待自己的推销品，从而信任推销人员。

（二）即时处理

一般而言，除了顾客出于偏见、恶意等原因而提出的一些无端的异议、虚假的异议外，对其他异议，推销人员都应及时回答。这样既是对顾客的尊重，又可以促使顾客购买。顾客都希望推销人员能够尊重和听取自己的意见，不回避问题，并做出满意的答复。推销人员若不能及时答复顾客所提出的问题，顾客就会采取拒购行动。因此，在推销实践中，推销人员应视具体情况，立即答复那些需要立即答复的顾客异议，及时排除推销障碍，促进交易的顺利达成。即刻回答顾客异议，要求推销人员具有丰富的知识、敏捷的思维、灵活应变的能力、善辩的口才和一定的临场经验。

（三）推迟处理

在推销过程中，对于顾客的某些异议，推销人员如果不及时回答可能会危及整笔交易，而对于另外一些异议，推销人员如果不量力而行，企图立即做出答复，则可能会葬送整笔交易。因此，对于顾客提出的某些异议，如果推销人员认为不适合马上回答，则可以采用延迟回答的办法加以解决。例如：

（1）如果推销人员不能当即给顾客一个满意的答复，应当暂时搁下，推迟处理。比如，当顾客提出的异议涉及复杂的技术细节而推销人员又回答不了时，就需要请有关的技术人员解答，这样的回答才具有更强的说服力；对于那些没有足够把握马上答复的顾客异议，推销人员也要延迟处理，以便给自己留出更多的时间进行思考，筛选出最佳的处理方案。

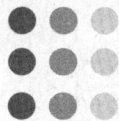

（2）如果推销人员认为马上答复顾客的异议会影响自己阐明推销要点或实施推销方案，最好不要马上回答，应推迟处理。

（3）如果推销人员认为没有必要当即反驳顾客异议，可以推迟答复。这样做的目的是尽量避免同顾客发生冲突，也是为了不使顾客认为推销人员对他的观点总是持否定态度。有时，推销人员出于策略上的考虑，会有意等待适当的时机再予以答复。

（4）如果顾客提出的异议有可能随着业务洽谈的进行而逐渐减少或消除，推销人员可以不马上处理顾客异议。这样，既可以减少不必要的争执，又可以节省时间，体现了推销人员在推销策略上的高明之处。

（5）如果顾客的异议与推销人员将要谈到的某个问题有关，可以不即刻回答，可以说："请稍等一下，下面我将要谈到的问题会说明这一点的。"

（四）不予处理

许多时候，推销人员不必对顾客的反对意见逐一加以反驳，因为不反驳也不会影响推销工作。对以下异议就没有回答的必要：无法回答的奇谈怪论；容易造成争论的话题；废话；可一笑置之的戏言；异议具有不可辩驳的正确性；明知故问的发难等。推销人员不回答时可采取以下技巧：沉默；装作没听见，按自己的思路说下去；答非所问，悄悄扭转对方的话题；插科打诨，幽默一番，最后不了了之。总之，在推销过程中，推销人员不需要对所有的顾客异议一一答复，而应具体分析，区别对待，处理那些真实的、有价值的、对推销工作有帮助的顾客异议，否则有问必答，有求必应，难免会节外生枝，引起不必要的麻烦或纠纷，从而影响整个推销工作的顺利进行。

三、处理顾客异议的策略

（一）处理购买时间异议的策略

在推销实践中，顾客借故推托的时间异议多于真实的时间异议，处理的策略有以下几种：

1.货币时间价值法

时间就是价值、效益和金钱。一般来说，物价的变化会随着时间的推移而上扬。推销人员可以结合产品的具体情况告诉顾客，由于供求关系的变化，如果拖延购买时间将意味着需要花费更多的钱来购买同等数量的商品，而且多方选择必定耗费时间，不符合现代社会的时间观念。这也是为什么一些顾客在购买一般商品时很少花太多的时间进行比较和选择，而往往是直奔自己喜爱的品牌，快速做出购买决策。

2.良机激励法

这是利用对顾客有利的机会来激励顾客，让顾客意识到失去这次机会，将会感

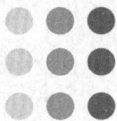

到遗憾或后悔，使其不再犹豫不决，抛弃等一等、看一看的观望念头，当机立断，拍板成交。例如，"目前正值展销期间，在此期间可以享受20%的优惠价格""我们的货已经不多了，如果您再犹豫的话，就可能被别人买走了"。不过，使用这种方法必须确有其事，不可虚张声势欺诈顾客。

3.意外受损法

这与良机激励法正好相反，是利用顾客意想不到但又必将发生的变动因素如物价上涨、政策变化、市场竞争等情况，要求顾客尽早做出购买决定。

4.竞争诱导法

这有两种情况：一是推销人员向顾客指出他的同行已经购买了同类产品，如不尽快购买，将会在竞争中处于劣势，以此诱导顾客注意竞争态势，做出购买决定；二是告诉顾客本企业的产品价格与竞争对手相比已经是最低的了，此时购买最超值，此时不买，更待何时。

微课8-2

顾客异议
处理方法2

（二）处理价格异议的策略

面对顾客的价格异议，推销人员应首先分析、确认顾客提出价格异议的动机是什么，然后有针对性地采取以下策略：

1.先谈价值，后谈价格；多谈价值，少谈价格

一开始就谈论价格的推销人员是不明智的。推销人员可以从产品的使用寿命、使用成本、性能、维修服务、收益等方面进行对比分析，说明产品在价格与性能、价格与价值、与竞争产品比较等方面具有的优势，让顾客充分认识到推销品的价值，认识到购买推销品能给自己带来的利益和方便。推销人员必须注意，在推销洽谈中，提出价格问题的最好时机是在会谈的结尾阶段，即在推销人员充分说明了推销品的好处，顾客已对此产生浓厚兴趣和购买欲望后，再谈及价格问题。除非顾客急切地问到价格问题，一般情况下，推销人员不要主动提及，以免顾客把注意力过多集中到价格上，使洽谈陷入僵局。要知道，很多消费者对价格的心态是"如果质量一样，当然价格最便宜最好，但如果能买到质量上乘、返修率低、服务上佳的产品，价格高一点也是无所谓的"。所以，推销人员千万要注意对推销品价值的推销。

微课8-3

顾客说贵的
处理方法1

2.以退为进

在推销洽谈过程中，讨价还价是免不了的。在遇到价格阻碍时，推销人员首先要对自己的产品充满信心，坚持报价，不轻易让步。但是，在推销谈判中，让步又是必需的，没有丝毫让步的谈判是很难继续进行下去的。推销人员采用让步的原则是：不要做无意义的让步，应体现出己方的原则和立场；做出的让步要恰到好处，一次让步幅度不能过大，让步频率也不能太快，要让顾客感觉到让步不容易而产生满足心理，以免刺激顾客提出进一步要求。

3.攻心为上

在向顾客报出价格时，可先发制人，说明这是最优惠的价格，暗示这已是价格

底限，不可能再讨价还价，以抑制顾客的杀价念头。推销人员还可以使用尽可能小的计量单位报价，以减少高额价格对顾客的心理冲击。例如，在可能的情况下，改吨为千克，改千克为克，改大的包装单位为小的包装单位。这样在价格相同的情况下，顾客会感觉小计量单位产品的价格较低。

微课8-4

顾客说贵的
处理方法2

（三）处理货源异议的策略

许多货源异议都是由顾客的购买经验与购买习惯造成的，推销人员在处理这类异议时可采用以下策略：

1.提供例证

在解决货源异议时，推销人员为说明推销品是名牌商品、材料优异、制作精良、款式新颖等，可出示企业资质证明、产品技术认证证书、获奖证书以及知名企业的订货合同资料，使顾客消除顾虑，予以认可。

2.强调竞争受益

顾客常常会提出已有供货单位，并对现状表示满意，从而拒绝推销。推销人员应指出，一家企业仅具备单一的货源具有很大的风险。如果供货单位一时失去供货能力，将会导致企业因货源中断而被迫停工。而企业拥有较多货源，采取多渠道进货，会增强采购中的主动性，可以对不同货源的产品质量、价格、服务、交货期等进行多方比较，择优选购，并获得竞争利益。

3.锲而不舍，坦诚相见

通常，顾客在有比较稳定的供货单位和有过对推销服务不满意甚至上当受骗的经历时，对新接触的推销人员怀有较强的戒备心理，由此而产生货源异议。推销人员应不怕遭到冷遇，反复进行访问，多与顾客接触，联络感情，增进相互了解，进而获得对顾客进行针对性劝说的机会。在与顾客的接洽中，推销人员应当注意以诚相待、以礼相交，以诚挚的态度消除顾客的心理偏见。

四、处理顾客异议的方法

（一）"但是"法

"但是"法又称间接否定法，是指当顾客产生异议时，推销人员先附和异议，然后根据有关的事实与理由间接否定顾客异议的一种方法。在使用时，推销人员先不直接反驳顾客的异议，而是先附和顾客的异议，陈述异议的合理性，或者仅仅是把顾客异议简单地重复一遍，拉近与顾客之间的心理距离，然后用"但是、如果"等含有转折意义的词对顾客异议进行反驳处理。其表现形式为："是的……但是……""是的……然而……""对……如果……"。这种方式语气比较委婉，容易被顾客接受，能够缓解顾客的对抗心理，营造轻松的推销气氛。有时也可以通过重复顾客的异议进行处理：推销人员先用疑问的语气重复顾客的异议，再把问题推给顾客，让顾客接着陈述异议，在充分了解异议以后，再进行"是的……但是……"处理。

"但是"法在实际运用中也有一定的局限性。一是推销人员肯定顾客异议中的合理成分，也就限定了自己处理异议的回旋余地；二是推销人员对顾客的异议先行附和，可能会削弱异议处理的说服力，强化顾客坚持异议的心理，甚至会刺激顾客产生更多的异议；三是这种方法要求推销人员先行附和再间接反驳，如果运用不当，可能会令顾客感到推销人员故意玩弄技巧，回避矛盾，进而对推销人员产生反感，认为其不可靠，从而增加推销难度。所以，在运用"但是"法处理顾客异议时，应注意以下几个方面：

1.只肯定顾客异议中明显的合理成分

这就要求推销人员思维敏捷，能够进行发散思维。当顾客提出异议时，推销人员应该能够联想到顾客异议背后的各种因素，先行肯定异议中的合理成分，同时要为以后的反驳留有充分的回旋余地，尽量不要削弱反驳的力度，再运用发散思维从顾客可能接受的新的角度、新的内容及重点重新开展推销说服。

2.要让顾客感觉到你的真诚

推销人员在先行附和时，一定要让顾客感觉到真诚。也就是说，推销人员的肯定一定是发自内心的，理由要充足，不能让顾客感觉你是在有意讨好他，溜须拍马。这样只会让顾客产生逆反心理，不利于拉近与顾客的心理距离，不利于推销气氛的营造。

3.注意转折词的选择

在"但是"法中，可以使用的转折词有很多，比如"虽然""不过""然而""除非""诚然""（但是）如果"。由于"但是"一词听起来显得生硬，让人觉得不太舒服，所以在实际推销活动中，推销人员应针对不同的顾客选用不同的转折词，尽量做到语气委婉，转折自然，更好地消除顾客的不满情绪。

4.选好反驳重点

在充分了解顾客及其异议信息的基础上，要选择好反驳的重点。在选择反驳重点时，要运用发散思维，能够从新角度、新层面向顾客传递新信息。反驳重点不宜太多，但一定要有力度，要注意"是的"与"但是"内容的平衡。

延伸阅读8-7

间接否定法：
您说得对，
不过……

（二）直接否定法

直接否定法是指推销人员根据有关事实和理由来直接否定顾客异议的一种处理技术。使用直接否定法时，态度一定要友好而温和，最好是引经据典，这样才有说服力。从理论上讲，直接驳斥顾客的做法是最不明智的，应该尽量避免，但在有些情况下使用直接否定法却很奏效。直接否定法适用于处理由顾客的偏见、狭隘思想等导致的有明显错误、漏洞、自相矛盾的异议。一般来说，当顾客无端指责推销人员或其所在企业涉及不道德的行为，而推销人员知道此事并不真实时，可以加以反驳；当顾客提出的异议与事实大不相符，而推销人员又熟悉并掌握了大量材料时，也可以予以反驳。例如，顾客提出："你们的产品比别人的贵。"推销人员回答："不会吧，我这里有其他厂家的同类产品的报价单，我们的产品价格是最低的。"在

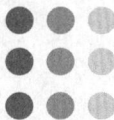

这个事例里，推销人员有效地使用直接否定法否定了顾客提出的异议。

一般只针对两种顾客使用直接否定法：①对商品缺乏了解、对购买存在疑虑而提出购买异议的顾客；②想通过提出异议取得优势地位，以利于讨价还价，即提出虚假异议的顾客。另外，对固执己见、气量狭小的顾客最好不要使用这种方法，因为这类顾客会认为推销人员不尊重自己，易发生争执。

正确地运用直接否定法可以让顾客感受到推销人员的信心，从而增强对产品的信心；同时，直接说明有关情况，澄清是非，有利于消除顾客的各种借口，促使顾客尽快接受推销品。但直接否定法也有不足之处：容易增加顾客的心理压力，弄不好会伤害顾客的自尊心和自信心，造成推销洽谈的紧张气氛，不仅无法化解顾客异议，还会使异议成为成交的障碍。因此，推销人员采用此方法处理顾客异议时，应该注意以下两个方面：

1.反驳理由要充足，做到有理有据有节

推销人员可以用摆事实、讲道理的方法对顾客的异议进行澄清和解释，也可以借助相关材料证明等进行反驳，反驳的理由要充足可信。在进行反驳时，最好只提供反驳信息，尽量少进行评论，做到有节。

2.应当始终维持良好的推销气氛

在运用直接否定法处理顾客异议时，推销人员应该关注顾客的情绪反应，考虑顾客的心理承受能力，注意维持良好的推销气氛。推销人员一方面要明白，反驳的只是顾客的看法、意见或提供的信息，而绝不是顾客的人格，更不是顾客的全部；另一方面也要知道顾客有时会把人和问题联系在一起。所以，在反驳顾客异议的过程中，推销人员不仅要关心推销的结果，更要做到态度友好真挚，用词委婉，语气诚恳，既有效地反驳顾客的异议，又不冒犯顾客，使顾客感到既消除了心中的疑虑，又增加了新的知识。

（三）太极法

太极法是指推销人员巧妙地把顾客的异议转化成顾客购买理由的一种方法。这种方法能够消除异议，并且使对方很难再问下去。

太极法是一种比较有效的顾客异议处理方法，它不仅使推销人员正视顾客异议，有利于建立良好的合作关系，而且可以调动顾客的积极性，化顾客异议中的消极因素为积极因素，化推销障碍为推销动力，取得较好的推销效果。另外，太极法用顾客之矛攻顾客之盾，直接转变顾客的观点，对顾客的冲击力较强，可以使顾客无法再提出新的异议，促使推销进入成交阶段。我们在日常生活中也经常碰到类似太极法的说辞。例如，主管劝酒时，你说不会喝，主管立刻回答说："就是因为不会喝，才要多喝多练习。"你想邀请女朋友出去玩，女朋友推托心情不好，不想出去，你会说："就是心情不好，所以才需要出去散散心！"这些异议处理的方式，都可归类于太极法。

太极法也有它的不足之处：推销人员直接利用顾客的异议进行转化处理，可

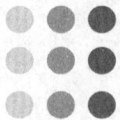

能会使顾客认为推销人员比较圆滑，感到自己好像被人利用、愚弄，产生反感甚至恼怒，导致推销失败。因此，采用这一方法处理顾客异议时应注意以下几个方面：

1.态度诚恳热情，方式得当

推销人员在使用太极法时，语言要自然，特别是要注意非语言信息的传递，以保持良好的推销气氛，切不可傲慢、洋洋得意。

2.正确区分异议中的合理部分

在运用太极法时，顾客的异议是利用、转化的基础，推销人员肯定顾客异议的客观性、合理性，其目的是利用异议中正确的部分和积极的因素。因此，推销人员不能不加分析地对顾客异议的内容一概加以肯定，而应在分析与判断的基础上，只肯定顾客异议中的正确部分与积极因素，利用顾客异议本身的矛盾去处理异议。

3.向顾客传递正确的信息

推销人员在运用太极法时，应该正确分析影响推销的各种环境因素以及影响顾客购买的各项因素，向顾客传达客观的、真实的、预测正确的信息，而不能为了推销产品，不负责任地向顾客传递虚假信息，误导、蒙骗顾客。

（四）询问法

询问法是指推销人员针对顾客的异议进行询问进而处理异议的一种策略和方法。在实际推销过程中，顾客出于种种原因经常会提出一些虚假的异议。有的异议是信手拈来，无关紧要的，有的异议甚至与顾客的真实想法完全不一致，有时连顾客本人都无法说清楚有关异议的问题。在这种情况下，很难分析判断顾客异议的性质、类型与真假，这时就可以利用询问法排除障碍，找出并处理顾客真实的异议。利用询问法处理异议，一般可按测定、了解、求证、处理的顺序。测定是指先重复顾客的异议，然后询问顾客有没有其他异议。测定的主要目的就是找出顾客真实的主要异议。例如，顾客说："卖你们的产品不赚钱。"这时推销人员可以说："你关心的是利润问题，除此之外还有没有其他问题？"了解是指通过询问了解顾客异议背后真正的疑虑。例如，推销人员可以问顾客："你能举个例子吗？""你能说得具体一点吗？"求证则是为了确保双方都了解真正的疑虑所在。推销人员可以通过问顾客"你真正想知道的是……对不对？"进行求证。最后，在了解真正疑虑的基础上进行针对性处理。

询问法的优点是：通过询问，推销人员可以进一步了解、把握顾客的主要疑虑，为进一步推销奠定基础，同时提高推销的效率；询问常常带有请教的含义，这样在获取更多顾客异议信息的同时，可以保持良好的推销气氛；通过询问，推销人员掌握了推销交谈的主动权，为制定下一步的推销策略争取了时间。因此，询问法是一种被广泛应用的处理顾客异议的方法。

询问法也有其局限性：顾客常常处于被动地位，在推销人员的一再追问下，可能会产生逆反心理，甚至产生抵触推销的情绪，这样就破坏了推销的气氛；推

销人员的不断询问也可能会引发顾客更多的思考，结果可能会产生更多的顾客异议。

顾客也不可能完全说清楚异议的真实根源，推销人员也没有必要或者说不可能完全了解顾客异议的最终根源。因此，运用询问法处理顾客异议时应注意以下几点：

1.推销人员应当在顾客充分了解产品或服务的有关信息后，再进行询问

如果顾客在未充分了解产品或服务信息时就提出异议，推销人员应积极引导顾客了解产品或服务，此时不宜再追问。

2.顾客的异议多种多样，推销人员应该只针对重要的、和成交有关的顾客异议进行询问

推销人员只需要对那些不询问就不能充分了解顾客真正的疑虑，不询问就不能达成交易的顾客异议进行询问，同时追问要适可而止。对于那些次要的、与成交无关的或者无效的顾客异议，则不应该进行询问，可采用忽视法处理。

3.推销人员在询问时应讲究推销礼仪

推销人员应讲究询问的姿态、手势、语气，避免使顾客产生心理压力，如距离顾客不要太近，不要居高临下，不要用严厉的语气追问顾客，追问的问题不应涉及顾客的个人隐私。对于顾客不愿或不想回答的问题，推销人员不可穷追不舍。总之，推销人员在询问时要使顾客感到受尊重和被请教，只有这样，顾客才能说出异议的根源；在顾客回答询问后，应适时、灵活地运用各种面谈技术消除顾客异议，促使顾客购买。

延伸阅读8-8

请教法："能否请教您……"

（五）补偿法

当顾客的异议部分正确时，推销人员可以利用补偿法进行处理。推销人员推销的产品不是十全十美的，顾客与推销人员一样精明，因此当顾客理智地提出一些有效的、真实的购买异议时，推销人员应客观地对待顾客异议，先肯定顾客的异议，然后通过摆事实、讲道理使顾客认识到购买推销品的利益，在理智上与情感上获得平衡，这样，推销人员在承认产品的不足的同时，又传递了产品的优点。顾客在接受正反两方面的信息后，会认为推销人员比较诚实可靠，会相信产品的优点，也会相信长处大于短处、优点多于缺点，从而做出购买决定，这就是补偿法的实践依据。在实际运用补偿法时也会经常使用"是的……但是"，有时候也可以把补偿法看作"但是"法的一种。

补偿法的优点是：避免争吵和对顾客的伤害；立足于事物的两重性，使推销更具有辩证法的特征，表现推销人员诚恳的工作态度及为顾客着想的服务精神，能形成良好的人际关系与推销气氛；推销人员既肯定顾客的异议，又进一步突出产品的优点及推销活动能为顾客带来的实际利益，可以增强推销的说服力，获得较好的推销效果。

但是，由于补偿法需要先肯定顾客的异议，然后提出产品的补偿利益所在，又

由于不同的人对产品优点和缺点的重要性评价不同，推销人员认为无关紧要的不足，顾客可能认为是产品的重大缺陷，所以在肯定顾客异议时，可能会引发顾客对推销品的误会，使顾客坚持异议，对购买失去信心，导致推销失败。因此，在运用补偿法时应注意：

1.推销人员在肯定顾客异议时，只肯定其中真实有效的部分

在决定运用补偿法前，推销人员必须对顾客异议进行分析。如果顾客属于理智购买类型，并且提出的异议真实有效，则可使用补偿法。

2.推销人员用于补偿的部分最好是产品的最强优势

一般来说，顾客不会要求产品十全十美，因为那意味着价格高昂。只要顾客认为用于补偿的利益大于产品的不足部分，就会接受产品。所以，在补偿时，推销人员要向顾客展示产品最强的优势，并且要提高顾客对补偿部分的价值评价。

微课8-5
顾客要货比三家怎么办

（六）忽视法

忽视法就是对顾客提出的某些异议不予理会。推销人员对顾客的反对意见仔细分析以后，如果认为顾客只是为了反对而反对，或为了表示自己的见解高人一等而反对，或仅仅是为了拒绝推销而反对，就可以采取不理会的态度，不要在这方面浪费太多的时间。这些异议不是真正的反对意见，你就是消除了这些异议，也不会真正达成交易。你可以对这些异议装作没有听见，可以托词说回头再讨论。随着业务洽谈的推进，顾客就很有可能不再坚持了，也不会影响推销活动。

不过，对顾客的反对意见采取不理会的态度一定要谨慎，否则对你的推销业务将是很不利的。这种方法不应经常针对某一顾客使用，因为当顾客再度提起先前的反对意见时，就表明他已经对你的产品产生了浓厚的兴趣，他的反对意见可能就是实质性的问题，如果你不理不睬，或者不能回答他的提问，就更容易激起他的怒气，即使以前想买你的产品现在也不准备买了。有时顾客的反对意见属于一种偏见或成见，这些不合逻辑和带有感情色彩的反对意见，靠讲道理是消除不了的。有时顾客甚至会有意给推销人员出难题，迷惑推销人员，把推销工作引向歧途。对于这类反对意见，推销人员就不必试图说服顾客，而应该采取不理会的态度，也可以先和顾客讨论其他的问题，把顾客的注意力引开，避免与顾客纠缠不清。

延伸阅读8-9
迂回法：转移注意力，等待时机

复习思考题

一、选择题

1.顾客异议产生的主要根源不包括（　　　）。

A.太了解商品知识　　　　　　　　B.偏见或习惯因素

C.已有固定的供销渠道　　　　　　D.服务的问题

2.处理异议的原则不包括（　　　）。

A.适当运用"反对"一词　　　　　　B.尊重顾客

C.强调顾客利益　　　　　　　　D.避免提供太多的信息

3.顾客经常使用的典型借口不包括（　　）。

A.托词　　　　　B.抱怨　　　　　C.诋毁　　　　　D.赞美

4.处理由顾客的偏见、狭隘等而导致的有明显错误的异议应使用（　　）。

A.直接否定法　　　B."但是"法　　　C.太极法　　　　D.补偿法

5.如果顾客只是为了反对而反对，那么应使用（　　）。

A."但是"法　　　B.太极法　　　C.忽视法　　　D.补偿法

第八章在线
测试

二、案例分析

找到拒绝的理由

小李：您好！是王老板吗？我是美国倍科实验室的小李，听说贵公司经常有一些产品需要检测，不知道我有没有这样的机会。

顾客：什么？检测？你们烦不烦啊。你是这两天来找我谈检测的第五个人了，你是听谁说我有检测项目的？我们有稳定的合作实验室。

小李：这个我十分了解，您是一位非常成功的商人，您的公司产品出口量很大，有合作伙伴很正常，如果不介意的话，您能告诉我为什么不考虑其他实验室吗？

顾客：好吧，告诉你也无妨。其实我觉得目前合作的这家公司很好，我很满意。

小李：是的，您说的没错，除此之外，还有没有其他原因让您拒绝其他实验室呢？

顾客：这就是我不考虑其他实验室的唯一原因，难道这个原因还不够吗？

小李：不好意思，我可以请教您一个问题吗？

顾客：说吧。

小李：您一直没有换过实验室，应该是对目前合作的实验室很满意吧？

顾客：对，我很满意。

小李：假设有一家服务更好、检测周期更短、费用较优惠的实验室想与您合作，您是否会考虑换一家实验室试试呢？

顾客：我想我会考虑的。

思考讨论：

1.案例中，小李运用了哪些处理顾客异议的方法和技巧？

2.如果你是小李，你会怎么处理顾客的异议？

第九章

成交与跟踪服务

本章内容提要

- 顾客成交概述
- 成交的策略与方法
- 成交后的跟踪服务

　　美国施乐公司前董事长波德·麦克考芬说，推销人员失败的主要原因是不要订单。不提出成交要求，就像您瞄准了目标却没有扣动扳机一样。这是错误的。没有要求就没有成交。成交是推销人员帮助顾客做出购买决策的活动过程。如果在洽谈中解决了所有的问题，则达成交易是顺其自然的事，它只不过是整个推销过程中的一个步骤而已。经验丰富的推销人员都知道，尽管你的推销陈述已经非常完美，尽管你已经很好地处理了顾客的异议，顾客却还是在犹豫不决，迟迟不做出购买的决定。这时就需要推销人员向前推一把，积极促成顾客的购买行动。

　　在很多的实例中，有一个有趣的现象：当询问那些没有被打动的顾客为什么没有进一步产生购买行为时，顾客的回答竟然是"推销人员没有请求我们这样做"。可见，在推销过程中，推销人员的产品说明、展示及异议处理等只是辅助工具，目的是与顾客达成协议，成交技巧和能力是每一个推销人员必须掌握和具备的。

第一节 顾客成交概述

一、成交的内涵

成交就是推销人员帮助购买者做出使双方都受益的购买决策活动的过程，是洽谈所取得的最终成果，是洽谈的延续。成交有两层含义：一是表示一种状态，即顾客接受推销人员的劝说，接受交易条件；二是推销人员在做了系列推销工作以后，在条件成熟的前提下，建议和引导顾客立即采取购买行动的过程。

一般而言，推销人员可以直接请求顾客购买来推动和帮助顾客做出购买决定。在推销活动中，有些顾客即使心里很想成交，也往往不首先提出成交，更不愿主动明确地提出成交，或虽然有强烈的成交欲望，可一旦真的采取行动仍不免犹豫不决。此时，推销人员应该及时判断成交信号，争取成交行动。

成交的内涵包含以下几个方面：

1. 成交是对良好洽谈的积极响应

在推销过程中，推销人员给顾客进行介绍说明和示范操作之后，顾客必然有所反应。如果这种反应是积极的（有利于成交的），则必将向最终达成交易迈进，拿到订单只是履行例行手续而已；如果顾客的反应是消极的，则可能远离订单，这时需要推销人员消除顾客对推销品及推销建议的疑虑，并审视自身的推销洽谈方案是否合理，在此基础上重新对推销品进行说明介绍或展示。因此，成交是对良好洽谈的积极响应和回报，是推销人员给顾客的购买建议，是顾客对推销品的认同与肯定。

2. 成交是顾客接受推销人员建议的渐进过程

成交是一个双向活动过程，既是推销人员向顾客做需求分析、受益说明，帮助顾客做出购买决策的活动过程，也是顾客进行心理斗争，由排斥推销人员及推销品到信服并最终做出购买决策、接受推销品的活动过程。这就要求推销人员在洽谈中善于洞察顾客的心理，抓住时机及时促成交易。没有较长时间的接近准备和艰苦的洽谈"斗争"，也就不会有推销努力的战果。

3. 成交是顾客接受推销建议并立即购买推销品的行为

尽管成交是洽谈的后续工作，也是洽谈的努力成果，但洽谈毕竟不是成交，也不一定必然导致成交。如果推销人员不善于抓住成交的良机，可能会使已经谈好的最终交易条件发生变故，进而导致顾客怀疑，改变主意，甚至最终使成交破裂。一位推销人员多次前往一家公司销售。一天该公司采购部经理拿出一份早已签好字的合同，推销人员愣住了，问顾客为何过了这么长时间才决定购买，顾客的回答竟是："今天是您第一次要求我们订货。"这个事例说明，绝大多数顾客都在等待推销人员首先提出成交要求。即使顾客想购买，如果推销人员不主动提出成交要求，买卖也难以成交。因此，推销人员对顾客的反应不应该熟视无睹，不能等待顾客向自

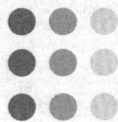

己"示爱"，而应积极地发挥主导作用，主动请求签订买卖合同，一举促成交易，避免不必要的争议。

4.成交不是推销的结束，而是下一次推销的开始

关系营销理念认为，成交不是推销或者营销的终极目的，与顾客建立良好的关系，让顾客成为企业的忠诚顾客才是真正的目的。所以，出色的推销人员总是善于把握这一现代成交观，做到"不管顾客是否购买所推销的产品，总能笑脸相迎，友善相待"。反观很多现实中的推销人员，一旦发现顾客不会购买产品，态度便来个360°的大转弯，言行变得无礼。事实上，没谈成生意，不等于今后不会再谈成生意。古人讲，"买卖不成仁义在"，虽然没谈成生意，但与顾客沟通了感情，给顾客留下了良好的印象，那也是一种成功，为下次达成交易播下了种子。因此，推销人员要注意自己辞别顾客时的言行，在顾客没有购买商品时也应继续保持友善，真诚地道谢，如"百忙中打扰您，谢谢""真不好意思，我们没能满足您的需要""但愿我们有下一次为您服务的机会"。

二、顾客成交的信号

成交信号是指顾客通过表情、言语、行动、姿态等显示出来的，表明其可能采取购买行为的暗示信号。成交信号一旦出现，推销人员就要及时抓住机会，促进成交。通常情况下，顾客不会主动请求购买，但他们往往会有意无意地流露出某种成交信号，推销人员要能正确识别这些信号，当场促成交易。顾客的成交信号因人而异，且受一定的推销环境和推销对象的影响，因而推销人员应密切注意并善于捕捉顾客的成交信号。成交信号的表现形式是复杂多样的，一般可分为表情信号、语言信号、行为信号、其他信号四种。

（一）表情信号

表情信号是顾客在洽谈过程中通过面部表情表现出来的成交信号。这是一种无声的语言，它能够表现顾客的心情与感受，其表现形式很微妙，具有迷惑性。例如，顾客在听取推销人员介绍商品时，紧锁的双眉分开、上扬，或者表现出深思的样子，或者神色活跃，态度更加友好，或者表情变得开朗，自然微笑，或者目光注视着产品、脸部表情变得很认真，或者不断点头等。表情信号是顾客的心理活动在面部表情上的反映，是判断成交时机的重要依据。通常来说，顾客决定成交的表情信号具体有如下几种类型：

（1）面部表情突然变得轻松起来，紧皱的双眉舒展开。

（2）露出惊喜的神色，说道："真的很便宜!"

（3）露出微笑或欣赏的神情。

（4）双眉上扬。

（5）眼睛转动加快。

（6）态度更加友好。

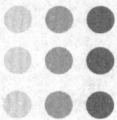

当以上任何情形出现时，你就可以征求订单了，因为你观察到了正确的购买信号。细致地观察顾客的表情，并根据其变化的趋势采取相应的策略、技巧加以诱导，在成交阶段是十分重要的。

（二）语言信号

当顾客有采购意向时，会从语言中流露出某种信号。这是成交信号中最直接、最明显的表现形式，推销人员最易觉察到。例如，顾客对你推销的产品产生兴趣时，会对产品的一些具体问题（包装、颜色、规格等）提出要求和意见，或用假定的口吻谈及购买、关于产品的使用与保养事项等，如"我可以再试一试你的产品吗""你们公司的产品售后服务有保障吗""您的产品真是太美了""我的朋友也建议我购买这种产品，说它性能非常可靠，真是这样吗"。

归纳起来，顾客决定成交的语言信号有以下几种类型：

（1）表示肯定或赞同，例如，"是，你说得对""我们目前确实需要这种产品"。

（2）请教产品使用的方法，例如，"产品看起来不错，但我不知道使用和保养方法""用起来方便吗"。

（3）打听有关产品的详细情况，例如，"如果产品出现故障，你们派人上门维修吗"。

（4）提出购买的细节问题，例如，"一周之内能送货吧"。

（5）提出异议，例如，"价格太贵了，能否再优惠一些"。

（6）与同伴议论产品，例如，"你看怎么样"。

（7）重复问已经问过的问题，例如，"对于我刚才提出的问题，你能否再详细解释一下"。

（8）问"假如……"的问题。

当顾客出现上述的语言信号时，这个顾客已经是你的了。当然，在实际的工作中，顾客的语言信号往往不那么明显，它们经常存在于顾客的异议中，这就说明顾客正在准备接受推销建议，推销人员要善于察言观色，掌握倾听和辨别的艺术，抓住时机，及时提出成交要求。

（三）行为信号

行为信号是指顾客在行为举止上表露出来的购买意向。推销人员还可以通过顾客的动作来洞察顾客的成交意向。从心理学上讲，顾客表现出来的某些行为是受其思想支配的，是其心理活动的一种外在反映。例如，不断用手触摸商品并不住点头，拍拍推销人员的手臂或肩膀，做出身体自然放松的姿势等均是有意成交的表现。当顾客有以下信号发出时，推销人员要立即抓住良机，勇敢、果断地去试探、引导顾客签单：

（1）反复阅读文件和说明书，查看、询问合同条款。

（2）认真观看有关的视听资料，要求推销人员展示样品，并亲手触摸、试用

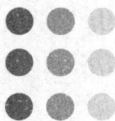

产品。

（3）突然沉默或沉思，眼神和表情变得严肃，或表示好感，或笑容满面。

（4）对推销人员突然变得热情起来，主动请出本公司有决定权的负责人，或主动向推销人员介绍其他部门的负责人等。

（四）其他信号

除以上三种比较明显的成交信号外，还有其他一些成交信号。有时虽然顾客有购买意向，但他会提出一些反对意见。这些反对意见也是一种信号，说明双方有可能达成协议，即俗话所说的"褒贬是买主，喝彩是闲人"。例如，顾客可能会向你提出"这种产品在社会上真的很流行吗""你能保证产品的质量吗""如果产品质量有问题的话，你们能上门服务吗"等意见。这些反对意见一般来说都不是真正的反对意见，顾客一般也不会把这些意见放在心上。如同做出其他决定一样，顾客在拍板时，心里也会犯嘀咕，认为这是决定性的时刻，成败都在此一举，会有各种各样的顾忌，如性价比、费用、购买后出现的困难、产品使用方面的困难，有时甚至担心因感情冲动而导致成交了一笔亏本的生意。

有经验的推销人员会捕捉顾客透露出来的有关信息，并把它们作为促成交易的线索，勇敢地向顾客提出销售建议，积极诱导顾客，增强顾客的购买信心，从而把成交信号变为购买行为。而迟钝的或缺乏经验的推销人员则发现不了这些信息，理解不了顾客的外在表现，经常失去交易机会。比如，当一位顾客在商场的化妆品柜台前仔细查看某种护肤品，并要求再看几种其他品牌时，营业员却无动于衷，顾客犹豫一下就走开了。在这里，顾客仔细观察商品已发出了信号——想买护肤品，但拿不定主意，需要营业员提供参考意见，而营业员不主动参与顾客购买决策，错过了成交的机会。

推销人员要密切注意顾客所说的和所做的一切，也许获得订单的最大绊脚石是推销人员本人太过健谈，从而忽视了顾客的购买信号。因此，推销人员在推销的过程中，只要认为听到或看到了一种购买信号，就可以马上征求订单。

第二节 成交的策略与方法

一、成交的策略

为了更有效地促使顾客采取购买行动，推销人员必须掌握成交的基本策略和方法。成交策略是对成交方法的原则性规定，是推销人员在促进成交的过程中应当遵守的活动准则；成交方法则是用来解决成交中实际问题的各种特定方法。成交的基本策略有以下几种：

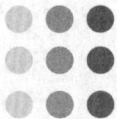

（一）及时主动地促成交易

在现代交易中，顾客通常处于一种优势地位，不愿主动提出成交，更不愿主动明确地提示成交。但是，顾客的购买意向总会有意无意地通过各种方式表现出来。因此，推销人员必须善于观察顾客言行，善于捕捉这些稍纵即逝的成交信号，抓住时机，及时促成交易。成交信号一般取决于推销环境和推销气氛，取决于顾客的购买动机和个人特性。

（二）克服成交心理障碍，保持积极的成交态度

在推销过程中，推销人员除了要妥善处理顾客异议，还要克服自身的成交心理障碍。成交心理障碍主要是指各种不利于成交的推销心理状态。

在成交过程中，气氛往往比较紧张，推销人员容易产生成交心理障碍，比如担心成交失败，尤其是推销新手，遇到异议时便会心情紧张，举止失态，以致词不达意。出现这种情况，成交就难以实现。推销人员的态度是洽谈成功的基础，只有坚定自信，保持积极的成交态度，加强成交心理训练，才能消除各种不利的成交心理障碍，顺利达成交易。对于推销人员来说，正确的成交态度主要包括以下几个方面：

1. 正确对待成败

推销人员在经历了几次失败的推销之后，其担心成交失败的心理障碍就会加重，在推销中易产生急躁情绪，表露急于求成的心情，这反而会引起顾客的疑心，直接影响顾客的购买决策，进而陷入心态上的恶性循环。"胜败乃兵家常事"，世上没有常胜将军，商场如战场，即使最优秀的推销人员，也不可能使每次推销洽谈都能达到最后成交的目的。清楚地认识到这一点，推销人员就能鼓起勇气，不怕挫折、不惧失败，坦然地面对不同的推销结果。正是这种坦然、平静的心态，可使推销人员取得心理上的优势。

2. 自信

有的推销人员有一种职业自卑感，认为推销工作低人一等。这种自卑感对推销工作有着极大的负面影响。推销人员只有充分了解自己工作的社会意义和价值，才能为自己的工作感到自豪和骄傲，才会激发努力工作的巨大热情和力量。因此，推销人员应加强职业修养，增强职业自豪感和自信心，战胜自己，克服职业自卑感。

3. 主动

有的推销人员认为顾客会自动提出成交要求，或以为顾客在洽谈结束时会自动购买推销产品，所以在推销过程中总是被动地慢慢等待。我们在前面已经分析过，绝大多数顾客即使具有购买意向，也都采取被动态度，需要推销人员首先提出成交要求。推销人员必须充分地认识这一点，否则就会错过成交时机。因此，推销人员只要有机会就应该大胆、主动地提出成交要求，并适当施加成交压力，积极促进

交易。

（三）留有一定的成交余地

留有一定的成交余地，就是要保留一定的退让余地。绝大部分交易的达成都必须经历一番讨价还价，很少有一项交易是按卖方的最初报价成交的。顾客从对推销品发生兴趣到做出购买决定，需要经过一段时间。若推销人员在成交之前就把所有的优惠条件全盘端给顾客，当顾客要求再做些让步才同意成交时，推销人员就没有退让的余地了，从而使自己处于被动地位。因此，为了最后促成交易，推销人员应该讲究成交策略，遇事多留一手，不到万不得已不轻易亮出王牌。例如，在成交的关键时刻，推销人员可进一步提示推销重点，加强顾客的购买决心："我们的产品还有五年的免费保修服务呢！"

即使成交不能实现，推销人员也应为顾客留下一定的购买余地，希望以后还有成交的机会。顾客的需求总是不断变化的，顾客今天不接受推销人员的推销，并不意味着永远不接受。第一次推销失败之后，推销人员可以留下一张名片和商品目录，并诚恳而礼貌地对顾客说："如果今后您需要什么的话，请随时与我联系，我很愿意为您服务。在价格和服务上，还可考虑给您优惠的条件。"这样，推销人员也许会收获一些回心转意的顾客。

（四）把握成交时机，随时促成交易

推销人员必须机动灵活，善于发现成交信号，把握成交时机，随时准备成交。一个完整的推销过程要经历寻找顾客、接近顾客、推销洽谈、处理异议和签约成交等不同阶段，但并不是说每一次成交都必须严格地、不可缺少地经过每一阶段。这些不同的阶段相互联系、相互影响、相互转化。在推销的任一阶段，都有可能成交。一旦成交时机成熟，推销人员就应立即促成交易。"机不可失，时不再来"，有的推销人员善于接近和说服顾客，就是抓不住有利的成交时机，常常功亏一篑。

把握成交时机，要求推销人员具备一定的直觉判断力，能够及时有效地做出准确无误的判断。一般来说，下列三种情况可能出现促成交易的好时机：一是重大的推销异议被处理后；二是重要的产品利益被顾客接受时；三是顾客发出各种购买信号时。

（五）谨慎对待顾客的否定回答

事实证明，推销的成功率极低，有人估计大约为8%，而第一次推销被顾客拒绝的概率则更大。但是，一次被拒绝并不意味着推销的失败，推销人员可以通过反复的推销努力，最终达成交易。推销行业的一句老话，"推销的成功是从被拒绝开始的"，说的就是要谨慎对待顾客的否定回答，不能因为顾客拒绝就放弃努力。

前面已经分析过，顾客拒绝成交实为成交异议，它既是成交的障碍，又是成交的信号。推销人员应认真分析顾客拒绝成交的各种原因，运用有关的方法和技术处

理异议，促成交易。推销人员不应把顾客的一次拒绝看成推销的失败，那会失去许多成交的机会。在推销过程中，推销人员应及时提出成交的要求，对顾客施加成交的压力，促使他提出成交异议，谨慎处理顾客的否定回答，利用异议促成交易。

总而言之，在成交过程中，推销人员要认真讲究成交的策略，在坚持一定的成交原则的同时，适时、灵活地运用相应的成交技术和成交方法，促成交易，完成推销任务。

微课9-1

成交的秘诀

二、成交的方法

推销人员与顾客打交道时，不仅要懂得引起顾客注意、接近顾客、处理顾客异议的策略，而且要掌握一定的成交策略，针对不同的情况适时采用不同的成交方法，完成推销任务。常用的成交方法主要有：

（一）直接请求成交法

直接请求成交法是推销人员在接到顾客的购买信号后，用明确的语言向顾客直接提出购买的建议，以求成交的方法。一般来说，推销人员和顾客经过深入的洽谈，就主要问题已达成一致，这时，推销人员可以向顾客主动提出成交的请求，如"既然已没有什么问题，我看咱们现在就把合同订下来吧"。

下列几种情况适合使用请求成交法：

1.已经建立良好合作关系的老顾客

推销人员了解老顾客的需求，而老顾客也曾接受过推销品，因此老顾客一般不会反感推销人员的直接请求。推销人员可以轻松地对老顾客说："您好！近来生意可好！昨天刚有新货运到，您打算要多少？"

2.发出购买信号的顾客

若顾客对推销品有好感，也流露出购买意向，可一时又拿不了主意，或不愿主动提出成交要求，推销人员就可以用直接请求成交法促使顾客做出购买决定。

3.需提醒考虑购买问题的顾客

有时候顾客对推销品表示感兴趣，但思想上还没有意识到成交的问题。这时，推销人员在回答了顾客的提问或详细介绍完产品之后，可以接着说："清楚了吗？您看什么时候给您送货？"或者说："产品的质量我们实行三包。请您填一下订单。"其实，这样的请求并非一定要马上成交，而只是让顾客集中注意力，让顾客意识到该考虑是否购买这个问题了。

运用这种方法的关键是对"火候"的把握，推销人员对最后的成交很有把握，顾客也感到顺理成章时，才是运用直接请求成交法最恰当的时机。

直接请求成交法的优点是：可以充分利用各种成交机会有效地促成交易；可以节省时间，提高推销工作效率。

直接请求成交法的局限性：可能对顾客产生成交压力，破坏成交气氛；可能失去成交控制权，造成被动局面；若推销人员滥用此法，可能引起顾客反感，产生成

交异议。

（二）假定成交法

假定成交法是指推销人员假定顾客已经接受推销建议，只需对某一具体问题做出答复，从而要求顾客购买的一种成交方法。这种方法回避了是否购买的问题，只就有关具体问题与顾客商议。

在下列情况下，推销人员可以假定顾客已经接受了推销建议：

（1）对于购买频率较高的老顾客来说，成交只是数量和时间的问题。

（2）顾客对推销人员的提示和演示流露比较满意的表情，没有提出明确的购买异议。

（3）顾客以不同方式发出了成交信号，购买决定已在内心形成。

（4）经过推销人员的努力，顾客已经对推销品产生了兴趣和好感。

（5）顾客接受了推销人员的行动提示。

假定成交法的优点是：可节约推销时间，提高推销效率；可减轻顾客的成交心理压力。使用此法，推销人员是暗示成交，不是明示成交，把推销提示转化为购买提示，可适当减轻或消除顾客的成交心理压力，以利于成交；还可以把顾客的成交意向直接转化为成交行动，促成交易。

假定成交法的局限性：

（1）不利于妥善处理顾客异议。使用这一方法，推销人员主观假定顾客已经接受推销建议、没有任何异议，而且顾客已经形成购买决定，可能会使顾客觉得推销人员自以为是，从而提出一些无关异议或虚假异议，直接阻碍成交。

（2）容易引起顾客的反感。使用这一方法，推销人员把顾客的暗示反应看作明示反应、把成交信号看作成交行为，如果判断错误，就会引起顾客的反感，导致顾客拒绝成交，从而使推销人员丧失主动权。

延伸阅读9-1

假定成交法——您是用支付宝还是微信支付

（三）选择成交法

选择成交法是指推销人员在假定成交的前提下向顾客提供几种可供选择的购买方案，并要求顾客立即做出抉择的成交方法。先假定成交，后选择方案，顾客无论做出何种选择，导致的结果都是成交，所以选择成交法是假定成交法的应用和发展。

选择成交法的优点是：

（1）可以减轻顾客的成交心理压力，营造良好的成交气氛。推销人员把成交选择权交给顾客，让顾客在一定的成交范围内做出自己的选择，这有利于让顾客主动参与成交活动，减轻心理压力，营造良好的成交气氛。

（2）有利于推销人员掌握成交主动权，留有一定的成交余地。采用这一方法，推销人员把选择权交给了顾客，而将成交权留给了自己，顾客在成交范围内做选择，选来选去，结果都是成交。成交选择权使顾客无法拒绝成交方案，这就给推销

人员留下了成交余地。

选择成交法的局限性：选择成交的前提是假定成交，成交假定本身就是成交压力，过高的成交压力会导致成交异议，可能浪费推销时间，降低推销效率。若推销人员没有抓住时机，没有适当地限定顾客选择成交的范围，则会使顾客滥用成交选择权，浪费推销时间，错过成交时机。

（四）小点成交法

小点成交法是根据顾客的心理活动规律，利用成交的次要问题间接促成交易的一种成交方法。顾客在重大的成交问题面前往往比较慎重、敏感，顾虑重重，难以做出购买决定；而在一般的成交问题面前则比较马虎、果断，较容易做出购买决定。小点成交法正是利用了顾客这一心理活动规律，避免直接提示重大的成交问题，而直接提示较小的成交问题，先小点成交，后大点成交，先就成交活动的具体条件和具体内容达成协议，再就成交本身达成协议，最后促使交易实现。

小点成交法的优点是：可以营造良好的成交气氛，减轻顾客的成交心理压力。推销人员直接提示顾客成交内容和成交条件等非敏感问题，可将顾客注意力集中到小点问题上，减轻顾客的心理压力，既有利于推销人员主动做出成交尝试，保留一定的成交余地，始终保持成交主动权，又有利于推销人员合理利用各种成交信号，有效地促成交易。

小点成交法的局限性：不正确地提示成交小点，会分散顾客的成交注意力；若使用不当，可能浪费时间，拖长成交过程；有时可能引起顾客误会，产生成交纠纷。如果推销人员回避了顾客提出的一些重要问题而在次要问题上与顾客达成协议，顾客也许认为推销人员在重要问题上已经默认了，从而造成误会，引起纠纷。

（五）从众成交法

从众成交法是指推销人员利用顾客的从众心理，促使顾客立刻购买推销品的方法。顾客在购买产品时不仅会考虑自身的需要，还会顾及社会规范，服从社会的某种压力，并以大多数人的行为作为自己行为的参照。从众成交法正是利用了人们的这种心理，营造一种众人争相购买的气氛，促使顾客迅速做出购买决策。

从众成交法的优点是：可以增强推销人员的成交说服力，顾客之间的相互影响和说服力，有时会比推销人员更强；有利于推销人员促成大量交易；有利于推销人员给顾客一种压力与紧迫感，促使顾客尽快下决心购买。

从众成交法的局限性：不利于推销人员正确地传递推销信息，因为推销人员把顾客的注意力吸引到有多少人购买产品上了，不利于及时反馈有关购买信息；若遇到了个性较强、喜欢表现的顾客，会起到相反的作用。

（六）机会成交法

机会成交法也叫作无选择成交法、唯一成交法、现在成交法、最后机会成交法。这种成交法是通过缩小顾客选择的时空范围达成交易的。

"机不可失，时不再来"，顾客一般都会适时地把握机会，争取最大的利益。机会成交法可以用经济学中的供求理论来解释。当推销人员提出某个产品供给不多时，如果顾客有购买意向，就会抓住时机赶快购买。

机会成交法的优点是：利用人们对机会有限的紧张心理，可以营造很有利的成交气氛；可以把顾客的注意力引向对成交的思考，使顾客有一种内在的成交压力；可以限制成交内容和成交条件，造成一种成交时间及心理的紧迫感，使顾客在一定范围内较快成交。

机会成交法的局限性：以各种限制条件及限制内容向顾客进行最后机会的提示，无疑是向顾客发出最后通牒，这样可能使推销人员失去最后的推销机会；如果向顾客发出其实不是最后机会的提示，会使推销人员丧失信誉。

延伸阅读9-2

成交临门一
脚——库存
不足、最后
一件

（七）优惠成交法

优惠成交法是推销人员向顾客提供各种优惠条件来促成交易的一种成交方法。这种方法主要是利用顾客购买商品的求利心理，通过销售让利促使顾客购买。例如，"这种图书如果您订购超过20本，我可以给您按七折结账""如果您购买我公司的羊毛衫，每买一件就送羊毛专用洗涤剂一瓶，并且免费熨一次"。

采用优惠成交法，使顾客感觉到了实惠，增强了购买欲望，同时融洽了买卖双方的人际关系，有利于双方的长期合作，但是采用此法无疑会增加推销费用，降低企业的收益，运用不当还会使顾客怀疑推销品的质量和定价。因此，推销人员应合理运用优惠条件，注意进行损益对比分析及销售预测。

延伸阅读9-3

优惠法——
最低折扣

（八）保证成交法

保证成交法是推销人员通过向顾客提供售后保证促成交易的一种方法。顾客在成交前有多种不同的心理障碍，有的担心购买后商品质量有问题，有的担心送货不及时，有的担心无人上门安装、修理等。如果推销人员不消除顾客的这些顾虑，顾客往往会拖延购买或拒绝购买。推销人员针对顾客的这些心理，可积极采用保证成交法达成交易。例如，"张经理，这种影碟机的质量您尽管放心，开箱后一旦发现任何问题，我公司保证无条件退换。"

使用保证成交法要求针对顾客的忧虑提供各种保证，增强顾客购买的决心，利于顾客迅速做出购买决定，推销人员必须做到"言必行，行必果"，否则势必会失去顾客的信任。

（九）利益汇总成交法

利益汇总成交法是推销人员在成交阶段对顾客汇总阐述推销品的优点，激发顾客的购买兴趣，最大限度地吸引顾客的注意力，促使交易实现的一种方法。它是在推销劝说的基础上，进一步强调推销品的良好性能和特点，把先前向顾客介绍的各项产品利益、特别获得顾客认同的地方一起汇总，扼要地再提醒顾客，加深顾客对利益的感受，促使顾客达成协议。例如，"我厂的这套不锈钢厨具不仅美观实用、价格低廉，而且送货上门、免费安装，同时 3 个月内若出现质量问题保证无条件退换。您看什么时候给您送货？"

利益汇总成交法是推销人员经常用到的方法，特别是在做完产品介绍后，可运用这种方法向关键人士提出订单要求，另外，在写建议书的结论时，也可以运用这项技巧。但是，使用利益汇总成交法时，推销人员必须把握住顾客确实的内在需求，有针对性地汇总产品的优点，不要将顾客提出异议的方面作为优点予以阐述，以免遭到顾客的再次反对，达不到劝说效果。

（十）肯定成交法

肯定成交法是推销人员以肯定的赞语坚定顾客的购买信心，促成交易的方法。肯定的赞语对顾客而言是一种积极的动力，可以使犹豫者变得果断，使拒绝者无法拒绝，从而使顾客选择成交。比如，当一位女顾客为挑选上衣的颜色而犹豫不决时，营业员肯定地说："您还是选那件黑色的上衣吧！黑色上衣配上您那白皙的皮肤更显出与众不同。""您真有眼光，这是今年最流行的式样。"

推销人员采用肯定成交法，必须确认顾客对推销品已产生浓厚的兴趣，赞扬顾客时一定要发自内心，态度诚恳，语言要实在，不要夸张，更不能说些违心的话。肯定成交法的关键是先声夺人，推销人员的由衷赞语是对顾客的最大鼓励，有利于顾客做出购买决定。但是，这种方法有强加于人的感觉，可能会招致顾客的拒绝，难以再进行深入的洽谈。

（十一）试用成交法

试用成交法是推销人员把产品留给顾客试用一段时间以促成交易的方法。统计表明，如果顾客能够在实际承诺购买之前先行拥有该产品，交易的成功率将会大为增加。此法是基于心理学的一个原理：一般情况下，人们对从未有过的东西不会觉得是一种损失，当其拥有之后，尽管认为产品不那么十全十美，然而一旦失去总会有一种失落感，甚至产生缺了就不行的感觉。所以，人们总是希望拥有而不愿失去。国外有试验显示，产品留给 10 个家庭使用，往往有 3~6 个家庭购买。此外，顾客在试用产品后，会觉得欠推销人员一份人情，若觉得产品确实不错，就会买下产品来还这份人情。

试用成交法主要适用于顾客确有需要，但疑心又较重、难下决心的情况。此法

能使顾客充分感受到产品的好处和带来的利益，增强其信任感和信心，购买后也不会产生后悔心理，并且有利于改善推销人员和顾客间的人际关系。但是，推销人员在顾客试用期间要经常指导顾客合理使用产品，加强感情沟通，还要讲信誉，允许顾客试用后退还且不负任何责任，这样才能提高推销成功率。

（十二）对比平衡成交法

对比平衡成交法也称 T 形法，即运用对比平衡方式来促使顾客做出购买决策。推销人员需要与顾客共同完成对比分析：在一张纸上画出一个"T"，将购买的原因列举在 T 形的右边，将不购买的原因列举在 T 形的左边。推销人员在与顾客共同制作好对比表以后，还要向顾客逐一说明，然后征求成交和坦率提出诸如"对此您感觉如何"等问题。

推销人员可根据轻重缓急对需要解决的问题进行排序，和顾客一起客观、全面地列出购买和不购买的原因，这样不仅可以提高推销人员的可信度，而且会进一步激发顾客的购买愿望。这种方法适用于驾驭型和分析型顾客，因为这样做符合他们强调沟通、理性的风格。

第三节 成交后的跟踪服务

成交与签约并不意味着推销活动的结束。其实，圆满的结束不仅是推销人员与顾客签了购货合同，更重要的是要以完美的姿态为下次推销铺平道路。那样一来，推销人员将始终保持推销的主动权，不断收获接踵而来的一系列成功。成交后推销人员必须与顾客保持紧密的联系，及时履行成交协议中规定的各项义务，及时处理各种问题，回收货款，以及收集顾客的反馈意见等，这就是成交后的跟踪服务。

一、成交后跟踪的意义

成交后跟踪是指推销人员在成交后继续与顾客交往，并完成与成交相关的一系列工作，以便更好地实现推销目标的行为过程。推销目标是在满足顾客需求的基础上实现自身的利益，而顾客利益与推销人员的利益是相辅相成的两个方面，但这两个方面的利益在成交后并没有真正实现。顾客还需要完善的售后服务，推销人员肩负回收货款以及发展与顾客的关系等方面的任务。因此，成交后跟踪仍是一项重要的推销工作。

成交后跟踪这一工作环节包括双方在成交后所发生的一切联系及活动。成交后跟踪的意义体现在以下几个方面：

（一）体现了以满足顾客需要为中心的现代推销观念

成交后跟踪使顾客在购买商品后还能在使用、保养、维修等方面继续得到推销

人员的服务，以及在质量、价格等方面出现问题时能得到妥善的解决。这两个方面使顾客需求得到真正意义上的实现，使顾客在交易中获得真实的利益。所以说，成交后跟踪是在现代推销观念指导下的一种行为。

（二）有利于企业经营目标和推销人员利益得到最终实现

在成交阶段，推销人员与顾客签订了成交协议，只是表明顾客接受了推销人员的推销建议，但推销工作还没有结束。获取利润是企业的经营目标，它只有在收回货款后才能真正实现，推销人员应得的报酬也包括在其中。

（三）是一种有效的竞争手段

随着科学技术的进步，同类产品在其本身的品质和性能上的差异越来越小。人们对商品也不单追求廉价。竞争的重点转移到随着推销品的出售能够提供给消费者的附加利益上。这种附加利益主要指各种形式的售后服务。附加利益的多少，已成为消费者选择商品时考虑的一个重要方面。而各种形式的售后服务，都是在成交后跟踪过程中完成的。

（四）有利于获取市场信息

推销人员的重要职责之一就是要进行市场调研，以获取顾客对产品数量、质量、规格、价格、服务等方面的信息。成交后的跟踪过程正是推销人员获取顾客反馈信息的好时机。

实际上，成交后跟踪已成为现代推销活动不可分割的一个环节。它既是对上一次推销活动的完善，又是对下一次推销活动的引导、启发和争取，所以成交后跟踪的意义已被越来越多的企业和人们所认识和重视。

二、成交后跟踪的内容

成交后跟踪主要包括结束访问后的告辞工作、回收货款、售后服务以及与顾客建立良好的关系等。

（一）结束访问后的告辞工作

对很多推销人员而言，无论交易是否达成，在与顾客告辞时往往显得非常尴尬。假如能够得体地告辞，即使交易没达成，也能起到积极作用，增加日后推销成功的概率。因此，无论成交与否，推销人员都应该保持从容不迫，彬彬有礼。优秀的推销人员在与顾客告辞时，往往都要进一步修整和巩固双方的关系。

1.成交后的告辞

在达成交易时，推销人员一般会产生两种情感：因为成功而感到兴奋，但随之而来的是对顾客可能改变主意而取消订单的恐惧。在告辞以前，推销人员需要恰当地控制这两种情感，以利于未来的推销工作。在这期间，推销人员的语言和态度有

助于顾客减少购买后的焦虑感。购后焦虑感又称认知不协调，是购买方的一种怀疑购买产品的决策可能不正确的心理矛盾感。

推销人员用亲切、自然的语言和举止感谢顾客购买产品，妥善回答顾客任何关于送货和支付的问题，并保证顾客有任何问题都能得到回答以及确保产品能及时送到，可以最大限度地化解顾客的这种认知不协调。推销人员在此期间可能犯的最大错误是，应该告辞时却一味滞留并不停地宣讲，殊不知此时他们应该做的是尽可能快速并自然地离开。

2.未成交后的告辞

对于推销人员来讲，不管成交与否，对顾客的态度都应始终如一，这一点并不容易做到。在推销失败后，依然要对冷冰冰的顾客露出微笑并表示友好，确实需要高超的技艺，但这样做是为了长远利益考虑，因为新的生意可能由此而产生。合格的推销人员必须具备承受失败的勇气和耐心，并吸取教训，进行下一次尝试。当生意未成而告辞时，推销人员应避免以下三种态度：蔑视对方、恼羞成怒、自暴自弃。

在不可能成交的情况下，最好的办法就是体面地撤退，让下次洽谈的大门继续敞开着。聪明的推销人员应当学会，一方面注意与顾客建立友好的关系，并密切注视这位顾客还具有哪些潜力；另一方面想方设法通过请教等方式了解成交失败的原因，吸取失败的教训。

（二）回收货款

售出货物与回收货款，是商品交易的两个方面，缺一不可。实际上，销售的本质就是将商品转化为货币，在这种转化中补偿销售成本，实现经营利润。收不回货款的推销是失败的推销，会使经营者蒙受损失。所以，在售出货物后及时收回货款就成为推销人员的一项重要任务。

在现代推销活动中，赊销作为一种商业信用而存在是正常现象，关键在于如何及时、全额地收回货款。我们应该从下列几个方面加以注意：

1.信用调查

在销售产品之前，推销人员必须精通信用调查技术，掌握顾客的信用情况，以保证能及时收回货款。这既是筛选顾客的技术，也是保证交易完成的安全措施。

2.保持适当的收款态度

收款态度的强弱与货款回收的情况是成正比的。收款态度较弱，可能无法及时收回货款；收款态度过强，容易形成高压气氛，会影响双方今后的合作。所以，保持适度的收款态度是非常重要的。

3.正确掌握并灵活运用收款技术

常用的收款技术有：按约定的时间上门收款，如果推销人员自己拖延上门收款的时间，会给对方再次拖欠制造借口；注意收款的时机，了解顾客的资金状况，在顾客账面有款时上门收款；争取顾客的理解和同情，让顾客知道马上收回这笔货款

对你非常重要；收款时要携带事先开好的发票，以免错失收款机会，因为顾客通常都凭发票付款。

如果确实无法按约收款，则必须将下次收款的日期和金额，在顾客面前清楚地做书面记录，让顾客明确认识到这件事情的严肃性和重要性。如果按约收到货款，也不能掉以轻心。如果收到的是现金，需仔细清点；若收到的是支票，更要看清楚各项内容，不能有误，否则，依然不能及时收到款项。

（三）售后服务

售后服务是指企业及其推销人员在将推销品送达顾客后，继续向顾客提供的各项服务工作。售后服务是企业参与市场竞争的利器，是一种有效的促销手段。对推销人员而言，良好的售后服务不仅可以巩固已争取到的顾客，促使他们继续购买，还可以通过这些顾客的宣传争取到更多的新顾客，开拓新的产品销售市场。售后服务的主要形式有以下几种：

1.送货服务

对购买较为笨重、体积庞大的产品，或一次购买较多，自行携带不便或其他有特殊困难（如残疾人）的顾客，均有提供送货服务的必要。送货的形式包括自营送货和代营送货。自营送货由销售公司使用自己的人力和设备提供该项服务；代营送货则由销售公司委托有固定合作关系的运输单位提供代理服务。送货对一个企业来说并不是十分困难的事情，但它大大方便了顾客，解除了实际困难，为争取"回头客"打下了良好的基础。

2.安装服务

顾客购买的产品，有些在使用前需要进行安装，如空调机、组合设备及某些系统线路用户终端设备等。对这些产品，由企业或推销人员安排有关人员上门提供免费或收费安装服务，并当场试用，保证产品的质量和正常运行，解除顾客的后顾之忧。

3.包装服务

在产品出售后，根据顾客需求为其提供各种包装服务，如针对具体情况对推销品进行普通包装、礼品包装、组合包装。这样的服务既为顾客提供了方便，也是一种重要的广告宣传方法。

4."三包"服务

这是指对售出产品实行包修、包换和包退的做法。推销人员既要对企业负责，又要对广大消费者负责，保证产品使用价值的实现。企业也应根据不同产品的不同特征和性能，制定具体的产品售后"三包"政策，满足顾客购买产品后的要求。包修指对顾客购买的本企业的产品在保修期内实行免费维修，超过保修期限则收取一定维修费用的服务项目。包换是指顾客购买后发现产品不适合自己，或者产品存在某种缺陷，可以在一个短暂期限（如3天至1个星期）内调换同种类产品。若调换品与原购品存在价格差异，则补交或退回其差价。包退是指顾客对购买的产品感到不满意，或者产品质量有问题，而又不接受调换处理时，允许其退货。

延伸阅读9-6

一站式服务：
从受理到
处置由专人
负责

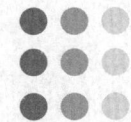

5.处理顾客意见，做好善后工作

推销人员与顾客达成的交易不可能令顾客百分之百满意，成交后顾客常常会对推销品产生抱怨，对推销人员及企业进行批评，甚至会出现索赔的情况。推销人员要保持与顾客的联系，及时妥善、合理地处理这些问题，这样有利于提高推销人员及其企业的信誉。

（四）与顾客建立良好的关系

随着消费者购买选择余地的扩大，感情消费、感性消费在所有消费中占据了很大的比例。有经验的推销人员善于对顾客进行感情投资，与顾客建立良好的关系，让顾客的购买变成感情投资的副产品。一般而言，以下方法可以增进推销人员与顾客的感情：

1.登门拜访

经常去拜访顾客非常重要，拜访并不一定是为了销售，主要目的是让顾客感觉到推销人员和企业对他的关心，同时也是向顾客表明企业对销售的商品负责。推销人员拜访顾客时不一定有明确的目的，也许只是为了问好，也许是顺道拜访。主要应把握一个原则，即尽可能使拜访行为更自然一些，不要使顾客觉得推销人员的出现只是有意讨好，更不要因拜访而干扰顾客的正常生活。

2.书信、电话联络

书信、电话都是联络感情的工具，在日常生活和工作中被广泛使用。当有些新资料需要送给顾客时，可以附上便笺，用邮寄的方式寄给顾客；当顾客个人、家庭或工作上有喜事或者变故时，可以致函示意，如邮寄各种贺卡。通常，顾客对收到的函件会感到意外和喜悦。用打电话的方式与顾客联络也是一种很好的方式，偶尔几句简短的问候会使顾客感到高兴，但问候时要注意语言得体、适当，不能显得太陌生，也不能表现得太肉麻、离谱。

3.赠送纪念品

这是一种常见的方法。成功的销售机构和推销人员经常向顾客赠送纪念品。这种方式至少可以起到两种作用：一是满足部分消费者贪小便宜的心理；二是以此作为再次访问及探知情报的手段，这是成功销售的一种技巧。

4.了解顾客背景

与顾客联络感情时，不管是在电话里、在办公室或在其他场所，推销人员都应该有意识地、有技巧地询问顾客的背景，包括其家庭背景、职业背景及社会关系。对于这些顾客背景资料，推销人员应及时地加以记录、整理。通过接触许多推销对象，推销人员有可能会找到有益于销售的线索，因此对顾客的背景了解越多，就越能把握顾客的心理，从而增加销售机会和成功的概率。

5.连锁销售

老顾客可以成为企业和推销人员的义务"传播者"。推销人员以真诚和热情打动顾客后，顾客往往愿意做一些热情的连锁介绍，这些由顾客口中道出的"情报"往往

具有很大的价值。因此，在开展售后服务的各种场合，推销人员除了要以热忱的服务让顾客感觉便利外，还应该与其探讨一些有利于连锁销售的情报，或者借提供售后服务的机会请顾客在某一路线、某一范围内打听有价值的消息。但是，通过这种方式获取情报，应适可而止，以免引起对方的戒心和反感，并尽可能避免给顾客增添麻烦。

总之，一切推销活动的起点是顾客，终点也是顾客。谁忘记了顾客，就意味着谁忘记了自己的推销使命。推销人员永远要记住，"你怎样对待顾客，顾客就会怎样对待你"。赢得一个满意的顾客就等于多了一个朋友。一般来说，每个推销人员手中都有一批老顾客，资料显示，80%的成交来自20%的老顾客，而老顾客是通过一次次的推销接触获得的。赢得了顾客，就等于赢得了竞争的优势，赢得了市场。

复习思考题

一、选择题

1.来自顾客的成交障碍不包括（　　　）。

A.顾客的修正行为　　　　　　　　　B.顾客的风险行为

C.顾客的推迟行为　　　　　　　　　D.顾客的避免行为

2.顾客的购买信号一般可以分为（　　　）。

A.表情信号、非表情信号　　　　　　B.行动信号、非行动信号

C.情境信号、非情境信号　　　　　　D.语言信号、非语言信号

3.在运用小点成交法之时，我们需要注意（　　　）。

A.推销人员利用该方法来直接促成交易

B.较小的成交问题却会产生较大的成交心理压力

C.顾客面对小点成交比较马虎，随时可以做出决定

D.数量少的，异议少的，顾客少的，都可以作为小点处理

4.在运用机会成交法时应注意（　　　）。

A.推销人员需要强调成交机会千载难逢

B.推销人员应避免直接向准顾客提示成交机会

C.使用该方法可以适当夸大机会，使得准顾客尽可能把握住机会

D.最好单独使用一种机会，避免引起反感情绪

5.与顾客建立良好关系时，不能使用的方法是（　　　）。

A.登门拜访　　　　　　　　　　　　B.书信、电话联络

C.赠送贵重物品拉拢　　　　　　　　D.了解顾客背景

第九章在线测试

二、案例分析

销售经理的"慧眼"

小李大学刚毕业时在一家汽车销售公司实习。一天，公司待客大厅来了一位

30多岁的女客户，当时小李离门口最近，便主动上前招待并倒茶。销售部经理走过来，和小李一起坐下来与这位女客户交谈。从谈话中，小李得知女客户是某运输车队的，工程即将开工，打算买一批车，这次先买5台，看看使用情况后再决定是否订购下一批。销售经理"关切"地询问她提到的工程，寒暄几句后，就直奔"敏感区域"——价格。销售经理报出了价，同时说有现货。这位女客户听到经理的报价后脸上的表情马上起了变化，然后说Y公司（代理另外一个汽车品牌的经销商，在当地很有实力）的报价是多少，意思是说同档次的车，小李她们的报价要高。销售经理没有直接否认她的意见，轻描淡写地提到上个月销售给某集团公司的10辆车也是这个价格。同时，她强调如果能定下来，马上可以办手续提车。之后，双方又交谈了一小会儿，然后和通常的做法一样，到展场看车。看着车，女客户问了一些配置方面的问题，然后离开了。

在小李看来，这绝对是大客户了，可是看到销售经理的表现，小李觉得她不够"热情"和"主动"，这单生意没看到什么"希望"。小李把自己的疑虑委婉地告诉了销售经理，下面是她们的对话：

小李："这个大客户，不知道下次什么时候还来？"

经理："很快会来的，3天之内，你就可以看到了。"

小李："不会吧，她走的时候没有说一定要在我们这买啊，而且感觉她的购买欲望不是很强烈。"

经理："这单是跑不掉了的！"

小李："很难吧，她说Y公司给她的价格比我们更低。她谈得最多的就是价格，可见价格对她来说是最重要的因素。"

经理："道理显而易见，她是想压我们的价，用另一个竞争对手来制约我们的价格。"

小李："是的，但是她从头到尾好像都没有问过我们的质量，价格应该就是她唯一考虑的了，而我们跟Y公司比没有价格竞争优势。"

经理："因为她是行家，熟悉我们的车的配置，也熟悉Y公司代理的车的配置，她绝对知道两者之间的差异，而且我敢肯定，她更青睐我们的车！记得我询问过她工程情况吗？在那样的工况下，我们的车比Y的车优势更加明显。"

小李："那她怎么没提到呢？"

经理："因为如果她提出来，明显就是觉得我们的车才是她最需要的，这就等于在我们面前削弱了议价能力，所以说她是行家。"

小李："原来是这样。经过你这么一说，这单我也觉得有把握了。"

经理："还有一个原因，就是我们有现车。这是非常重要的砝码之一。刚才我问了她工程开工的时间和周期，所以我敢说她3日内一定会再来的。"

小李："那我们是不是要跟踪，多跟她电话联系？"

经理："目前来说，完全没必要。她会主动联系我们的，而且会带上比她级别更高的领导来谈的。就这一单来说，静观其变，耐心等两天好了，它跑不了的。"

果然，就在第三天的下午，这个女客户又来了，而且带上了她公司的车队队长和老板。这一单，顺理成章地成交了。从这一次销售实战中，小李收获了很多。做销售是一个双赢的过程，也是一个斗智斗勇的过程。

资料来源　佚名. 汽车销售实战案例［EB/OL］.［2021-01-10］. https://www.doc88.com/p-747822665051.html.

思考讨论：

1.销售经理是如何捕捉顾客的成交信号的？

2.你对双方在交易中的表现有何评价？

第十章

店堂推销

本章内容提要

- 店堂推销概述
- 店堂推销技巧

店堂推销是一种特定的销售形式,顾客走进商店,通常是心中已经存在某种需求或购买的打算,因此推销人员应当努力把握机会,不要让生意溜走。推销人员必须力争在顾客逗留期间完成销售,因为顾客一旦离开商店,就很少有第二次机会。推销人员必须以礼貌和得体的行为吸引顾客多次光顾。也就是说,推销人员要在销售技巧和心态方面都有很好的修炼。

第一节　店堂推销概述

一、店堂推销的内涵

（一）店堂推销的概念

店堂推销是指推销人员在特定的场所向前来寻购的顾客销售商品的活动过程。店堂推销要求推销人员在接待顾客时，认真研究和观察顾客的购买心理，并根据不同类型顾客的特点，采取不同的接待方法，以达到满意的推销效果。因此，接待顾客是店堂推销成交的前提，接待得好，可以促进商品的成交，接待得不好则会影响乃至阻碍商品的成交。

（二）店堂推销的特点

在店堂推销中，推销人员接触的大多是主动上门寻购的顾客。这些顾客的主要目的是为现在或未来的采购寻求目标，只要推销人员接待顾客的方式和时机恰当，准确掌握顾客的需求偏好，往往能得到顾客的主动配合，说服顾客立即采取购买行为。对推销人员而言，顾客是主动上门的，不需要出门寻找，需要做的只是让尽量多的上门顾客买走他所需要的商品，即把那些在店堂内驻留时间较长，且仔细观察、比较店内商品的人作为重点推销对象。主动上门的顾客往往带有较为明确的购买意图和目标。有的顾客已对欲购商品的品牌、价格范围、款式、规格都有了具体的了解、打算和要求；有的顾客则已具有购买某类商品的计划，正在寻找合适的品牌、价格、款式、规格和优质的服务；有的顾客可能已有某种需要，正为采购行为进行广泛的调查比较，以便做出购买决策。总之，主动上门的往往是有需求或购买愿望的顾客。

因此，推销人员要善于接近顾客，诱导顾客表达其需求，推荐能满足其需求的商品，并说服顾客在本店购买。不过，如果本店的商品确实不能满足顾客的需求，也不可强求，而应友好地及时放弃。由此看来，店堂推销主要是服务的过程。

二、店堂推销的形式

（一）柜台售货

柜台售货是指将商品陈列于货柜、货架上，柜台将商品、推销人员与顾客分开，当顾客选购商品时，必须由推销人员传递的售卖方式。由于顾客与推销人员分别处于相对独立的空间中，因此柜台售货方式充分体现了店堂推销的服务性。推销人员的推销更多地表现为按顾客要求进行商品递送。在回答顾客提问方面，往往在顾客提出展示商品或其他服务要求后，推销人员才开展有效的推销活动。

因此，在柜台售货方式下，推销人员要充分表现其友好形象，让顾客轻松自然地提出自己的要求，从而发现并抓住推销机会。在柜台售货方式下，只要顾客提出服务要求，就已经表示了明确的购买信号，推销人员要正确地抓住顾客需求的实质，积极地推荐，并说服其购买。

（二）开架与自选售货

开架与自选售货是指将商品陈列于货架和货柜上，顾客可自由、直接地选购商品的售卖方式。在开架与自选售货方式下，顾客挑选商品一般不需要推销人员传递，推销人员只负责上货、整理并照看商品，解答顾客询问，但推销人员主动、恰到好处地进行推销往往能提高成交率。由于开架与自选售货方式将顾客与推销人员置于一个没有相互隔离的统一空间中，因此推销人员要站在既便于照看商品和顾客，又不至于影响顾客自由、轻松地选购商品的位置，切忌像哨兵站岗一样高度警惕地站立于店堂过道中间或门口处，甚至紧紧盯着顾客。

推销人员观察顾客动向时，尽量不要让顾客觉察。当发现顾客反复挑选而不能决定时，或发现顾客观察了解商品不得要领时，或发现顾客长时间欣赏某种商品时，或发现顾客正在议论某种商品时，推销人员就要主动出击，仔细了解顾客需求，推荐、劝导、说服顾客下决心购买能满足其需要的产品，这时往往能提高成交率，并获得顾客的好感。

（三）展销售货

展销售货是指将产品集中展览售卖的方式。展销售货往往使用专门的商品陈列用具，辅以一定的宣传手段，在特定的时间、地点售卖商品。需要注意的是，对展销的商品要不停地演示，推销人员也要经过专门培训。

三、店堂推销的步骤

针对店堂推销的特点，推销人员在接待顾客的时候，一般采取以下几个步骤：

（一）售前待机，态度端正

顾客对推销人员的服务要求，首先就是能给以主动热情的接待。推销人员在顾客临柜时，以怎样的姿势、神情、态度、语言去欢迎与接待顾客，是决定商品销售能否成功的第一步。售前待机，就是等待顾客临柜的准备阶段。在此阶段，推销人员必须做好随时迎接顾客的准备，抓住接待顾客的最好时机。推销人员售前待机要取得预期效果，应该符合如下要求：

微课 10-1

店堂推销的
步骤

1.站在易于接近顾客的位置上

在售前待机时，推销人员站在合适的位置上等待顾客的到来，随时提供最佳服务，这是十分重要的。所谓合适的位置，一般指既能照顾自己负责的货柜，又易于观察与接近顾客的位置。当然，如采取敞开售货形式，推销人员所站的位置就难以

固定了，但也应在其所负责的范围内选择一个易于照顾所有顾客的位置。

推销人员的站位要基本固定，这不仅是管理商品和接近顾客的需要，还会给顾客以规范、舒适的感觉。

2.有良好的姿势与态度

推销人员售前待机的姿势，要自然、端正，一般站在离柜台一个拳头的地方，两脚平踩地面，自然分开，身体站正，两手轻握放在身前或柜台上。推销人员售前待机的态度，应诚恳、和蔼。比如，自然的微笑就能表达对顾客的热情与欢迎。

正确的待机姿势与态度是礼貌待客的重要表现，也是招徕顾客的因素之一。如果待机姿势不好，如倚靠柜台、倚靠柱子、背向顾客、低头沉思、聚堆聊天、吃东西、看书报、剪指甲等，不但会令顾客反感，还有可能失去顾客。

3.时刻以接待顾客为中心

如果一时没有顾客入店或临柜，推销人员也不能站在那里无所事事、精神松懈，必要时可以做一些与顾客初步接触的准备，也可以做一些检查、整理、补充和包装商品的工作。但是，这些工作都只能利用接待顾客的空隙来做，不能因此而忽略接待顾客这个最主要的职责。只要一发现有顾客临柜，就应马上中止这些辅助工作，进入"临战状态"，随时准备接待顾客。绝对不能以任何借口怠慢顾客，更不能用类似"你没看见我正忙着吗"等失礼的话来顶撞顾客。如果那样，必然会使顾客感觉不快，还会导致买卖告吹。

（二）察言观色，寻找时机

在店堂销售中，顾客往来的频率高、数量大，需求多样而且具体。在所有往来顾客中，一部分是为了某种需求而来，也有一部分没有明确的购买意向，但后者也可能受到感情因素的影响而产生某种购买心理或购买行为。由于顾客的购买目的不同，需求各异，他们在商店所表现出的心态、表情和言行都会有区别。因此，推销人员应该先对顾客的具体心态、表情和言行进行判断，从而确定真正具有购买动机的"准顾客"。

需要注意的是，已被唤起购买欲望的顾客，与没有购买目的而闲逛的顾客不同，前者会产生各种各样的外部表现信号。第一个可供识别的信号是：多余的运动或与买卖不相关的动作暂时消失。比如，顾客停止了脚步，站在某种商品的柜台前欣赏良久。第二个可供识别的信号是：呼吸发生某种变化，同时出现各种适应性的身体姿态。比如，在熙熙攘攘的人群中，唤起注意的顾客常常面对推销人员，上身前倾，目不转睛，侧耳细听，呼吸次数减少且变得比较轻微，刺激强烈时，还会出现"屏住气"的现象。出现以上征兆，说明顾客已对某种商品产生了兴趣，推销人员应通过观察发现这类"准顾客"，并在适当的时机采用适当的方式与顾客接触。如果商店的商品不能唤起顾客的兴趣，或者不能满足顾客的要求，那么顾客往往只是在商店漫无目的地闲逛，即使偶尔有某种特别的举动，至多也只是打听行情，凑凑热闹，不会产生购买欲望。

延伸阅读10-1

判断顾客的
方法

（三）主动接近，热情服务

推销人员经过判别，确定了具有真正购买动机的"准顾客"后，就可以抓住时机主动接近顾客，热情地为顾客服务。

（1）当顾客注意某一商品或商品标签时，推销人员应主动接近顾客。

（2）当顾客较长时间拿着某一商品思考时，推销人员应以关心的口吻接近顾客。

（3）当顾客在商品前抬起头，向推销人员方向看的时候，推销人员应热情地接近，因为这是顾客想和推销人员商量的表现。

（4）当顾客对几种商品进行比较的时候，推销人员应当以介绍商品特点的方式接近顾客。

（5）当顾客认真观看商品的广告，或拿着笔记本对照观看商品的时候，推销人员应当以关心和询问的方式接近顾客。

（6）当顾客在柜台前搜寻的时候，推销人员要尽早地接近顾客。

（7）当顾客突然在柜台前停住脚步的时候，推销人员应主动接近顾客。

对于这些顾客，推销人员可以通过商品展示与报价、质量说明、询问顾客等服务措施和途径，帮助顾客了解商品的使用价值，同时更加清楚地了解顾客的购买动机。不少顾客买东西时寄希望于推销人员的帮助，有经验的推销人员往往不急于帮助顾客选购商品，而是先在揭示顾客的购买动机上下功夫，循循善诱，及时发现顾客真正的购买目的，然后一举解决其问题。

延伸阅读10-2

如何让来店的客户愿意开口说话？

（四）展示商品，激发欲望

通过观察及与顾客的初步接触，了解到顾客已对某商品产生兴趣后，推销人员就应针对顾客的需求提供他们所需要的商品，即展示和介绍商品以进一步激发顾客的购买兴趣。展示的商品，可能是一种，更可能是多种。

展示商品时，推销人员应一边注视顾客的脸，一边用手拿着商品给顾客看，并且心情愉快、面带笑容地向顾客介绍商品的特点、性能、价格等，顾客对所看的商品不满意时，要迅速选出别的商品让顾客选择，并做有比较的推荐，以便激发顾客的购买欲望。

（五）说服诱导，促成购买

对于所展示的商品，推销人员应对其质量、性能、特点、价格甚至操作程序和使用方法进行介绍。此外，还可客观介绍同类商品的情况，做出公正的评判。对于顾客提出的问题，推销人员应以诚恳、实事求是的态度回答。总之，推销人员要通过详细介绍、透彻说明、公正客观的评判来激发顾客的购买欲望。

当顾客对价格便宜商品的质量不放心时，推销人员需要介绍该商品的质量担保措施，增强顾客的购买信心。

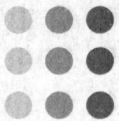

当顾客反映商品价格高时，推销人员不能简单地说"不贵"，而要突出商品的功能、质量和性能方面的优点，使顾客确信价格虽然高一点，但物有所值。

当顾客沉默考虑时，推销人员不要妨碍他的思路，可对其提出的问题做出针对性的解释和回答。

总之，推销人员要通过宣传介绍使顾客意识到，他所需要的商品如今已找到，是当机立断马上购买的时候了；同时，还要使顾客感觉到，购买这种商品后，不仅能满足需要，还可从中得到享受和乐趣。推销人员通过客观评判，还要让顾客认识到购买这种商品的决策是合理的、正确的，不论是商品的性能、质量，还是价格、服务，都会使其达到预期的效果。顾客听取了推销人员的介绍说明和公正评判，加上自己的比较选择，就会产生购买欲望和行为。一旦顾客做出购买决定，推销人员就要抓住时机，马上报价收款。在收取货款时一定要更加仔细地查看商品标签，大声把价格报出。收取现金时，必须当面点清，"唱收唱付"。

（六）包装商品，礼貌送客

推销人员收取货款后，就要为顾客包装商品。包装前，还要仔细核实商品的规格、品牌和数量，看有无差错，有无破损。包装时，可以根据顾客的要求，进行不同的包装，但总的原则是包装牢固、外表美观、携带方便。推销人员包装好商品后，应用双手将商品递交给顾客。

如果顾客购买的商品较多，应把它们装在一起递交给顾客，便于顾客携带。当顾客买到称心如意的商品准备离开时，推销人员不应忘记接待顾客的最后一个环节，礼貌地与顾客告别："谢谢您，欢迎以后再来。"还会有一些顾客经过询问、比较，最后没有做出购买店堂商品的决定，推销人员决不可因此而改变态度或发出"最后通牒"，而应进一步了解顾客的要求、困难和反应，并同样礼貌地送客，以便开创新的销售机会。

四、店堂推销的注意事项

（一）准确判断顾客类型

顾客作为一个群体是有一定特征的，一般可把顾客分为三种类型：有明确购买目标的顾客、购买目标模糊的顾客和随意浏览的顾客。推销人员要提高推销效率，就要能够准确判断和接待不同类型的顾客。

1.有明确购买目标的顾客

这类顾客清楚地知道自己要买什么产品，对该种产品的性能、质量、价格等已经心中有数，会迅速地做出购买决定。这类顾客往往会目不斜视地快步直奔该产品的销售区域，看到该产品后会仔细审视，会以肯定的语气询问或要求推销人员递上该产品，或毫不犹豫地从陈列架上取下该产品认真观察。

接待这类顾客时，推销人员应迅速上前迎接，通常不需要对此种产品做全面的

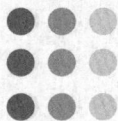

介绍，除非顾客自己提出要求。对顾客就有关产品质量、性能、产地方面的提问，推销人员只需要准确而简要地回答即可。推销人员要注意向这类顾客"顺带"推荐配套使用的相关产品。

2.购买目标模糊的顾客

这类顾客打算购买某些产品，但尚未决定购买的品牌、规格、样式。他们上门的目的在于寻找合适的产品。这类顾客进门后也会直奔相关的产品区域而去，对与自己需要相符的有关产品进行审查、比较。

接待这类顾客时，推销人员不要过早打扰，要在顾客对某件商品产生兴趣时接近顾客，根据顾客的职业、支付能力、使用产品的条件等相关情况介绍并推荐合适的产品，注意不要一次向顾客推荐过多产品。

3.随意浏览的顾客

随意浏览的顾客没有购买商品的打算，只是"随便看看"，了解了解行情，看看有何新产品问世，甚至只是想感受一下店堂里热闹的商业氛围。但是，这些顾客也可能在浏览的过程中产生购买欲望，从而产生交易的可能性，所以推销人员对这类顾客也不可小觑，仍要妥善接待，至少使顾客对推销人员的服务，对本店及本柜台销售的产品留下一个深刻而美好的印象。

这类顾客步履悠悠，不紧不慢，随意驻足，也随意走动。推销人员应让这类顾客尽情地、随心所欲地"浏览"，当他们驻足于某一商品前仔细观赏时才是接近的时机。

（二）有效运用营业时间

推销人员当班的时间是有限的，商品交易的高峰时间也是有限的。为了提高销售绩效，每个推销人员都必须有效地利用营业时间。

1.提高推销技巧，缩短每一次交易的时间

推销人员应总结顾客的购买特点和需求偏好，提高针对不同顾客的说服力，从而缩短每一次交易的时间。

2.掌握同时接待多位顾客的能力和技巧，有效应对客流高峰期

客流高峰期是短暂的，而一天的大部分营业额都是在客流高峰期创造的，因此推销人员掌握同时接待多位顾客的能力和技巧，既有利于在短暂的客流高峰期满足较多顾客的要求，也有利于造成一种踊跃购买的势头，从而刺激其他顾客产生购买欲望和购买行为。

3.在非客流高峰期向老顾客介绍新到的产品，提供良好的服务，创造销售机会

事实证明，如果推销人员善于利用各种方法有效运用营业时间，能够极大地提高销售额，增加顾客的满意度。

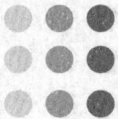

第二节　店堂推销技巧

一、店堂接待技巧

接待在大多数的推销场合都是很重要的，在店堂推销中尤其如此。推销人员和商场给顾客留下的第一印象，往往是顾客长期光顾的重要因素。长时间地冷落顾客或不礼貌地招呼顾客，会使有明确购买意图的顾客产生反感，离开商店。

尽可能向顾客致意是很重要的。有些商店要求推销人员在看到顾客后必须于10秒钟内接待顾客。如果推销人员迟迟不接待顾客，顾客就会感到被冷落了。这种感觉与被邀请参加聚会而被冷落一样。假定您接受了聚会邀请，到达时却未受到主人的接待，这时您有什么感觉？不必查阅有关礼仪的书籍就会知道，这是非常不礼貌的行为。同样，店堂销售的广告就是对人们发出的邀请，在营业时间内店门通常也是开着的，顾客进门后遭到冷落，会产生什么样的感觉呢？因此，推销人员要力争照顾到每一位光顾店堂的顾客，掌握同时问候多名顾客的技巧。

一名推销人员有时需要同时接待多名顾客。大多数推销人员在准备接待后来的顾客时，只是对先来的顾客说一声："请等一下，我马上回来。"对此，顾客会有不同的反应。有些顾客会觉得无所谓（可能还感到没有推销人员更自在些），而有的顾客会觉得推销人员很粗鲁。其实，推销人员应和先来的顾客进行一定时间的交流，以便了解顾客是有明确的购买目的，还是漫无目的地闲逛。一开始就与顾客进行语言交流，能避免许多潜在的问题。

以下是语言交流的例子，推销人员请求先来的顾客允许他去接待后来的顾客：

推销人员：请允许我离开一会儿，我会让那位顾客知道，我只能接待他一会儿。您这里没问题吧？

顾客：当然。（很少有顾客会拒绝）

推销人员：谢谢，您真善解人意。

征询了顾客的意见并得到允许后，该顾客就会等待足够长的时间，因为这时顾客与推销人员已达成了某种协议。类似的语言交流也可以与后来的顾客进行，如此，后来的顾客也会耐心地等待，因为他知道推销人员已经注意到他了。这样一来，推销人员就可以全力接待好先来的顾客。

推销人员可选择三种基本的方法来接待顾客：服务性接待、问候性接待和商品介绍性接待。

（一）服务性接待

这是一种最机械的接待方法。顾客都听腻了"您需要什么"这种套话。对此，顾客十有八九会回答："不，谢谢，我只是随便看看。"顾客在决定购买之前总要先看看商品，但"您需要什么"似乎在催促顾客做购买决定。另外，"我只是随便看

看"这一回答，也使推销人员处于尴尬的境地。推销人员提议的服务被拒绝了，也就只能别无选择地离开顾客。这时，推销人员如果仍不离顾客左右，顾客会觉得不自在而离开商店。如果推销人员离开顾客，而顾客又未能找到想要的东西，一笔推销业务也就跑掉了。

服务性接待的效果相当差。一项对推销人员的测评表明，某连锁店的推销人员如果总是使用"您需要帮助吗"这一接待语，商店的销售额会下降5个百分点。此外，"您已经等了很久了吗""您需要服务吗""您是否对某种东西感兴趣"这类接待语也会导致销售业绩下降。

"您需要帮助吗"是一种非肯定即否定的问话；"我能在哪些方面为您提供帮助"是一种改进的服务性接待用语，更倾向鼓励顾客就需求某种商品做出回答。当然，如果顾客已经在关注某种商品，使用商品介绍性接待就会起到更好的作用。

（二）问候性接待

问候性接待是指推销人员简单地使用"早上好"或"下午好"之类的问候语来招呼顾客。如果推销人员知道一些老顾客的姓名，当其进门时道一声"××女士，早上好"或"早上好，××先生"就更为恰当。

问候之后，推销人员还应与顾客继续保持对话，这很重要。例如：

推销人员："您来了，最近好吗？"

顾客："很好，谢谢。"

推销人员："今天的停车场很挤，您停车时没遇到什么困难吗？"

顾客："是的，我差一点就放弃停车回家了。"

推销人员："我了解您的感受。您下次来时可到商场东面的停车场看看，很少有人知道那里有许多车位。"

顾客："真的吗？知道这个消息太好了，可别告诉别人。"

推销人员："没问题，这是我们的秘密。"

这位推销人员成功地引导顾客做了更多的交流，并创造了进一步讨论顾客需要的合作机会。在问候之后接着谈论天气也很有用，如外面是否很冷之类。还有其他一些有用的话题，例如关于孩子的话题，只要看到顾客带着孩子进商场，推销人员就有了一个明确的话题。所有的父母都乐于谈论自己的孩子，谈话时不要仅限于夸奖孩子聪明漂亮，还可以谈论孩子的年龄、语言表达能力以及童车的样式等。

又如，关于新闻事件的话题。如果最近有轰动性的事件发生，而且大多数人都知道这件事，推销人员就可以用这类信息开始与顾客进行交谈。有关的话题可来自报纸，如选举、重大体育比赛、灾难性气候等。在选择新闻话题时，应避免选择争议很大的题目。

在进行问候性接待时，推销人员的非语言行为很重要。"早上好"应以微笑和升调来表示。当顾客到商店买东西时，推销人员满脸愁容地用冷漠或烦恼的语气招

呼顾客，顾客会有什么感觉？顾客还会再次光临或向朋友推荐这家商店吗？

（三）商品介绍性接待

如果顾客已经在关注某种商品，使用商品介绍性接待可能是最佳方法。以"早上好"问候之后，推销人员可直接介绍这一特定商品。例如：

"许多顾客都说这种衬衫穿起来很舒服。"

"这种汽车每升汽油可行驶12千米。"

"这是今秋的流行色。"

"这种产品本周就会卖光了。"

"这种手提包不比皮包差，在欧洲很流行。"

"您是否注意到这种衬衫中含有防皱纤维？"

延伸阅读10-3

商场接待用
语及禁语

通过直接将顾客的注意力集中到商品上，推销人员就能排除诸如"不，谢谢，我只是随便看看"之类的回答，因为顾客实际上已经在认真观看。另外，由于商品介绍性接待是使用陈述方式，而非提问方式，所以就限制了顾客说"不"。在运用商品介绍性接待的方法时，推销人员应努力做事实性陈述，避免掺杂自己的偏好，否则顾客会表示异议，从而丧失交易机会。

二、顾客需求探测技巧

对于有不同需要的顾客，推销人员必须采用不同的技巧，探测出顾客真正的需求所在，以便采取针对性的推销策略。

（一）有明确购买目标的顾客

对于一个一进入商店就要求看男士灰色针织衫的顾客，推销人员应立即拿出顾客所指定的服装，除非店里缺货。如果货架上有几种不同的式样，就应全部拿出来，让顾客自己选择。这种情况下的唯一例外，是推销人员知道顾客指定购买的商品不完全符合顾客的需求。出现这种情况时，推销人员最好将顾客指定的商品和自己认为更符合顾客需求的商品都拿出来，让顾客自己挑选。当然，推销人员要先让顾客看他自己指定的商品，同时可提些启发性的问题，例如：

"您看是否有什么地方不妥？"

"您是否注意到……"

"您对这件商品是否十分满意？"

这些提问使顾客对自己原先指定的商品产生怀疑后，推销人员便可拿出更符合顾客需求的商品让顾客选择。

（二）购买目标模糊的顾客

许多顾客走进商店时，往往只有一种模糊的购买意图。他们可能想买一件外套、一幅画或一件礼物，但没有明确的目标。对于这种情况，推销人员必须迅速了

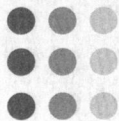

解顾客的真实需求，而最好的了解方法是提问。前文介绍的提问技巧在这里都适用。例如，对于想买衬衫的顾客，推销人员可运用以下的提问方式开始与顾客交谈：

"您是想要运动型衬衫还是时装型衬衫？"

"您对颜色和式样是否有特定的要求？"

"您需要多大的尺码？"

对于想买家具的顾客，推销人员可运用以下提问方式：

"您需要什么功能的家具？"

"您的房间是什么色调的？"

"您的房间有多大？"

对于想买礼品的顾客，推销人员可运用以下提问方式：

"您为谁买礼物？"

"您准备花多少钱买礼物？"

在问顾客关于预算的问题时，推销人员必须十分小心，因为这个问题很容易引起顾客的反感。推销人员可以根据顾客的表现做一些推测，但这并不能保证推测结果准确。很多时候，在实际展示商品之前顾客的心理价位是定不下来的。推销人员适当提问是很有用的，但提问太多则可能导致推销失败。在大多数场合，较妥当的处理方法是，在做了一定的了解之后向顾客展示商品，让顾客面对可能选择的商品做最后的决定。

（三）随意浏览的顾客

面对这类顾客，尽管推销人员做了最好的接待，所得到的答复仍可能是"不，谢谢。我只是随便看看"。这类顾客通常不想讨论任何事情，他们的非语言行为明确表示，他们不希望受到别人的打扰，只要见到推销人员，就会避开。要应付这种情况并为以后的接触留下机会，"180度一触即离"是很好的方法，即推销人员随便走近顾客，以常用的"您好"打招呼，然后转身离去，过一段时间再重复接触。推销人员不停地来回走动，表示正在忙于做其他事。这时，注意不要直接走向顾客，这一点很重要。如果顾客没有直接请求帮助，推销人员只能通过观察顾客的非语言行为来了解顾客的兴趣所在。如果顾客对某种商品观察的时间比较长，推销人员可以上前做商品介绍性接待。

三、商品展示技巧

推销人员要激发顾客对商品的兴趣，使商品给顾客留下较深刻的印象，一个重要的工作环节就是向顾客介绍与展示商品。由于顾客一般都比较缺乏商品知识，而他们又相信商店和推销人员是熟悉商品知识的行家，所以推销人员对商品的介绍与展示是影响顾客购买动机的一个重要因素，是决定成交的重要环节。

微课10-2

店堂推销商
品展示技巧

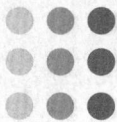

（一）介绍与展示商品的基本要求

介绍与展示商品总的要求是：方法要得当，语言要简明，态度要诚恳。既要全面介绍，又要突出重点；既要实事求是，又要突出特点；既要做好商品的宣传，又要尊重顾客的不同爱好。具体的要求如下：

1.实事求是

实事求是地介绍商品是诚信的表现，也是介绍商品的基本要求。实事求是地介绍商品，就是要做到既不夸大商品的优点，也不隐瞒商品的缺点。

2.有针对性

要根据顾客购买商品的特点，有的放矢地进行介绍。有的顾客缺乏必要的商品知识，挑选商品时抓不住要领；有的顾客注重商品的质量；有的顾客强调商品的花色；有的顾客在意商品的价格。因此，推销人员在介绍与展示商品时，要在与顾客的对话过程中，体会其对商品最关心的是什么，做到因人而异，针对顾客的特点详尽地介绍商品知识。同时，在推荐商品时，在质量与性能方面应从低级向高级逐步推荐。这是因为在一般情况下，顾客都是说："还有再好一点的吗？"而不是说："还有差一点的吗？"

3.语言要准确鲜明

推销人员介绍商品时的语言表达是相当重要的，一般要求简明扼要、具体、准确；不要啰唆、抽象、模棱两可。例如，"这种玩具可以帮助您的孩子提高智力""这种糖是用花生做的，又香又甜"。

4.不能把自己的观点强加于人

推销人员介绍商品，是为顾客参谋，为顾客服务，而不能左右顾客。特别是对国外顾客和少数民族顾客，更要尊重他们的风俗习惯、宗教信仰，否则，会引起顾客的不满。

5.介绍商品应与展示商品相结合

推销人员在介绍商品的同时，应注意运用高超的展示方法，做好示范动作，还可以让顾客亲自试看、试听、试用、试穿、试戴，使顾客更好地了解商品的性能和质量。

（二）介绍与展示商品的方法

1.强调商品特点

强调商品的特点，就是对商品的用法、式样、性能、质量、价格等方面，用简单明了的语言介绍出来，并着重介绍商品最能打动顾客购买心理的部分。介绍商品特点，要注意使用商品的对象：是男人用还是女人用；是小孩用还是大人用；是一人用还是多人用。要注意使用商品的时间：是夏天用还是冬天用；是雨天用还是晴天用；是早上用还是晚上用。要注意使用商品的地点：是在家里用还是在办公室用；是在野外用还是在室内用；是在城市用还是在农村用。要注意使

用商品的目的：是顾客自己享受还是让别人享受；是为了美化生活还是为了满足生活必需；是为了工作还是为了娱乐。总之，要根据使用商品的不同对象、不同时间、不同地点、不同目的，抓住其主要特点，有重点地进行介绍。比如，有的顾客购买商品是为了显示经济能力或购买能力，推销人员就不必过于强调商品的性能、效果，而是要强调商品的式样、质量，特别是要强调其品牌以及时髦性和紧俏性，必要时还可以与顾客身上的高级品做比较，赞美几句，促使顾客尽快下定购买的决心。

2.针对顾客购买过程的不同表现采取不同的介绍与展示方法

当顾客临近柜台，但没有特地指出想要购买的商品时，推销人员要一边微笑一边亲切地招呼，观察顾客的反应，注意顾客的动作和表情，掌握适当的时机再介绍商品的性能。

当顾客指名要某种商品时，推销人员要立刻应诺并面带笑容地将顾客指定的商品取出，礼貌地递给顾客，但不必急于介绍。

当顾客手拿商品观看时，推销人员要趁机恰当地从商品的原材料、设计、样式、性能及用途等角度向顾客介绍其优越性，并根据顾客的反应，揣摩其心理状态后，再做进一步介绍。

当顾客希望推销人员帮助其挑选商品，并表露出需要帮助的意思时，比如，顾客接过商品后不立即表态要购买，而是露出为难的样子，或者顾客手中拿着商品，同时又在左盼右顾，或者顾客拿着两种不同的商品，显露一种犹豫的表情，推销人员就应分析顾客在考虑什么，如是商品质量不对路，还是花色不称心，或是价格太高。推销人员做出判断后，可挑选两三种合适的商品拿给顾客看，并针对顾客的不同情况，比较全面、概括又恰当地介绍商品的特点，使顾客产生信任感。顾客选定其中某种商品时，推销人员再重点介绍，帮助其下定购买的决心。

当顾客对商品仍不满意时，推销人员可再选出同类型的不同商品，递给顾客看，并揣摩顾客对先前所看的商品不满意的原因，有针对性地介绍。如果顾客对先前推荐的商品的质量不太满意，推销人员应着重从原料、制作过程、工艺等方面介绍其质量；如果顾客是嫌商品的价格高，推销人员应与同类商品做比较。

当推荐的商品未能满足顾客的要求时，或顾客需要的商品商店无货时，推销人员应以抱歉的心情请求顾客原谅，并试图向顾客推荐同类的商品或替代品。

当顾客已决定购买某一种商品并感到满意时，推销人员还可向其推荐一些有关联的商品。例如，某顾客购买了一件短外套，推销人员就可及时介绍同一花样的裤子，以激发其购买动机，扩大销售。

3.对不同性质的商品采取不同的介绍与展示方法

（1）名牌产品。各种名牌产品，都有其独特风格，其中有的是历史悠久的传统名牌产品；有的是名师制作、工艺高超的产品；有的是用料精细、质量优良的产

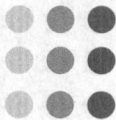

品。因此，在介绍与展示名牌产品时，推销人员一定要突出其特点，着重介绍其质量、产地、特点、信誉，必要时还可介绍其悠久的历史或特殊的制作工艺，从而吸引顾客，激发其慕名而购的动机。例如，介绍茅台酒时，除了介绍其香气柔和幽雅、郁而不猛，敞杯不饮酒香持久不散，饮后空杯留香不绝的特点外，还要突出介绍其在1915—1916年的巴拿马万国博览会上所取得的盛誉。

（2）工艺品、装饰品。任何工艺品、装饰品，往往都独树一帜，别具风格。在介绍这些商品时，推销人员要着重介绍其风格特点、艺术价值。例如对石湾艺术陶瓷，应着重介绍它是在"石湾公仔"的基础上发展起来的，所绘各种鸟兽人物，形态惟妙惟肖，栩栩如生，格调朴素凝重，具有艺术欣赏价值。又如，对用于装饰的花瓶，应从其造型、式样、图案方面进行介绍。

（3）有特殊效能的商品。对有特殊效能的商品，应从其成分、结构讲起，再转到其效能。例如，对某儿童饼干的介绍，应先介绍其成分（结构）包括优质面粉、鸡蛋、奶粉、维生素以及适量的优质钙，因而其（特点）具有营养丰富、容易消化与促进儿童牙齿和骨骼生长的作用。又如，对某种塑料杯，要先介绍其主要由高纯度的热塑型塑料或者是食品级PP材质及辅助填料制成，因而耐酸、耐碱、无毒无味，经着色后，其外观和手感如同瓷器，抗摔性又比瓷器好等特点。再如，对某日用化妆品，要先讲它是用高级脂肪酸、甘油等原料配制而成的，因而具有抑制面部皮脂溢出和收敛、消炎、杀菌的作用，经常使用，对粉刺有一定的疗效。

（4）日常用品、食品。对于日常用品和食品，要从好处讲起，再转到商品的特性，突出其优点。例如，介绍某一类型的衬衫，要先讲这种衬衫穿起来很舒服，夏天透气性好，冬天保暖性好，因为它是用纯棉制造的。又如，介绍某厂生产的拖鞋，要先讲这种拖鞋不仅式样美观大方，而且穿着也很舒适，因为鞋底是用泡沫塑料制作的。

（5）关联商品。有些商品与其他商品之间在用途上是有关联的，如电动玩具与电池，枕套与枕巾、枕芯，香烟与打火机，烟丝与烟斗、烟纸，皮鞋与鞋油，面包与奶油、果酱等。由于有的顾客在购买商品时，一时没有想到这类有关联的商品，因而需要有人提醒。推销人员与顾客成交某一种商品后，要不失时机地向顾客推荐关联的商品，引起其购买兴趣和需求。介绍关联商品时，语言要婉转亲切，要善于根据顾客言谈中的心理状态，有的放矢地进行商品介绍。有些商品之间虽有关联，但消费者不一定都需要，如有的顾客买了枕套，但不一定要枕芯；买了蚊帐，但不一定需要蚊帐钩。很多副食品之间的关联性很大，关系密切，如顾客购买了一条鱼，要用什么配料，就要看顾客做什么菜色，如要做肉丝蒸鱼，就要购买瘦肉；如要做五柳糖鱼，就要购买五柳菜和醋、糖等配料。因此，推销人员介绍关联商品时要有的放矢，态度不要勉强，要顺从顾客的心意，问一问"还需要些什么"，使人感到服务周到。

（6）代用商品。每个商场虽备有经营目录，但由于种种原因不能完全满足每个顾客的需要。当顾客提出要购买某一种商品而商店暂时没有时，推销人员应热情地

向顾客介绍某种可以代用的商品，以满足其需要。例如，有位顾客到店要求买一包奶油饼干，如果推销人员回答："对不起，奶油饼干已售完。不过现有一种草莓饼干，质量也不错。"这时顾客可能说："好，拿来给我看看。"推销人员就要有礼貌地将草莓饼干递给顾客看，并扼要地介绍这种饼干的特点，还可与奶油饼干做些类比，从而诱导顾客改变原来的主意而买这种饼干。

推销人员向顾客介绍代用商品，可以考虑以下途径：某产地的商品缺货时，介绍另一产地的同类商品；某规格的商品缺货时，介绍可以通用的另一规格的商品；某种花色的商品缺货时，介绍另一种近似花色的商品；某种有特别用途的商品缺货时，介绍另一种用途相同的商品；某种特定的商品缺货时，可以介绍由该商品经加工、改制后的另一种商品；某种整件商品缺货时，可以介绍用零件装配成套的商品。

（7）新产品。新产品刚上市时，需要被顾客了解和接受，除运用广告宣传外，还要靠推销人员在售货过程中积极向顾客推荐，以打开销路、占领市场。例如，有的新产品是在老产品的基础上改进而成的，这就要把新老产品做比较；有的新产品是从国外引进并加以改进的，这就要对国内产品与国外产品进行对比介绍；有的产品是创新的，就要介绍其特点，使消费者接受这种新产品。

介绍新产品的目的在于引导消费，使顾客的购物目标发生变化，促进新产品打入市场。

（8）滞销商品。某些商品滞销，一般是由季节、消费习惯、消费者需要、地域差异、生活水平等发生变化而造成的，也有的是由商品残次、质量下降所致。由于顾客的消费水平不一，爱好各异，只要注意分析顾客的心理变化，有针对性地做好推荐工作，就有可能变滞销为平销。

在介绍滞销商品时，推销人员一定要实事求是，既要介绍其长处，又要介绍其短处。例如，虽式样过时，但仍很实用；虽包装较差，但质量完好；虽有缺陷，但仍有使用价值；虽出口不对路，但适合国内销售。同时，推销人员还要向顾客讲清楚原价是多少，处理价是多少。

（9）进口商品。介绍进口商品时，推销人员应将其商标、主要部件和使用说明译成中文交给顾客，并着重介绍其使用和保养方法。

四、异议处理技巧

在店堂推销中，由于交易活动的复杂性，经常会出现顾客异议，为了提高服务质量、树立商场形象，推销人员要了解顾客异议的类型，掌握处理顾客异议的方法。

（一）顾客异议的类型

一般来说，在店堂推销中，顾客异议主要有以下几种：

1.顾客因被怠慢而产生的异议

这里所说的"怠慢"，主要是指在顾客多、业务繁忙的情况下，顾客总希望自

已能先买到商品，而商场服务人员又不可能同时接待为数众多的顾客。这样，就会使顾客产生被怠慢的感觉。

在这种情况下，推销人员要尽可能做到"接一、顾二、招呼三"，即接待第一个顾客的同时，询问第二个顾客需要买点什么，顺便招呼第三个顾客。

2.顾客对推销人员不耐烦的情绪产生的异议

过度催促也会引起顾客的异议。商场推销人员表现出疲劳或对顾客不耐烦的情绪，甚至催促顾客成交，都会让顾客感到不舒服。

对于这种顾客异议，推销人员除了要向顾客解释和道歉外，还应立即调整工作状态，不能流露出紧张不安或不耐烦的神情，要牢记"顾客永远是上帝"这句话；同时，要把更多的时间留给顾客，不但应让顾客尽情挑选，还应不厌其烦地帮顾客挑选。这样，不仅不会增加顾客挑拣的次数，还会加快交易过程，最终让顾客从容做出购买决定。交接班时，商场推销人员应耐心地为正在接待的顾客做好售货工作，同时应有礼貌地请其余的顾客转到邻近柜台或接替自己工作的推销人员那里。在一天营业接近尾声时，如果顾客仍有购买要求，推销人员不应表现出不耐烦的情绪、过早地收场，而应始终如一地接待。

3.顾客对已购商品产生的异议

如果顾客对已经购买的商品产生异议，商场推销人员应积极认真地解决，并做好善后工作，不能因为商品已经售出就推卸责任，这往往是最容易引发顾客异议的焦点问题。对于要求退换商品的顾客，应该一视同仁地接待。经检查认定商品确有问题，一定要询问顾客的处理意愿，是退货还是暂时留置，等待厂家的维修或更换。必须填写顾客服务卡作为凭证，约定取货日期，并向顾客致歉。遇到不易鉴别或不能退还的商品，如果顾客要求代卖，商场推销人员可根据实际情况，经柜组和商场主管同意，采取相应的办法妥善处理。

4.顾客对推销人员结算出错产生的异议

这种异议往往发生在交易结束，甚至顾客离开柜台之后。原因有时是商场销售人员算错，有时是顾客记错和丢失。这时，商场推销人员和顾客往往都会着急，容易发生争吵，因此，当遇到这种情况时，推销人员首先要安抚好顾客，然后沉着冷静地回忆交易过程，并查找有无造成钱、票发生差错的因素。如果确实是自己粗心大意算错了，应立即补回差款，主动向顾客表示歉意；如果是顾客记错价格或计算错误，应耐心帮助顾客重新算账，交代清楚；如果双方都没有计算错误，但顾客货款短缺了，应细致耐心地说明情况，帮助顾客回忆、查找；如果顾客一时想不通，也不必勉强顾客，可以请领导一起来研究，妥善处理。

（二）顾客异议的处理

1.处理异议的流程

（1）认真倾听。让顾客以自己的理解阐述所发生的问题。此时，推销人员要注意倾听顾客对问题的描述，了解顾客对问题的看法，切记不能只凭自己的主观臆断

理解顾客。

（2）确定问题的性质。让顾客知道推销人员已对问题进行实质性的关注。最好在听完顾客的意见后，把顾客提出的异议再简单重复一遍。一是让顾客知道他的意见已经完全被接受和了解；二是可以留点时间思考应如何更好地解决问题；三是可以使顾客在冷静后清楚地了解是非之所在。但要注意的是，只需要重复重点的内容，以免让顾客感觉啰唆。

（3）征求顾客对问题的解决意见。推销人员如果认为顾客对问题的解决意见是合理的，并且在自己的职权范围内可以办到，就应尊重顾客的选择，按其要求的方式解决问题；如果认为顾客的意见是不可行的，则应与顾客进行协商，找到一个合适的解决方案。

（4）提出多个解决方案。推销人员应多考虑几个解决问题的方案，并把选择权交给顾客，让顾客感受到自身的诚意，促进问题的解决。这依赖于推销人员平时在工作中的积累和对突发事件快速反应的训练。

（5）向顾客表达歉意和感谢。在异议处理结束时，推销人员必须向顾客表达歉意，同时感谢顾客为商场提出了管理中值得关注的问题，感谢顾客在解决问题的过程中所表现的忍耐力，感谢顾客的再次光临。

2.端正处理异议的态度

（1）正确对待顾客的异议。具体可以理解为以下几个方面：

①顾客永远是对的。推销人员必须要学会换位思考，去体谅顾客的不满与苦衷，了解他们期望满足的方面。

②顾客的不满意是商场服务工作中的一次挑战或一次机遇。顾客对商场的服务产生异议时，如果能当面向商场诚恳地提出意见，而不是随意地向别人抱怨，这实际上就是给商场一次改正错误的机会。

③顾客的异议可能是对商场推销人员提出的建议，可以让推销人员了解自己工作中有哪些不足，从而改进和加强，提高服务水平。

（2）正确的处理态度。商场推销人员在处理顾客异议时应把握以下工作态度：

①积极的态度。对于顾客的异议或误解，推销人员要做到不惧怕，敢于主动面对问题，时刻准备听取顾客的抱怨，并尽可能快速地为顾客解决问题。

②认真的态度。在处理顾客异议时，推销人员一定要表明认真的态度，以示对顾客的尊重和对问题的重视；要把每个顾客作为单独的个体来看，克服经常面对异议而可能产生的随意、大意、轻视的处事心态，给予顾客认真的关注。这样，顾客才会感到安慰，改变原有的态度，从而有利于问题的解决。

③妥协的态度。妥协的态度并非软弱的表现，其实质是一种自我利益的牺牲和退让。这就要求妥协的一方（主要指推销人员）具有较高的道德修养和心理素质，要能够站在顾客的角度多考虑顾客的利益，适当地放弃个人的某些要求。由于单方面妥协可以较大程度地降低对方心理的挫折感，有利于缓和紧张的状态，不至于将异议激化为更大的矛盾，所以推销人员应学会运用妥协的艺术。

④体谅顾客的态度。在服务中，由于顾客处于心理优势的地位，很容易对推销人员产生误解，双方在解释、说明，甚至辩解时，往往会破坏服务的气氛。所以，在交易中，推销人员如果能单方面地体谅顾客，认识到谁都有出错的可能，就可以使误解无从产生，化有为无。

⑤自我控制的态度。这是在异议升级为冲突时推销人员必须要采取的态度。当交易双方心理处于激烈的对立状态时，发泄各自内心的愤怒情绪是双方的共同目的，这会让对立双方变得不理智，甚至做出过激行为。在这种情况下，推销人员必须具有控制情绪的本领，有较强的忍耐力。

3.顾客异议的处理原则

推销人员与顾客在交易过程中发生冲突，不管是哪一方有理，都是不愉快的事情，是对商场有害的事情。它不仅破坏了商品的成交、商场的气氛，还影响商业信誉和社会秩序。所以，商场推销人员有必要认真研究解决和防止冲突的方法，揣摩冲突当事人的心理状态，寻找适当的预防措施与调解方法，努力避免冲突的发生和发展，做到从礼让中求得缓解，从让步中求得妥协。为此，在处理顾客异议时应遵循以下原则：

（1）倾听原则。不打断顾客陈述，耐心地、平静地倾听顾客的不满和要求。

（2）满意原则。处理顾客投诉的最终目的不仅仅是解决问题或维护商场的利益，其结果还关系到顾客在经历这一问题后是否愿意再度光临商场。因此，这一原则应该贯穿整个顾客异议处理过程的始终。

（3）迅速原则。要迅速地解决问题，如果超出了自己的能力范围，则需要请示上级主管，而且要迅速地将解决的方案通知顾客，不能让顾客等待太长时间。

（4）公平原则。在处理棘手的顾客投诉时，应公平谨慎处理，有理有据说服顾客，并尽可能参照以往或同类商场处理此类问题的做法进行处理。

（5）感谢原则。在处理结束后，一定要当面或电话感谢顾客提出的问题和给予的谅解。

延伸阅读10-6

如何应对爱
挑毛病的客户

五、建议性销售和替代性销售技巧

在店堂推销中，为了增加销售机会、提高销售额，经常采用建议性销售和替代性销售的策略，对此，推销人员也应很好地掌握与运用。

（一）建议性销售

在成交以后和付款之前的这段时间里，推销人员有机会进行建议性销售。建议性销售是指推销人员向顾客推荐与其已选购的商品有关的商品。由于这是在顾客已经明确购买时提出的建议，因而通常很有用。但不幸的是，建议性销售往往会被推销人员滥用。建议性销售并非只是简单地问一声"还需要别的什么吗？"

建议性销售可在以下三种情况下使用：变一项销售为两项销售；建议购买更多数量或更大容量；建议购买质量更好的商品，即"买更好的"。

1.变一项销售为两项销售

在某种商品成交后，推销人员可向顾客推荐与成交商品有关的商品。例如，推销人员可以这样建议：

"王先生，我们这里有与这件外套很相配的衬衫和领带。"

"李女士，我们有几款新式女包，与这件上衣搭配起来很漂亮。"

"需要我为这条新床单配上枕套吗？"

"是否要为您的这台新电脑配上一副耳麦？"

在进行建议性销售时，推销人员切不可问"您还需要什么"或"您就买这些吗"，这类提问通常毫无结果，而要向顾客推荐特定的、能更好地满足顾客需求的商品。

2.建议购买更多数量或更大容量

在进一步推荐时，推销人员可以向顾客建议购买更多的数量或更大容量的商品。例如：

"这种商品的不同包装有不同的价格，大包装的价格为……"

"只要一个就够了吗？"

"这种产品您是常用的，是否要多买一些？"

"一对（灯饰、座椅、工艺品等）将显得更漂亮、更可爱。"

"这是正在促销的商品，3个的价格为……"

3.建议购买质量更好的商品

当顾客要买某种特定价格的商品时，首先应向顾客展示该商品，然后可向顾客展示另一型号、价格稍高的同种商品，并介绍为什么价格高一些的商品更合适。推销人员在介绍高价位的商品时，不要贬低低价位的商品，即不能放弃任何一种商品的交易机会。通过与低价位商品的比较，推销另一种质量更好或设计更合理的商品，是推销人员的一种自然倾向。推销人员应注意克制这一倾向，因为顾客对于推销人员批评低价位商品的印象，要比赞美高价位商品的印象深刻得多。顾客已经决定购买低价位商品时，听了推销人员的对比推荐后，可能会打消购买商品的念头。

推销人员应根据每一种商品的优点进行推销，千万不要简单地加以比较。假定现在有两种型号的同一种商品，A的价格为750元，B的价格为500元。如果推销人员在比较时说"A比B更好些"，而顾客原本就打算买B或预算只够买B，这时会发生什么情况呢？顾客会购买吗？听了如此不愉快的比较之后，顾客当然会做出都不购买的决定。推销人员展示两件价格不同的同类商品，并按两种商品的各自优点进行推荐时，可以这样介绍："A是好产品，因为……""B是好产品，因为……"对此，如果顾客的支付能力只能接受B，购买B就不成问题。此外，推销人员还可以通过强调低价位商品的价格优势，先推销低价位商品。"这件产品的基本功能不错，只是……，但它便宜美观。"如果顾客进一步问两者价格有差异的原因，推销人员可以简单地加以说明，高价位产品的某些特点造成了高成本，如用工、用料、品牌等，都是影响价格的因素。有了这样的认识之后，许多顾客会优先考虑质量，

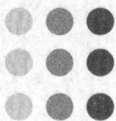

而把价格放在第二位。

另外，推销人员在展示商品时提一些引导性问题帮助顾客选择，也是一个好办法。例如：

"这是不是一种很有用的功能？"

"您是否希望这种产品能达到这一水平的效果？"

"您是否很看重产品的多种功能？"

（二）替代性销售

当顾客走进商店要买某种商品而店里又没有时，推销人员不应该认为生意肯定做不成了，不应简单地说一声"很抱歉，本店没有这种商品"并建议顾客到其他店看看，也不应为了推销替代性商品，说顾客所要产品缺点很多，本店早就不卖了，或生产商已不生产了。在以上两例中，顾客都未能愉快地被引导去购买替代性产品，推销人员似乎在考察顾客的理性选择能力。正确的做法是，推销人员应向顾客提示，虽然没有顾客所指定的商品，但有类似或更合适的商品。以下对话便是一例：

顾客：我跑了很多地方，想买一顶平顶毡帽，我一直戴这种毡帽。这种毡帽有很宽的边，前面有捏手。

推销人员：噢，这种毡帽我知道。很不巧，我们现在已经没有这种样式的帽子了，但我有个建议（转身拿出一顶毡帽）：这是一顶绒皮毡帽，帽檐做得很漂亮。现在我将帽子的前端捏一下，就跟您想要的几乎一样了。

在上例中，推销人员既说明了店里没有顾客想要的帽子，又指出有类似的替代性的帽子。推销人员没有放弃推销的可能，而是试图迎合顾客的需求。如果连替代性的商品也没有，推销人员可通过询问，了解顾客购买指定商品要满足什么样的需求，并向顾客推荐能满足这一需求的其他商品。例如：

顾客：这里有没有灰色的大地毯？

推销人员：让我想想，我近来没有看到过那么大的灰地毯。我不知道这是什么原因。灰色是一种会令人感到轻松的颜色，而且能与几乎所有的东西相匹配。您打算将地毯放在哪个房间里？

顾客：起居室。

推销人员：您的起居室是什么色调的？放了什么家具？

接下来，推销人员可向顾客介绍一些其他颜色的能与其房间和家具相匹配的地毯，最后与顾客成交，使顾客愉快地离开商店。在此之前，该顾客在多家商店听到的都是"抱歉，我们没有这种地毯"。

此外，调换与退货也能提供销售机会。一些推销人员可能不同意这种看法。在处理退货事宜时，有经验的、熟悉商品的推销人员会向顾客提供帮助性的建议，有时还能促成销售。例如：

"让我给您演示一下……这样就好了（就装上了）。"

"您需要的是另一种型号，我这里正好有这种型号。"

"我知道您不需要这台烤箱，拿这只搅拌器如何？"

"好，这只是有些缺点，让我为您拿另一只来检验一下。"

"这种产品我们有四种颜色，看来桃红色的更好些。"

六、顾客抱怨及投诉的处理技巧

在店堂推销中，顾客有时会抱怨或投诉，遇到这种情况时，推销人员首先要正视顾客的抱怨与投诉，其次要加以妥善处理。其处理步骤一般为：倾听顾客抱怨，记录抱怨要点；将顾客引到收银台处或商场后台进行处理，并使顾客背对大门，以减少其对其他顾客的影响；诚心诚意道歉（无论商场有无过失）；分析抱怨原因，抓住投诉要点，并予以详细记录；在权限范围内及早处理，若超出权限范围应及早向上级经理报告，请示解决方案；若不能及时解决，应向顾客致歉并说明原因，并告诉顾客答复时间和解决方式。

（一）因质量问题招致抱怨的处理

（1）向顾客真心实意地道歉。

（2）调换新货品（或向顾客提供其他选择）。

（3）若是顾客由于购买了该货品而受到物质或精神上的损失，店方应适当地予以补偿或安慰。

（二）因服务方式不当招致抱怨的处理

不论这类抱怨产生的原因是否在推销人员那里，商场都应做出如下处理：

（1）督促推销人员改进服务。

（2）经理（或调解人）应仔细听完顾客的陈述，然后亲自向顾客保证今后一定要加强对推销人员的教育，不让类似情形再次发生。

（3）经理陪同当事推销人员向顾客赔礼道歉，以期得到顾客的谅解。

延伸阅读10-7

明确正当投诉范围：产品和服务

（三）因其他情形引发抱怨的处理

在店堂推销过程中若遇到以下两种情形，顾客也有可能产生抱怨：①推销人员说出令人不愉快的话。②顾客不满意推销人员的说明。不管是哪一种因素激怒顾客，通常应采取以下三种策略来缓和顾客的怒气：

（1）撤换当事人。

（2）改变场所，同时避免影响商场气氛。

（3）改变时间，主动与顾客沟通。

在处理顾客的抱怨时，保持自身的心平气和及对顾客友善的态度，是推销人员应具备的重要素质。

延伸阅读10-8

使用同理心：重复经历、重复情绪

复习思考题

一、选择题

1.店堂推销的形式不包含（　　　）。

A.柜台售货

B.自选售货

C.展销售货

D.会议售货

2.面对（　　　）类型的顾客，推销人员应迅速上前迎接，只需要准确而简要地回答。

A.有明确购买目标的顾客

B.购买目标模糊的顾客

C.随意浏览的顾客

D.挑剔的顾客

3.以下接待方法中，效果最差的是（　　　）。

A.问候性接待

B.服务性接待

C.商品介绍性接待

D.推荐性接待

4.在介绍（　　　）时，要着重介绍其风格特点、艺术价值。

A.名牌产品

B.有特殊效能的商品

C.工艺品、装饰品

D.日常用品

5.在店堂销售中"接一、顾二、招呼三"适用于处理（　　　）异议。

A.顾客因被怠慢而产生的异议

B.顾客对推销人员不耐烦的情绪产生的异议

C.顾客对已购商品产生的异议

D.顾客对销售人员结算出错产生的异议

第十章在线测试

二、案例分析

客户投诉处理

小李是一家大型家电商场的销售人员，周六的下午他处理了一起顾客投诉。

小李："您好，请问您有什么事情吗?"

顾客："我要找你们经理，我要退货，还要你们赔偿损失。"

小李："这是怎么了，您可以先跟我说一下吗?"

顾客："不行，我就要找经理，经理在哪？"

小李："真不好意思，经理今天调休，他不在公司，要不您还是先和我说一下吧，看我能不能帮您解决。"

顾客："那我就和你先说一下，我上个月在这儿买了一台空调，结果这个月去交电费的时候竟然比平时多花了300元，这就是空调导致的。买的时候你们告诉我这是节能省电的空调，没想到这短短的一个月，就花费了我300元的电费，这也太费电了。"

小李："这是真的吗？您确定是空调的毛病吗？"

顾客："当然是真的了，我骗你干什么？你们这是欺骗消费者，如果你们不给我一个说法，我就去消费者协会告你们。"

小李："您先消消气，这样，我们会先派专门的维修工人去看看您家的空调，如果确实是我们产品的问题，我们公司肯定会给您一个说法的，您看行吗？"

顾客："这就行了？"

小李："那您看怎么做才能让您满意呢？您先说出来，如果我们能办到就会尽可能地帮助您解决问题，可以吗？"

顾客："这样，你刚说了要去看空调，现在就跟我走，不能拖沓，而且你们还要派一个管事的人去盯着，如果是你们的产品有问题，就当场赔偿我的损失，并且向我道歉。"

小李："这得请示我们经理，您先稍等，虽然经理不在，我可以请示其他主管，帮助您解决问题，您看行吗？"

思考讨论：

1.小李对顾客投诉的处理正确吗？哪些方面需要提高？

2.销售人员在面对顾客投诉时，应采用哪些方法？

第十一章

电话推销

本章内容提要

- 电话推销概述
- 电话推销的流程
- 电话推销的技巧

电话推销是一种被广泛采用的推销方式，在用于联系距离较远的顾客或为现有顾客服务方面具有一定的优势，推销人员可以坐在办公室里开展业务，从而减少出差和旅行方面的费用。同时，电话推销经常与其他销售方式，如邮寄销售、电视销售等结合使用，为企业降低成本、创造更多的商机、增加收益。推销人员要做好电话推销工作，必须学习、掌握电话推销的内涵、优劣势、流程和技巧等内容。

第一节 电话推销概述

一、电话推销的内涵

电话推销是指推销人员通过电话向潜在顾客展示产品或服务，以达到获取订单、成功销售的目的。电话推销的目标在于以一种经济有效的方式满足顾客需要，为顾客提供产品或服务。电话推销的对象是现有或潜在的目标市场顾客，通过与他们的沟通，不仅可以维持良好的关系，还可以为企业树立良好的形象。从功能来看，电话推销可分为两种：

（1）完全意义上的电话推销，即100%的订单都是通过电话来完成的；

（2）电话推销只起到挖掘销售线索、处理订单、跟进顾客、服务等作用，还有外部销售人员予以配合，共同完成订单。

一般来说，采用何种电话推销模式进行推销是根据所推销的产品加以选择的。如果所推销的产品技术含量较低，产品质量标准比较统一，消费者对产品比较熟悉，各品牌的性能、质量没有太大差异，消费者通过电话比较容易接受，例如日用品、通信产品等，大多采取全程电话推销的模式；如果所推销的产品技术含量较高，各品牌的质量标准差异较大，消费者不太熟悉，仅仅采用电话推销的方式往往难以取得消费者的信任，因此要配合其他推销模式，例如面谈等，达到最终的推销目的。

微课11-1

所谓电话推销

二、电话推销的优势与劣势

（一）电话推销的优势

电话推销随着现代通信技术的发展而发展，随着消费者需求的多样化和个性化而逐步演进。与其他营销方式相比，它具有以下优点：

1.效率高

相对于上门推销，很多不必当面进行的商务沟通完全可以选择其他途径来解决，电话推销不仅能够省去登门拜访的等候、见面客套等环节，还可以在较短的时间内完成商品的推销和订购，从而节省时间；与面谈相比，电话推销的单个顾客沟通成本低，一方面可以节约因面谈而增加的成本，另一方面可以大大减少因面谈而花费在路途上的时间，尤其对于交通拥堵比较严重的大中城市来说，利用电话进行沟通可以大大减少时间成本和人力成本；相对于信函、邮件等单向的文字沟通方式，电话推销不仅能将信息快速及时地传递给对方，而且能当即答疑解惑，使沟通效果显著提高。

2.成本低

由于城市规模扩大、交通阻塞等原因，登门拜访式的推销效率越来越低，成本

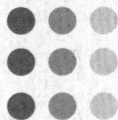

却不断上升，而利用电话进行推销，就成了经济、快捷的推销方式之一，因为推销人员可以坐在办公室里开展业务，减少了出差和旅行方面的时间和费用，降低了营运的成本。此外，不论是推销人员积极主动地给顾客打电话向他们介绍商品，还是顾客打电话向推销人员投诉，企业都能及时地把握顾客的需求，迅速为顾客提供商品和服务，满足他们的需要，从而与顾客建立良好的关系，为获得更多的订单奠定良好的基础。例如，面对最原始的潜在顾客资料，要想判定该顾客是不是有价值的潜在顾客，如果采用打电话的方式，直接成本可能只有几毛钱甚至几分钱，但是如果采用面对面的沟通方式，成本就会高出很多。若再考虑路途的远近，以及由此而产生的交通费用和机会成本等，电话推销的成本优势就更加明显。

3.不受空间限制，可以随时随地沟通

由于移动电话的普及，即时通话成为现实，瞬间可与受信人通话联系，就速度而言没有其他沟通工具可比拟。

4.消除某些顾客见面的紧张感、拘束感和缺乏安全感

登门拜访属于人与人的近距离接触，当今社会，人们越来越重视个人生活的独立性与隐私性，不愿意轻易接受陌生人的邀约，这给传统意义的面谈推销造成了巨大障碍。电话推销可以消除顾客与推销人员见面的紧张感和缺乏安全感，交谈双方也不会被其他人打扰，使顾客易于接受有关商品的信息。

5.实现一对一沟通和互动，使定制化营销成为可能

电话推销方便快捷的特点使推销人员可以迅速把握顾客的需求动态，并根据顾客的需求迅速地制订有针对性的、个性化的推销方案，从而满足顾客的需求，使定制化营销成为可能。

（二）电话推销的劣势

1.电话推销只靠声音传递信息，表达力有限

推销是有声语言与肢体语言综合作用的结果，语言上的匮乏往往可以通过有效的肢体语言得到弥补，同时推销人员可以通过观察顾客的表情、举止判断顾客的消费心理。但是，电话推销人员只能靠听去判断顾客的反应，并判断推销方向是否正确。同样，顾客在电话中也无法看到电话推销人员的肢体语言、面部表情，而只能借助声音传递的信息，来判断自己是否可以信赖这个人，并决定是否继续该次通话。

2.信任度低

中国有句古话："耳听为虚，眼见为实。"人们获取信息，听到的占20%，看到的占50%，余下的30%靠逻辑推理。所以，人们更愿意相信眼睛能够看到的东西。顾客看不见推销人员，也看不见产品的外形和特点，很多顾客认为电话推销影响了自己的正常生活，所以顾客对于电话推销的信任度整体上是比较低的，电话推销被拒绝的频率也就非常高。

3.在电话中更容易被顾客拒绝

俗话说："伸手不打笑脸人。"在面对面的推销中，顾客为维护推销人员的面

子，很多拒绝的话难以一下子说出口，或者采取更委婉的方式拒绝。但在电话推销中，由于双方彼此并不见面，顾客没有更多的顾虑，拒绝推销要容易得多。

第二节 电话推销的流程

刚接触电话推销的新人，很多时候可能不知道应该从哪里入手。电话推销是一项需要周密策划、灵活应变的工作，遵循一定的操作流程，掌握明晰的流程对推销人员有条不紊地开展工作非常有用。如果熟练地掌握了整个流程，推销人员工作起来将事半功倍。

一、准备阶段

电话推销的特点决定了顾客对推销人员的信任度低，顾客对推销人员的错误容忍度也因之降低。在电话推销中，推销人员的每一个细小的错误或者并不吸引人的开场白，都可能导致顾客直接挂掉电话，所以对于电话推销人员来说，拨打电话之前的准备工作非常重要。

（一）顾客资料准备

顾客资料质量的高低对电话推销的成功与否起到关键的作用。在进行电话推销之前，推销人员手头的顾客资料一般是通过各种途径得到的，这些资料的真实性、及时性、有效性难以得到保障，如果不能对这些信息进行有效的甄选，将大大降低电话推销的效率与成功率，过高的拒绝率也会严重影响推销人员的工作热情，所以推销人员首先应该对顾客资料进行精心准备。顾客资料准备工作的核心目标是确定目标顾客。

1.对所有顾客资料进行分析和筛选

事先对顾客进行科学的分析和筛选，能够帮助电话推销人员更加迅速有效地完成推销工作。对顾客进行分析与筛选的重点在于核对顾客资料的真实性与有效性，并依据现有信息对顾客资格进行认定，确定哪些顾客是重点顾客，哪些顾客不值得倾注太多的精力。

2.锁定顾客

对顾客进行分析与筛选后，要对关键顾客给予额外关注，再次核对顾客资料的正确性，并对锁定的顾客开展进一步的调查，了解顾客最新的背景资料、需求现状、历史交易记录等，为电话沟通做好准备。

（二）物品准备

做电话推销之前，为了更好地完成任务，推销人员应该准备一些物品。

1.铅笔与便笺

电话推销人员一定要养成边打电话边记录的良好习惯，否则通话结束后，好多

有用的信息都将被遗忘。用铅笔做日常记录的好处在于，可以随时更新顾客的信息。便笺可用于记录顾客的姓名、单位、谈话内容等相关信息，方便通话结束后进行整理和分析。

2.电子计算器

使用电子计算器可以即时给顾客报出准确的价格，既方便又省时，在提高电话推销人员的工作效率的同时，也为顾客节省了时间。

3.时钟或手表

电话推销人员要有强烈的时间观念，例如，问候电话不超过1分钟，预约拜访电话不超过3分钟等，时钟或手表可以时刻督促推销人员做好时间管理。

4.电话记事本

电话推销人员使用电话记事本汇总日常的电话记录，有利于事后查阅顾客相关信息和公司对销售工作的管理情况。

5.相关顾客资料

推销人员应掌握的顾客资料包括：顾客的姓名、职务，公司的名称、电话号码、网址、地址和邮编，通话的合适时间，电子邮箱，顾客的业务类型，顾客的需求、强调事项与特征、特殊的语言和喜好等。详细的顾客资料可以帮助推销人员快速有效地与顾客交流。只有了解顾客的确切需求，电话推销人员才能准确地为顾客服务。

6.茶水或饮料、润喉糖

电话推销人员每日的工作量很大，不仅需要补充体力，更重要的是润喉，让声音保持洪亮，所以要准备茶水或饮料、润喉糖等。

7.镜子

尽管电话推销人员与顾客并不见面，但是微笑着打电话往往能够感染顾客，所以电话推销人员一定要时刻提醒自己，即使看不到对方，也要当作对方就在眼前。可以在办公桌上放置一面镜子，让自己始终保持良好的仪表与面部表情，在电话中展现最佳状态。

8.绿色植物

电话推销人员在办公桌上放一盆自己喜欢的绿植，当自己遭遇挫折的时候，看一眼眼前的绿色植物，可以起到缓解压力、舒缓心情的效果。

（三）知识准备

电话推销人员熟悉产品及相关知识是开展电话推销的前提和基础。

1.了解产品的质量和价格

电话推销人员不仅要熟悉本公司产品的质量和价格，还要熟悉市场上同类竞争产品的质量和价格，找出彼此的优势与劣势，便于应对顾客的各种疑问。

2.熟悉产品的用途及操作方法

推销人员必须非常熟悉所推销产品的性能、用途和操作方法，给顾客一种非常

专业的印象，提升顾客对自己的信任度。

3.明确产品的卖点

推销人员必须熟悉自己的产品，找准产品卖点。无论在什么时候，推销人员都要记住：打电话的目的是卖产品，而不是为了打电话而打电话。所以，在熟悉产品的过程中，推销人员要学会问自己问题：如果我是顾客，我会对产品的哪些卖点感兴趣？怎样介绍产品能打动顾客？

（四）心态准备

1.自信

相信自己会成功，对电话推销人员非常重要。电话推销人员每天拨打电话被拒绝的频率非常高，而且由于电话推销的特殊性，经常会碰到态度比较恶劣的客人，这对推销人员的自信心是一种极大的考验。电话推销人员必须时刻保持超强的自信心，坚定自己的工作目标，相信自己的工作能力。

2.热情

电话推销是一项需要极大热情支撑的工作，而单调的工作内容和较高的被拒绝率很容易消磨推销人员的工作热情，所以电话推销人员必须善于调整自己的情绪和心态，始终以饱满的热情投入工作，这不仅有利于自己的身心健康，积极热情的工作态度也可以感染电话另一端的顾客，提高推销的工作效率。

3.真诚

只有真诚的工作态度才能够让顾客接受你的电话，愿意倾听你的介绍，愿意接受你的推销方案。真诚的态度是推销成功的基础，而对于当前消费者诚信度较低的电话推销行业来说，推销人员真诚的态度更为重要。

上述内容是从宏观方面分析开展电话推销工作之前应该进行的准备工作，具体到每次电话推销工作之前，推销人员应该针对推销过程中可能遇到的细节问题进行详尽的准备工作，主要包括以下几方面：

（1）明确给顾客打电话的目的。你的目的是想成功地销售产品，还是想与顾客建立一种长久的合作关系？目的一定要明确，这样才有利于实现这一目的。

（2）明确打电话的目标。这里的目标是指通话结束以后达到的效果。目的和目标是有关联的，一定要清楚打电话的目的和目标。

（3）为了达到目标所必须提问的问题。为了达到目标，需要得到哪些信息、提问哪些问题？这些在打电话之前必须要明确。电话推销的目的之一就是获得更多信息和了解顾客的需求，如果不提出问题，显然是无法得到顾客的信息和需求的。所以，掌握电话推销中提问的技巧非常重要，推销人员应提前把需要提问的问题写在纸上

（4）设想顾客可能会提到的问题并做好准备。在电话推销中，顾客也会向推销人员提一些问题，所以推销人员要明确顾客可能会提哪些问题，而且应该事先就知道怎么去回答。

（5）设想电话中可能出现的情况并做好准备。100个电话中通常只有80个电话是打通的，80个电话中又往往只有50个电话能找到相关的人，每次打电话都可能有不同的情况出现。电话推销人员一定要清楚在电话推销中随时可能出现什么情况，对于不同的情况准备相应的应对措施。

二、顾客沟通阶段

做好电话推销的准备工作之后，整个推销流程就进入了顾客沟通阶段。这一阶段的主要工作目标是与顾客进行沟通洽谈，建立相互信任的关系，为促成合作打好基础。

1.确定关键人物

与关键人物直接对话，是电话推销成功的开始。这里所指的关键人物是指在本次购买过程中起到决定作用的人物，只有找到关键人物或决策者，跟他们进行对话沟通才是有效而且关键的。当然，并不是说除了关键人物，其他人我们都不与之接触，与公司前台人员、普通员工的沟通都是为了确定谁是拥有决策权的关键人物。

2.二次顾客资料调查

为了更好地与决策者有效沟通，电话推销人员应该根据首次沟通中所暴露出的问题和不足对顾客进行二次调查，着重了解顾客的近期信息，例如近期采购状况、近期需求、合作单位等，以便更加深入有效地与顾客进行下一次沟通。

3.询问鉴别

询问鉴别是电话推销中非常重要的推销技巧。询问鉴别的过程就是顾客需求分析的过程。电话推销中询问鉴别的目的主要包括以下内容：一是分析顾客的类型，包括顾客的性格类型、需求类型等，这样才能有针对性地对客人进行介绍；二是挖掘顾客的潜在需求，即把顾客自己没有意识到的需求通过提问的形式挖掘出来，让顾客意识到自己的需求。

三、促成交易阶段

电话推销人员在全面了解顾客的需求之后，就要迅速提出满足顾客需求的完整可行方案，促成交易。这个阶段是电话推销的关键时期，前面所有的准备工作都是为了最终促成交易。

1.提供方案

通过询问鉴别之后，电话推销人员了解了顾客的真实需求和顾客类型，就要有针对性地向顾客推销产品了。一方面，要推荐适合顾客需求的产品；另一方面，要注意针对顾客类型和需求情况来说服顾客接受推销方案。

2.促成交易

提供可行的方案之后，电话推销人员应该迅速跟进顾客的动态信息，采用各种销售技巧，最终促成交易。

3.签订销售合同

与顾客达成合作意向之后，电话推销人员应立即与顾客签订具有法律效力的协议，保证双方利益，避免发生纠纷。

4.订单执行

推销人员促成交易之后，并不是万事大吉，即使公司有完善的发货、物流等流程，推销人员也要尽可能地对售后情况进行跟踪，及时与顾客联系，确保顾客及时收货，收货后正常使用。

第三节　电话推销的技巧

一、电话推销的注意事项

（一）选好打电话的时间

电话推销一定要避开电话高峰和对方忙碌的时间。一般上午10点以后和下午的时间相对来说不太忙碌，此时进行电话推销比较有利。如果所找的人不在，可询问接电话者是否有其他人可以商谈，或问清对方什么时候回来，或索要该人手机号码，以便联系。午休时间、晚上10点以后的时间，尽量不要打电话。

（二）端正姿势，面带笑容

电话推销人员在与顾客进行电话交流时，虽然彼此见不到，但笑容和声音能表达说话人的态度和情绪，这种态度和情绪会传到对方耳中，感染对方。电话推销人员如果能够笑容可掬地接听电话，让对方也能从自己的声音中感受到热情、亲切、快乐、悦耳，那么，即使顾客看不到推销人员，交流的气氛也会变得轻松很多，跟顾客的沟通也就更容易。所以，电话推销人员要想把真诚传递给顾客，就要端正自己的姿势，展现真诚的笑容。

推销人员在打电话的过程中绝对不能吸烟、喝茶、吃零食，即使是懒散的姿势，对方也能够"听"得出来。如果打电话的时候弯着腰躺在椅子上，对方听到的声音就是懒散的、无精打采的；若坐姿端正，发出的声音也会亲切悦耳、充满活力。所以，推销人员打电话时即使看不见对方，也要当作对方就在眼前，尽可能注意自己的姿势。

（三）让声音具有感染力

进行电话推销时，顾客在电话中是无法看到电话推销人员的肢体语言和面部表情的，顾客只能凭借他听到的声音及其传递的信息进行判断，因此推销人员必须将笑容、点头以及手势等肢体语言转化成声音，让顾客很快接受并喜欢自己。所以，加强声音训练，让声音具有感染力就显得非常重要。

首先，普通话要尽可能标准，要保证电话里的每一个字都能清晰准确地表达。其次，要控制语速。语速过快，顾客会听不清楚推销人员讲的是什么；语速太慢往往又会让顾客觉得推销人员缺乏激情，显得懒散拖沓。这两种情况都会使顾客对推销人员失去兴趣。再次，要注意语气。电话推销人员与顾客通电话时，语气要不卑不亢，既不要让顾客感觉到你是在求他们，也不要让顾客感觉到你有股盛气凌人的架势。最后，要变换语调。推销人员与顾客通电话时，声音不仅要抑扬顿挫，富有变化，还要悦耳动听，让人立刻产生好奇心和美好想象，并想一探究竟，愿意聊下去。如果推销人员说话让人觉得索然无味，通话就无法继续下去。总之，推销人员如果能够通过音量、语速、语气、语调的变化，让顾客产生美好和愉快的想象，推销就有五成把握了。

延伸阅读11-1

强化声音训练

（四）用词要简洁，表达要专业

由于通话时间有限，推销人员在电话中用词简洁就显得十分重要。简洁，一方面是要求在不影响沟通效果的前提下，尽可能用简练的语言表达；另一方面是要求在电话中尽量不要谈及太多无关的内容。当然，为了与顾客建立关系，适当地谈些与个人有关的内容也是十分必要的，但要适可而止。

一名专业的电话推销人员，在与顾客通电话时表达一定要专业，因为这种专业形象可以通过声音传递。所以，电话推销人员掌握商品、行业、竞争对手等方面的专业知识就显得非常重要。首先，表达的专业语言要流畅。极少有人愿意在电话中听到"呃，啊，怎么说呢，就是说……"其次，要利用逻辑性强的话语树立专家形象。例如，顾客问："你们所说的可靠性是指什么？"电话推销人员回答："可靠性主要是指第一……第二……第三……"当推销人员有理有据地讲出一、二、三点时，在顾客心目中的专业形象就会树立起来。要注意：一定要用顾客听得懂的语言介绍商品。如果顾客不能理解推销人员所传递的信息，那么这些信息便达不到预期的效果。

（五）使用积极的措辞，尽量不要用否定字眼

电话推销人员讲话时一定要使用积极的措辞。怎样才能做到措辞积极呢？例如，你在某个行业里只有过一次为顾客服务的经验，于是直接告诉顾客，在这个行业里你"只曾"有过一个顾客，显然这会给顾客造成消极的印象，认为你经验不足。如果你换一个积极的措辞，说在这个行业里已经有过一个顾客了，给顾客的感觉就是你已经有经验了，从而对顾客产生积极的影响。

不同的措辞传递不同的信息，传递的效果也是不同的。例如："我想了解一下你们今年电脑的使用情况。""了解"表明受益者是推销人员。如果将这个词换成"咨询"或"请教"的话，顾客的感觉肯定会好很多。又如，假如你的顾客在电话中告诉你："我觉得你们的专长是战略咨询，而不是人力资源管理咨询，我们需要人力资源管理咨询方面的专业公司。"这时你可能会说："我了解您的想法，我们虽

然只有几次人力资源项目的经验，但我们丰富的管理咨询经验会帮助您实现项目目标……"如果换种方法，用积极的方法表达的话，可能就是："我了解您的想法，我们已经在人力资源管理咨询方面有过成功的项目经验，再加上我们在其他项目领域丰富的咨询经验，一定会帮助您实现项目目标……"这两种不同的表达方式会给顾客留下不同的印象。

此外，还要尽量避免用一些否定的字眼应对顾客的疑问。例如，在接到顾客的咨询电话时，用"不知道""不明白""这个人走开了"等字眼来搪塞，会让顾客感觉到你很不专业，不但会让顾客没有购买产品的欲望，还会有损公司的形象。即使真的"不知道""不明白"，也要采取委婉的说法，如"这个问题我需要重新核实一下，很快给您复电，您的号码是？"过后一定要将问题核实清楚后给顾客复电。

（六）注意电话礼仪，给对方留下良好印象

推销人员打电话时，首先必须保持良好的心情，讲话不仅要亲切热情，而且要彬彬有礼，这样，即使对方看不见你，也能够从你欢快亲切的语调中感觉到热情，并被你的情绪所感染，从而对你产生极好的印象。由于面部表情会影响声音的变化，所以推销人员在电话中也要抱着"对方看着我"的心态，面带笑容，通过清晰而干脆利落、令人愉悦而带着笑意的声音传达你的个性和态度。热情洋溢的讲话容易感染对方；彬彬有礼的话语容易得到有礼貌的回答。"您好""冒昧打扰您""如果您不介意的话""现在通话是否方便"等礼貌用语，应成为电话推销人员的口头禅。要尽量使用"请稍等""谢谢""对不起""再见"等礼貌用语，避免使用"不知道""不清楚""不是我负责""不归我管"等不礼貌用语。而拿腔捏调、故意卖关子、吞吞吐吐往往容易招致对方反感。

其次，礼貌地接打电话。接电话时，推销人员第一句话就应报出公司名称或所属部门名称；打电话时，推销人员应先打招呼，核实对方单位（如确认无误可忽略），自我介绍并说明缘由。谈话结束时最好等对方先挂机，匆忙挂断电话会让顾客认为推销人员不耐烦。此外，有些推销人员碰到打错的电话往往很不客气，这也会极大地损坏企业及自身形象。

再次，询问对方是否方便通电话。电话推销人员在与顾客进行电话交流时，因为彼此见不到，可能不知道顾客正在赶报告，期限还剩两小时，或者他的大老板此时正在与他谈话。所以，每次通话都应询问对方："请问，现在您方便通话吗？"这样就不会粗鲁地闯进对方的待办事项中，就算打电话的时机不对，也不会遭到严词拒绝，还会给顾客留下礼貌的好印象。需要注意的是，如果对方说："不是很方便，不过你有什么事？"这时，既可以简明扼要告诉对方要办的事，也可以与顾客约定一个方便的时间再谈。

最后，向相关的人表示感谢。如果推销人员打电话到顾客家中，一定要报出自己的姓名并向接电话的人表示致意；如果不止一次打电话到顾客办公室，最好和秘书建立友谊，因为他们都有能力左右顾客对推销人员的看法。

（七）留下对方姓名、电话、地址并做好记录

询问对方姓名的时机可选在推销之初，也可选在确定约谈之后，但无论何时，都应先报出自己的姓名，这样对方才可能留下姓名和电话。对电话中所谈内容，可边谈边做一些简单的记录，因为这些资料不仅有助于筹划下一步推销工作，而且可借此建立顾客档案。电话记录既要简洁又要完备，可使用"5W1H"技巧：when（何时）；who（何人）；where（何地）；what（何事）；why（为什么）；how（如何进行）。

电话记录涉及数字、金额、日期、人名、地址、电话号码等关键信息时，在记录后应复述一遍，让对方确认，以免记录出错。

（八）善于倾听

善于倾听是一个人的优秀品质，也是电话推销人员的沟通技巧，要善于从顾客的诉说中寻找有价值的信息。在倾听时，应不时使用简单的"哦""嗯""是的""好的"等词语作为回应，让对方知道你确实在认真听。

二、越过前台的技巧

电话推销中的关键步骤之一是寻找决策者。电话推销人员所拥有的顾客原始资料往往是公司的办公电话，所以，要找到公司决策者，公司前台是推销人员不可回避的一关。很多电话推销人员将电话打到前台时就被拒绝了，根本无法进行后续的推销工作，所以如何越过公司前台/秘书是电话推销人员必须掌握的技能。

（一）对公司前台工作的认识

要想轻松越过公司前台，首先要对公司前台的工作有充分的认识。传统公司前台的工作职责包括：接听电话，记录电话，接待顾客，传递信息，处理文件，琐碎杂务。现在公司前台的工作除了上述内容之外，又增加了一条内容，即筛选电话，将与公司正常工作无关的电话，包括明显的推销电话拦截下来，这从另一方面也恰恰表现出当前电话推销工作在商务中已经得到普及。所以，推销人员对于前台的工作要有正确的认识，拒绝你的电话是她的工作职责之一，要给予充分的理解，不能因为前台的拒绝而对前台态度不佳，心生怨恨，应该在理解的基础上，礼貌地对待前台，并采取适当的技巧让前台合情合理地接受你的电话，乃至转给你所要找的人。

（二）越过前台的语言技巧

1.缘由引见法

给出一个以前曾经和老总有过接触的事情作为借口。举例："您好！请帮我接一下王总，我昨天给他发了一份传真，确认一下他是否收到了。"

延伸阅读11-3

索取电话号码
的六种方法

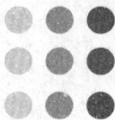

2.单刀直入法

话语简洁明了，直接说出你要找的顾客的全名或部门，让前台直接转过去，让前台觉得你跟他很熟悉。举例："你好，我是××公司的张路，请帮我找技术总监李明，我是他朋友。"

3.事件严重法

说明事件本身的重要性，如果失去时机，后果很严重。举例："你好，前几天张总和我公司达成合作协议的事情，迫切需要和张总重新商定，不能耽搁，请你立即转到他的办公室，谢谢！"

4.间接转接法

通过销售部、广告部、人事部等转到老板那里，因为这些部门平时电话较多，对外来电话的抵触不那么明显。举例："你好，我是中山国际人才网的张××，就贵公司招聘的有关事宜，需要找一下人事部。"

微课 11-2

电话推销开场白的技巧

三、开场白的技巧

开场白即电话接通后 30 秒内推销人员的讲话内容，其目的是通过相关介绍引起顾客兴趣，让话题延续下去。开场白是电话推销流程中非常重要的组成部分，是电话推销人员与顾客的初次"接触"，开场白的好坏决定了通话能否顺利地延续下去，直接影响到整个电话推销的质量。

（一）成功开场白的要素

怎样的开场白才是成功的？请看下面的例子：

"您好！我是××公司的段先生。您的朋友吴小姐介绍我给您打这个电话。不知道您以前有没有接触过××公司。××公司是全球最大的中文网络营销平台。我打电话给您，主要是考虑到您作为公司的负责人，肯定很关注那些可以使您的潜在顾客找上门来的方法。所以，我想与您通过电话简单交流一下。您现在打电话方便吗？我想请教您几个问题，比如您现在的网络推广是如何开展的呢？"

这是一个比较成功的开场白。通过分析，我们可以发现成功的开场白一般包括以下要素：

1.自我介绍

自我介绍贵在简洁明了。自我介绍包括推销人员自己和所代表的公司两部分。介绍自己一般一句话带过，如"我是××公司的××"，可以报出自己的全名，也可以只讲姓氏。介绍公司时要突出公司与同行业的差异之处，引起顾客的注意。例如：如果公司在国内同行业内规模最大，可以强调公司的规模；如果公司的业务专注于某个领域，就强调公司在这方面的专业性。介绍时切记不可长篇大论，一两句话足矣。总之，自我介绍时要重点突出，简洁明了，给顾客一种精明、干练、自信的印象。

2.确认对方时间的可行性

给顾客拨打电话时，推销人员往往不能确定对方此时此刻是否方便接听电话。

顾客可能在开会，或者在开车，或者在接待客人等，若此时接到推销人员的电话，第一反应一般是不悦的，如果推销人员还不识趣地滔滔不绝开始推销，此时的推销肯定是徒劳的，而且往往会引起顾客的反感。所以，在进行自我介绍之后，不妨加上一句话："打扰您两分钟，不知道您现在是否方便接听电话。"这样一句话能体现出推销人员对顾客的尊重，顾客不悦的心情一般都会稍稍得到平复，有些顾客还会建议你在其他合适的时间打过来，这样就为下次打电话争取到了一个非常难得的理由。

3.相关人物的说明

在推销过程中，有中间人的介绍是最难能可贵的，顾客对熟人或者朋友的推荐电话会更容易接受。虽然很多公司都对外宣称"谢绝推销"，但实际上公司的正常运转离不开推销，只不过现实中推销的情况太多，鱼龙混杂，不能一一鉴别。有了熟人的介绍，顾客对推销人员平添了几分信任，推销就会进行得比较顺利。所以，如果有能够牵扯上关系的人物，一定要向顾客报出，拉近跟顾客的关系。

4.介绍打电话的目的，突出为顾客带来的价值

在开场白的30秒内，最能引起顾客兴趣、吸引顾客听下去的就是"此次电话能够给我带来怎样的价值？"一般顾客接到推销电话的第一反应是："我为什么要接这个电话？对我有什么好处？"因此，开场白中一定要说明打电话的目的，而目的中一定要强调此次电话可以为顾客带来的价值。上述案例中，推销人员首先强调如何让潜在顾客找上门来，这就是此次电话能够为顾客带来的价值。

5.推进销售

在开场白中引起顾客兴趣不是推销的最终目的，最终目的是达成交易，所以在引起顾客的兴趣之后，要迅速转入推销阶段。上述案例中，推销人员在激起顾客的兴趣之后，通过一句话将谈话转入正式推销："我想请教您几个问题，比如您现在的网络推广是如何开展的呢？"当然，推进销售是一个双方交流的过程，是一个时间较长且复杂的过程，不可能期望一次电话完成，往往需要多次沟通交流才能最终达成交易。

（二）开场白方式

电话推销中简单有效的开场白主要有以下几种：

1.分析推销品能够给顾客带来最大利益的开场白

例如："您好，是高明先生吗？我是阳光公司的向红，今天给您打电话，是想告诉您我们有一个能帮助您将工作效率提高10%的新产品。相信您一定会对这个产品感兴趣！"或者："高明先生，我们开发了一个新产品，这个产品实在是太棒了，可以帮助您将工作效率提高10%，我认为非常适合您。我们可以见面谈谈吗？"

2.跟顾客分享一个重要信息的开场白。

例如："您好，是高明先生吗？我是阳光公司的向红。今天打电话给您，是想告诉您我们刚刚成功完成了与易达公司的一个重要合作项目。我希望下周能与您一

起分享我们与王敏先生合作的成功经验。您看是下个星期三上午10点还是星期四上午10点拜访您比较方便？"

3. 利用他人引荐设计的开场白

例如："您好，是高明先生吗？我是阳光公司的向红，是您的好朋友文丽建议我给您打电话的，因为她认为，好东西一定要与好朋友分享。我想告诉您，我们刚刚成功完成了与易达公司的一个重要合作项目。这个合作项目对贵公司的发展也是有帮助的，我希望下周能与您一起分享我们与王敏先生合作的成功经验。您看是下个星期三上午10点还是星期四上午10点拜访您比较方便？"

4. 采用缘故方式设计的开场白

例如："您好，是高明先生吗？我是阳光公司的向红。上星期我曾与您联系过，当时您比较忙，让我今天再给您打电话进行预约。您看今天下午3点方便吗？"

5. 采用赞美方式设计的开场白

例如："您好，是高明先生吗？我是阳光公司的向红，听朋友说您是一位学识渊博又非常谦虚的人，果不其然，从您说的这几句话，我已经感受到您的人格魅力了。"

6. 采取请教方式设计的开场白

例如："您好，是高明先生吗？我是阳光公司的向红，早就听说您是××方面的专家，仰慕已久，只是不好意思打扰您，现在遇到一个难题，能解决这个难题的非你莫属，可不可以打扰您5分钟，向您请教两个问题？"

7. 采取感谢方式设计的开场白

例如："您好，是高明先生吗？我是阳光公司的向红，今天打电话给您，主要是感谢您对我们公司一直以来的支持，谢谢您！为了答谢老顾客对我们公司一直以来的支持，公司特准备一次优惠酬宾活动，我想，您一定会感兴趣的。"

8. 请求帮忙方式设计的开场白

例如："您好，是高明先生吗？我是阳光公司的向红，打扰您工作/休息了，我们公司正在做一次市场调研，能否请您帮个忙，谈谈您对我们产品的看法？"

9. 采取故作熟悉方式设计的开场白

例如："您好，是高明先生吗？我是阳光公司的向红，最近可好？"顾客："还好，您是？"推销人员："高先生，您贵人多忘事啊，我是向红啊，工作压力大还是要注意身体的。对了，您使用了我们的产品，感觉如何？最近我们推出了一种联合服务套餐活动，不知您可感兴趣？"顾客："你可能打错了，我并没有购买你们的产品？"推销人员："不会是我弄错顾客回访档案了吧。高先生，那真不好意思！我能否为您介绍一下我们的产品，提供一些服务呢？"

四、产品介绍的技巧

电话推销不同于面对面的推销。面对面的推销可以将产品展示给顾客，让顾客对产品有直观的认识，而电话推销人员要在电话中向顾客描述产品，所以更有难度，更有挑战性。

（一）产品介绍的步骤

一般来说，产品介绍包含以下三个部分：

1.事实陈述

事实陈述就是对产品的材料、设计、颜色、规格、品种、特征等事实状况做介绍，激起顾客的购买欲望。

2.解释说明

对产品所具有的功能做详细说明，这些功能跟同类产品比具有哪些优势，以便使顾客做出购买决策。

3.利益说明

顾客最关心的是产品能够带给他何种利益，所以利益说明是最重要的。电话推销人员务必说明这种产品究竟能给顾客带来哪些好处。

电话推销人员要想通过电话有效地介绍产品，达到吸引顾客的目的，就必须反其道而行之，把上面的整个产品介绍流程反过来。首先从顾客利益开始，说明自己的产品能给顾客带来什么利益，当顾客有兴趣听下去的时候，再说明产品的特色，最后才对整个产品的细节做介绍。这样的顺序更容易打动顾客，以免电话推销人员在对产品口若悬河、滔滔不绝地加以介绍的时候，顾客一句"对不起，没兴趣"就把电话推销人员拒之门外。电话推销人员要明确究竟怎样才能打动顾客，怎样一步一步地吸引顾客，让他有兴趣听自己对产品进行介绍，最后参与进来，与电话推销人员讨论细节，这样才算是一次成功的产品介绍，才算达到了通过电话进行产品介绍的目的。

延伸阅读11-4

如何通过产品的利益点让客户产生兴趣

（二）产品介绍的注意事项

电话推销人员了解了基本的介绍顺序后，还要注意以下几点：

1.介绍产品的要点

在介绍产品和服务的功能时，要力求详细，确保顾客完全了解，最好提供证据让顾客相信该优点是真实可信的。介绍结束时最好把自己讲过的话归纳一下，强调所说的要点，同时证实顾客接受了你的观点。

2.探寻顾客的看法

电话推销人员要懂得适时地运用提问确定顾客的想法，衡量谈话进展的程度。顾客肯定或者否定的回答能清楚地表明双方的交谈是否顺利。如果顾客做了肯定的回答，说明电话推销人员的产品迎合了他的需求，可以进一步进行交流。如果顾客做了否定的回答，就意味着电话推销人员没有找到顾客的需求点，没有了解顾客的真实需要。这时候，电话推销人员应该采用诱导式的提问，探寻出顾客的需求点，根据情况调整介绍的思路。

3.从其他方面突破

很多电话推销人员在重复同一种产品的推销时，难免会墨守成规，凭经验办

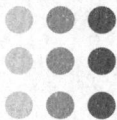

事。实际上，不同顾客购买同一产品的动机是不相同的，所以不能用同一种推销方式。当遇到这种情况时，要想办法从其他方面进行突破。

4.不同形式的介绍

一种产品往往有不止一个优点，而不同的顾客对于同一产品的用途有不同的要求。电话推销人员在介绍产品时要有针对性，要把产品的优点都展示给顾客，同时对不同的顾客要突出某一方面的优点。比如，有的顾客希望了解产品的性能，有的顾客却更关心产品的价格，还有的顾客更在乎工艺设计。在谈话开始时，电话推销人员应该有大致的了解，在谈话中也要注意顾客关心的是哪个方面。只有从不同的角度去了解顾客内心的需要，才能真正地打动顾客，说服顾客。

五、落实订单的技巧

推销过程中，促成交易是整个推销工作的最终目的，其他阶段都只是促成交易的手段。促成交易也是很多推销人员认为比较难以操作的阶段。这在电话推销中体现为，电话推销人员难以开口向顾客提出成交要求。很多即将成功的交易由于推销人员的徘徊、犹豫而失败，其原因与面谈推销基本相似。

（一）电话推销请求订单的注意事项

1.保持正确的心态

很多推销人员在请求订单时难以启齿，认为有为难顾客的感觉，这其实是一种不正确的推销心态。推销人员应该怀着帮助顾客、为顾客服务的心态向顾客请求订单。你所推销的产品是最适合顾客、能够为顾客提供一定价值的，在合适的时间应该大胆向顾客请求订单。

2.采用积极的词汇，吸引顾客下单

例如："您马上就可以拥有这款最新的手机了。祝贺您啊！""有了您的支持，我们一定可以把售后工作做好。"

3.尽量不用"合同""销售"等字眼

有些顾客前面沟通得很好，但一提到"合同"就变得很敏感、很谨慎，"销售"一词也会让顾客感觉很功利，所以我们可以用"协议""确认书"等代替"合同"，用"服务"代替"销售"，消除顾客的紧张心理。例如："我们现在可以签一下协议吗？""只要您一签署确认书，我们马上就发货。"

（二）电话推销请求订单的方法

1.自然过渡法

在推销产品和处理异议之后，推销人员要主动介绍商务流程、付款方式、交货方式等内容，使整个沟通过程自然过渡到请求订单阶段。在把商务流程、付款方式和交货方式等都介绍完之后，如果顾客没有很强烈的异议，推销人员就可以大胆地请求顾客下订单。

2.主动确认法

主动确认即采取主动提问或试探的方式，确认顾客的态度。根据与顾客的熟悉程度，其可以分为直接确认和间接确认两种方式。

如果跟顾客关系融洽，顾客性格比较随和，可以大胆采用直接确认的方式。例如："张总，咱们这个事情可就说定了啊！""张总，您的意思是您马上就会付款了吧？"

如果与顾客关系一般，尽量采用间接方式进行确认。例如："张总，那我就把价格申请递给我们老板了。""张总，我这边就通知物流部门开始备货了，款一到我们马上就发货！"

●●复习思考题

一、选择题

1.以下方面不属于电话推销的优势的是（　　）。

A.一对一沟通互动

B.受到空间限制

C.成本低

D.效率高

2.以下方面不属于电话推销的劣势的是（　　）。

A.信任度低

B.只靠声音传递信息

C.成本高

D.顾客更容易说"不"

3.电话销售的最终目的是（　　）。

A.提供方案

B.促成交易

C.签订销售合同

D.执行订单

4.成功开场白的要素不包含（　　）。

A.自我介绍

B.确认对方时间的可行性

C.相关人物的说明

D.价格介绍

5.电话推销人员对前台说："您好！请帮我接一下王总！我昨天给他发了一份传真，确认一下他是否收到了。"这属于（　　）。

A.缘由引见法

B.单刀直入法

C.事件严重法

D.间接转接法

第十一章
在线测试

二、案例分析

一次电话推销

情景：江南乳品公司大客户经理小王，准备将其公司产品打入某大型连锁超市。通过前期调查了解得知，吴经理是连锁超市的采购经理。在做好充分的推销准备工作后，星期一上午8点30分，小王拨通了吴经理办公室的电话。

小王："早上好，吴经理，我是江南乳品公司大客户经理小王，想谈一谈我公司产品进店销售的事宜，请问您现在方便吗？"

吴经理："不方便，马上就要开部门例会了，我现在没有时间。"

小王："那好，我就不打扰了，请问您什么时间有空？我再打电话给您。"

吴经理："明天上午10点吧。"

小王："好的，明天上午10点。"

星期二上午10点，小王再次拨通了吴经理办公室的电话。

小王："上午好，吴经理，我昨天和您通过电话，我是江南乳品公司大客户经理小王。"

吴经理："你要谈什么产品进店？"

小王："我公司今年上半年推出了5个新的乳酸菌产品。"

吴经理："我对这个品类的产品没有兴趣，因为目前超市已经有好几个牌子在销售了，我暂时不想再增加品牌了，不好意思。"

小王："是的，超市里确实已有好几个品牌了，但都是常温包装，而我们公司的产品是活性乳酸菌，采用保鲜包装。作为这个方面的经营行家，您一定清楚，在同等价格范围内消费者肯定是更愿意购买保鲜奶的。此外，我们公司的产品已全面进入餐饮渠道，销售量每个月都在上升，尤其是您附近的那几家大型餐饮店，我想，一定会有很多消费者到超市进行二次消费的。我们公司采用'高价格高促销'的市场推广策略，所以我们公司给您的产品毛利点一定高于其他公司的乳品。"

吴经理："还有哪些渠道销售你的产品？"

小王："现在已经有100多家超市在销售我们的产品了，其中包括一些国际连锁超市，销售情况良好，我可以给您出示历史数据。"

吴经理："好吧，你明天早上过来面谈吧，请带上一些样品。"

资料来源　贯越. 销售谈判技巧——电话谈判［EB/OL］．［2021-01-10］. http://www.emkt.com.cn/article/347/34765-3.html.

思考讨论：

1.面对买方的拒绝，小王怎样成功地提高了对方的谈判兴趣，最终赢得了面谈的机会？

2.如果你是小王，这次通话还有哪些部分可以改善？

第十二章

网络推销

本章内容提要

- 网络推销概述
- 网络推销的手段
- 网络市场特征与消费影响因素
- 网络推销的在线沟通技巧

　　网络推销是一种新型的推销模式，旨在利用各种互联网工具为企业营销活动提供有效的支持，具有很强的实践性。网络推销与传统推销有着显著区别：传统推销是推销人员与顾客进行面对面的直接沟通，而网络推销是交易双方通过互联网平台进行沟通。在互联网平台上，推销活动往往与各种营销推广活动交织在一起，很难区分哪些是推销活动，哪些是推销以外的其他营销活动。因此，本书把网络推销看成网络营销，对两者不做严格区别。

第一节 网络推销概述

一、网络推销的内涵

对于网络营销的认识，一些学者或网络营销从业人员对网络营销的研究和理解往往侧重某些不同的方面：有些偏重网络本身的技术实现手段；有些注重网站的推广技巧；有些将网络营销等同于网上直销；还有一些把新兴的电子商务企业的网上销售模式也归入网络营销的范畴……

为了理解网络营销的全貌，有必要为网络营销下一个比较合理的定义：网络营销是以现代营销理论为基础，借助网络、通信和数字媒体技术等实现营销目标的商务活动。网络营销是企业整体营销战略的一个组成部分，是建立在互联网基础之上，借助互联网特性来实现一定营销目标的营销手段。通俗一点说，就是借助互联网来做营销，网络是载体，营销是核心。

网络推销能够给企业提供直接面向消费者的平台，这不仅降低了企业的销售成本，使产品的价格可以实现最小化，还能突出产品销售过程的价格优势，缩短了产品在到达消费者之前的流通时间。

网络推销有传播广、信息量大、投资成本相对较低等特点，随着互联网的普及、发展渐渐成熟，受到更多消费者的信赖与喜爱。网络推销不仅有利于塑造企业形象、建立企业品牌，而且能够借助互联网覆盖面广的特点，打造知名品牌。

微课12-1

所谓网络推销

二、网络推销的优劣势

（一）网络推销的优势

网络推销具有许多明显的优势，主要表现在以下几个方面：

1.市场竞争具有公平性

网络推销没有时间、空间的限制，减少了市场壁垒和市场扩展的障碍。所有的企业不受自身规模的约束，面对覆盖全球的网络市场公平竞争。每个企业都可拥有自己的网站，都可以通过网络随时传递产品信息，寻找贸易合作伙伴，创造贸易机会。

2.推销策略贴近顾客

网络推销强调的是与顾客的双向互动沟通，是以消费者为主导的、非强迫性的、低成本与人性化的推销，企业通过提供信息与消费者建立长期良好的关系。在服务方面，企业在销售之前通过网络向顾客提供丰富生动的产品信息及相关资料，留给顾客更多自由考虑的空间，使顾客更加理智地采取购买行为；在买卖过程中，顾客无须花费时间去商场选购，也不必为联系送货而与商场工作人员交涉，只需连接网络、登录网页或手机App，即可在虚拟商店浏览商品，用电子支付方式结算，

通过专业物流公司获得所购买的商品。同时，顾客在需要产品咨询服务时，也可以通过即时通信工具直接与客服沟通。

3.市场反应快

网络具有快捷、方便等特性，开展网络推销提高了营销活动的效率和企业的市场反应能力，为企业更好、更高效地获取市场信息、满足顾客需求提供了可能。

4.网络推销手段丰富

随着通信技术的创新和网络媒体的发展，新的网络推销手段层出不穷。当前常用的推销手段包括网站推广、搜索引擎营销、网络广告、微博营销、论坛营销、病毒性营销、IM营销等。推销人员可以组合运用上述网络推广手段，有效地提升推销能力。

（二）网络推销的劣势

与传统推销相比，网络推销具有显著优势，但作为一种新的推销模式，网络推销存在以下几方面的劣势：

1.通信技术与网络安全制约网络推销的发展

当前，我国网络发展很快，但网络消费者的信息管理与分析能力有待提高；在广大农村地区，网络通信技术的应用还不够普及；同时，互联网的完全开放性使得网络安全受到很大的威胁，用户对网上交易的安全性存在疑虑。这些因素在很大程度上制约了网络推销的发展。

2.价格问题愈加敏感

在网上，公开、透明的产品和服务价格信息，使得顾客极易在比较中做出选择，价格问题对顾客购买决策的影响进一步加强。商家为获得更多的订单，也常把价格作为重要的竞争策略。

3.购物乐趣缺失

对一些消费者特别是女性消费者来讲，商品的选购过程是一个休闲、娱乐的过程。网上购物尽管方便、快捷，但虚拟的网络空间中的购物活动抹杀了传统市场中的购物乐趣；同时，网上购物无法满足消费者社交的心理需要，无法使消费者获得在传统购物中所能得到的显示自身社会地位、成就或支付能力等方面的心理需要。

延伸阅读12-1

霸道董明珠：
面对"流量
黑暗森林"
不霸道

第二节 网络推销的手段

网络推销职能需要通过一种或多种网络推销手段来实现。随着通信技术的创新和网络媒体的发展，新的网络推销手段层出不穷。下面介绍一些常用的网络推销手段及其效果。

一、企业网站

企业网站是一个综合性的网络营销工具，在所有的网络营销工具中，企业网站

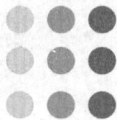

是最基本、最重要的一个。若没有企业网站，许多网络营销方法将无用武之地，企业网络营销的功能也会大打折扣。因此，企业网站是网络营销的基础。企业网站的网络营销功能主要表现在以下几个方面：品牌形象、产品/服务展示、顾客关系、网上调查、网上合作、网上销售。企业要想成功地开展网络推销，应着重于以下几点：

（1）抢占优良的网址并加强在网络空间的宣传。网址是企业最重要的标志，已成为一种企业资源。网址的名称应简单、鲜明、易记，通常为企业的品牌或名称。目前网址注册的规定还不完善，注册时间的先后是主要的认定标准。如果本应属于自己的域名被别人注册，则会给企业带来不必要的损失，如麦当劳就不得不以800万美元的代价买回自己的网址。

（2）精心策划网站结构。网站的设计应做到结构简单，通过建立较为便捷的路径索引来方便访问者，同时应做到内容全面，尽量涵盖用户普遍需求的信息。

（3）企业建立网站是一项长期的工作。企业建立网站不仅包括网站的设计开发和网站的开通，还包括网站的维护，如及时更新产品目录、价格等适销性较强的信息，以便更好地把握市场行情。此外，较之传统印刷资料，网络资料更为方便、快捷且成本低廉。网站的维护也能集中反映企业的营销个性和策略，最终都表现为为顾客提供更满意的服务。

二、搜索引擎

搜索引擎的实质其实是一个网站，该网站专门提供信息"搜索"服务，通过对互联网网站进行搜索，从中提取相关信息，从而建立庞大的数据库，用户可以通过输入特定的关键字查找所需的资料，以及各种产品或服务的信息。由于搜索引擎的商业价值极高，因而越来越多的企业都将搜索引擎作为一种重要的网络营销手段，并取得了较好的营销效果。

搜索引擎营销是指以搜索引擎为平台，以调整网页在搜索结果页上的排名从而给网站带来访问量为手段，针对搜索引擎用户展开的营销活动，利用用户检索信息的机会尽可能将营销信息传递给目标用户。简单来说，搜索引擎营销就是基于搜索引擎平台的网络推销，利用人们对搜索引擎的依赖性和使用习惯，在人们检索信息的时候尽可能将营销信息传递给目标顾客。搜索引擎营销具有由用户主动创造营销机会、操作简单、效率高等特征。

三、论坛营销

论坛营销就是企业利用论坛这种网络交流的平台，通过文字、图片、视频等方式发布企业的产品和服务的信息，让目标顾客加深对企业产品和服务的了解，最终达到宣传品牌、提高市场认知度的目的。论坛营销伴随着论坛的产生而兴起和发展，逐渐成为众多网络营销方法中不可或缺的一种。论坛营销的特点包括：

1.成本低，操作门槛低

很多时候论坛营销几乎不需要成本，从注册到发帖都是免费的，论坛的低投入

是有目共睹的。同时，论坛营销操作非常简单，很多时候只需要注册论坛账号、发帖、顶帖、回复即可。

2.口碑宣传比例高，性价比高

论坛作为Web2.0的典型代表，论坛内的所有内容都是由用户的言论产生的。企业利用论坛的口碑效应，花费很少的成本，就可能得到较高的收益。

3.目标针对性和精准性强

论坛营销可以作为面向普通大众的宣传手段，也可以针对特定目标组织、特殊人群进行重点宣传。论坛的细化程度高，就意味着其用户群也是非常集中和精准的，也就意味着企业可以通过这些平台进行富有针对性、精准性的营销。在论坛中发布信息，用户会快速响应，企业可以即时掌握用户反馈信息，第一时间了解用户需求与心理。

4.覆盖面广，适用范围广

一次发帖可以把消息传播到成千上万个网站上，最大限度地增加关注群体。不管是什么样的产品，大部分企业都会利用论坛推广，几乎都选择热门论坛，在其中找到目标用户集中的论坛板块发布信息。

5.营销氛围好，效果好

论坛最大的特点是互动。一个好的论坛，里面的交流氛围会非常融洽，用户之间的交流也有一定深度。在这种论坛做宣传，能够达到很好的效果。此外，由于论坛用户之间信任感强，企业发布的信息更容易被大家接受，容易获得用户的认同，在心理上引起共鸣。企业可以策划一些网民感兴趣的活动，将企业的品牌、产品信息植入活动，并展开持续的传播，引发新闻事件，增强传播的连锁反应。

延伸阅读12-2

华为的花粉
俱乐部

四、博客营销

博客是一种通常由个人管理、不定期张贴新的文章的网站，是互联网技术的重要应用之一。通常，博客专注在特定的主题上提供评论或新闻。随着网络技术的发展，博客的内容形式越来越多，它可以包含文字、图像、其他博客或网站的链接、视频及音乐等。目前最具代表性的是新浪博客。

博客营销是通过博客网站或博客论坛接触博客作者和浏览者，利用博客作者个人的知识、兴趣和生活体验等传播商品信息的营销活动。博客营销具有影响范围广、受众明确稳定、可信度高、传播自主性强、互动性强的特征。通过博客营销，企业可以发掘市场机会、提高顾客关注度、推广产品和服务、提高品牌知名度，同时可以开展公关活动、加强企业文化建设。

五、微博营销

微博是微型博客的简称，即一句话博客，是一种通过关注机制分享简短实时信息的广播式的社交网络平台。微博营销以微博作为营销平台，每一个受众（粉丝）都是潜在营销对象，企业可以通过更新自己的微博向网友传播最新的企业信息、产

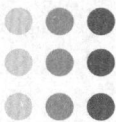

品信息，树立良好的企业形象和产品形象。通过微博，企业可以跟用户交流互动，或者发布用户感兴趣的话题，以此达到营销的目的。该营销方式注重价值的传递、内容的互动、系统的布局、准确的定位，微博的火热发展也使得其营销效果尤为显著。微博营销涉及的范围包括认证、有效粉丝、话题、名博、开放平台、整体运营等。

六、IM营销

IM即instant messaging，IM营销就是即时通信营销。目前在互联网上广受欢迎的即时通信软件包括QQ、微信、钉钉、阿里旺旺等。IM营销是企业通过即时通信工具帮助企业推广产品和品牌的一种手段，常用的主要有两种方式：第一种是网络在线交流，企业建立了网店或者网站时一般会有客服人员实时在线，顾客如果对产品或者服务感兴趣可以主动联系；第二种是广告，企业通过IM工具发布一些产品信息、促销信息，或者发布一些网友喜闻乐见的图片、表情、软文、视频等，宣传企业和产品。

IM营销是网络推销的重要手段，是进行商机挖掘、在线客户服务、病毒营销的有效利器，是继电子邮件营销、搜索引擎营销之后的又一重要营销方式。它克服了其他非即时通信工具信息传递滞后的不足，实现了企业与顾客的无延迟沟通。

延伸阅读12-3

企业微信公
众号如何做
好内容营销

七、网上商店

网上商店一般建立在第三方提供的电子商务平台上、由商家自行经营，如同在大型商场中租用场地开设的店铺一样，是一种比较简单的电子商务形式。网上商店除了通过网络直接销售产品这一基本功能之外，还是一种有效的网络营销手段。

从企业整体营销策略和顾客的角度考虑，网上商店的作用主要表现在三个方面：一是网上商店为企业扩展网上销售渠道提供了便利的条件；二是建立在知名电子商务平台上的网上商店可以提高顾客的信任度；三是从功能上来说，网上商店对不具备电子商务功能的企业网站是一种有效的补充，对提升企业形象并直接增加销售具有良好效果，尤其是将企业网站与网上商店结合，效果更为明显。

八、直播营销

直播营销是指在现场随着事件的发生、发展进程同时制作和播出节目的营销方式。该营销活动以直播平台为载体，以提升企业品牌、增加销量为目的。

直播营销是随着互联网视频的发展而出现的一种营销形式上的创新，其优势如下：

1.直播营销就是一场事件营销

除了本身的广告效应，直播内容的新闻效应往往更明显，引爆性也更强。一个事件或者一个话题，相对而言，可以更轻松地进行传播和引起关注。

2.能体现出用户群的精准性

在观看直播视频时，用户需要在一个特定的时间共同进入播放页面，这其实是与互联网视频所倡扬的"随时随地性"背道而驰的，但是这种播出时间上的限制有助于企业真正识别并抓住这批具有忠诚度的精准目标人群。

3.能够实现与用户的实时互动

相较传统电视，互联网视频的一大优势就是能够满足用户更为多元化的需求。用户在观看的同时，还能一起发弹幕吐槽，喜欢谁就直接献花打赏，甚至还能动用观众的力量改变节目的进程。这种互动的真实性和立体性，也只有在直播的时候才能够完全展现。

4.深入沟通，情感共鸣

在这个信息碎片化的时代里，在这个去中心化的语境下，人们在日常生活中的交集越来越少，尤其是情感层面的交流越来越浅。直播，这种带有仪式感的内容播出形式，能让一批具有相同志趣的人聚集在一起，聚焦在共同的爱好上，情绪相互感染。如果企业能在这种氛围下做到恰到好处的推波助澜，其营销效果一定也是"四两拨千斤"。

延伸阅读12-4

汽车经销商
常用的网络
推广手段

第三节　网络市场特征与消费影响因素

一、网络市场的特征

在网络市场中，网络和电子商务系统具有强大的信息处理能力，为大量的产品和服务信息提供展示平台，消费者通过网络检索机制获取全方位的产品和服务信息，从而做出满足自己需求的、理性的决策，网络市场也真正成为买方市场。由于网络的特点，网上消费者市场与线下消费者市场有许多不同。每个网民都是网络推销的主要个体消费者，广大的网民构成了网络消费者市场。网民的规模决定了网络消费者市场的规模和潜力，网民的结构影响消费结构和产品结构。企业要做好网络市场推销工作，就必须对网络消费者的群体特征即网民特征进行分析，以便采取相应的对策。

（一）构成特征

随着互联网的广泛应用，网民的构成也在不断变化，深入分析、研究网民的结构，把握网络消费者群体的需求状况是企业必须考虑的重要问题。根据中国互联网络信息中心发布的第46次《中国互联网络发展状况统计报告》（截至2020年6月），我国网民规模达到9.40亿，结构特征主要包括以下几个方面：

1.性别特征

网民中男性与女性的比例为51：49。近年来，网民性别比例保持基本稳定，但是专家认为今后女性网上购物者的人数将后来居上，逐渐超过男性人数，全面主

导网上购物市场。调查表明，在被调查的女性中，9%控制着家庭中1/3的消费资金，15%控制着家庭中1/2的消费资金，47%控制着家庭中2/3的消费资金，29%控制着家庭中3/4的消费资金，而且近60%的被调查家庭的消费计划也都是由女性决定的。受性别因素影响，男性的网络消费产品更多的是电子产品和户外用品，而女性则更倾向服装、食品及女性用品等。企业在网络推销中应该始终保持对女性顾客的关注。

2.年龄特征

网民增长空间逐步向中年和老年人群转移，网民中40~49岁人群占比为18.7%，50~59岁人群占比为12.5%，60岁及以上人群占比为10.3%，中老年人占比大大提高。10~19岁人群占比为14.8%，20~29岁和30~39岁人群占比均为20%左右，占比最多。受网民年龄结构的影响，互联网应用呈现与年轻网民特征较为相符的特点，娱乐成为网络的主要应用领域之一。

3.学历结构

网民向低学历人群扩散的趋势继续保持，小学及以下、初中学历人群占比均有上升，其中初中学历人群升幅较为明显，占全体网民的40%左右，这说明互联网在该人群中渗透速度较快。大专及以上学历人群在网民中的占比基本饱和，上升空间有限。随着网民规模的逐渐扩大，网民的学历结构正逐渐向我国总人口的学历结构靠拢，这也是互联网大众化的表现之一。

4.职业结构

网民中，学生所占的比例最大，为23.7%；其次是个体户/自由职业者，占比为17.4%；农林牧渔劳动人员占比为15.3%；农村外出务工人员的占比提高至11.4%，位列第四。

5.收入结构

网民中月收入在500元以下的占24.3%。由于网民中最大的群体是学生，因此网民收入结构中低收入者比例较高。月收入为3 000~5 000元的占比最高，为20%；月收入为5 000~8 000元的占比为12.7%；8 000元以上的为11.5%。

（二）网络使用特征

1.上网时间

网民的上网时间与网龄之间存在密切关系，网龄越长，上网时间越长。上网时间是各种网络应用的使用程度的客观反映，一般而言，网民上网时间越长，使用的各种网络应用就越丰富，网民的网络行为成熟度就越高。我国网民人均每周上网时长达到28小时。Wi-Fi和5G网络的快速发展，更好地满足了网民对各类应用的需求，尤其像视频这样的大流量的应用，从而增加了网民的上网时间。

2.上网设备

网民使用手机上网的比例达99.2%，手机成为我国网民的第一大上网终端。使用台式电脑、笔记本电脑、电视和平板电脑上网的网民所占比例分别为37.3%、

31.8%、28.6%和27.5%。

3.主要网络应用的使用行为

近年来，即时通信工具的用户一直维持较高的增速，2020年6月，即时通信工具网民使用率达到99.0%，用户人数达到9.3亿，保持我国网民第一大应用的领先地位。网络视频的网民使用率飞速发展，2020年6月高达94.5%，仅次于即时通信工具，居于第二位。支付工具的使用在近几年内得到快速发展，2020年6月网民使用率高达85.7%。搜索引擎作为互联网的基础应用，是网民获取信息的重要工具，其使用率在2020年6月保持在81.5%左右，居于互联网应用第四位，接下来分别是网络购物、网络新闻、网络音乐、网络直播、网络游戏、网络文学、网上外卖等。

针对网络应用的排名情况，推销人员在进行营销推广活动时，应考虑对其科学选择和组合运用。

二、网络消费者的特征

网络消费是一种新型的消费形式，与传统的消费形式相比，有类似的地方，也存在不同的特点。网络消费者的消费行为特征主要表现在以下几个方面：

1.消费的个性化

随着消费品的日益丰富和消费者个性化需求的不断增强，消费者开始制定自己的消费准则，市场营销的重心回到了对个性化需求的满足上。个性化消费逐渐成为消费的主流，而网络应用的普及为网络消费实现个性化提供了条件，使网络消费的个性化特征日益显现。

2.消费的主动性

在社会分工日益细化和专业化的趋势下，消费者的消费风险随产品和服务选择的增加而上升。在选择大件耐用消费品或高技术产品时，消费者往往利用各种渠道收集相关产品和服务信息，并通过分析比较做出购买决策。网络应用的普及和网络推销的开展，为消费者收集相关产品和服务信息提供了方便、快捷的手段，大大提高了消费者选择的主动性和满意程度。事实上，消费主动性的增强来源于现代社会不确定性的增加和人类追求稳定、平衡的欲望。

3.购买的方便性

追求购买的方便快捷是网络消费者个体行为的重要特征之一。随着竞争的加剧和生活节奏的不断加快，在职人员承受的生活、工作压力越来越大，节省时间、便捷购物成为其购买行为的主要特征之一。同时，一边上网聊天，一边与网友讨论产品和服务信息，并在网上下单购物已为许多网民所青睐。

4.产品的低价性

中国互联网络信息中心发布的《中国网络购物市场研究报告》显示，所有的垂直性市场中，影响消费者购买的最重要的因素是价格低。价格便宜是网民选择某一网站购买家电的首要因素，此外，网上评级、产品丰富程度、网站/卖家的可信度、可以货到付款和配送速度等因素，对网上购物都有重要的影响。

5.消费需求的差异性

网络推销的发展使消费者的个性化需求和定制需求得到满足。消费需求的差异是普遍存在的，不同的网络消费者因个人特征和所处的环境不同，会有不同的需求。企业开展网络推销，必须分析和研究消费需求的差异及差异产生的原因，从产品的构思、设计、制造到产品的定价、包装、运输、销售，都要根据需求的差异进行，并针对不同消费者的需求特点，制定相应的推销策略、推销措施和方法。

6.消费需求的层次性

在传统的商业模式下，人们的消费一般从低层次需求开始，逐渐向高层次需求延伸，即先满足个人的生存需求，再追求精神上的需求。网络消费者的消费需求也具有层次性，但网络消费者以知识青年为主，最初主要是满足其精神需求，如网络娱乐、通信、聊天。随着网络法律法规的不断健全，网络安全技术的提高和网络推销的发展，网上交易规模不断扩大，交易者数量和交易对象也不断增多，除了精神消费品之外，普通消费品的购买日益增加。

7.消费需求的超前性和可诱导性

追求时尚和新颖是许多网络消费者的特征，也是许多青年消费者的主要购买动机。产品的款式、格调和流行趋势往往成为选择的主要依据。商家必须借助丰富、及时的网络信息资源，追踪和引导消费流行趋势，适时开发网络消费者喜欢的时尚产品和服务，以满足网络消费者的需求。

三、影响网络消费者购买的主要因素

随着网络推销的发展，网上购物逐渐为消费者所熟悉和接受。影响网络消费者购买的因素有很多，包括个人收入水平、产品服务价格等经济因素，消费者心理、需求与动机等个人因素，社会文化、职业环境和相关群体等社会环境因素。概括起来，影响网络消费者购买的主要因素有以下几个方面：

1.产品价格

从消费者的角度来说，价格不是决定消费者购买的唯一因素，却是消费者购买商品时肯定要考虑的因素，而且是一个非常重要的因素。对一般商品来讲，价格与需求量之间经常表现为反比关系，同样的商品，价格越低，销售量越大。网上购物之所以具有生命力，重要的原因之一是网上销售的商品价格普遍低廉。

此外，消费者对于互联网有一个免费的价格心理预期，那就是即使网上商品是要花钱的，那价格也应该比传统渠道的价格要低。一方面，这是因为互联网的起步和发展都依托了免费策略，因此互联网的免费策略深入人心，而且免费策略也得到了成功的商业运作；另一方面，互联网作为新兴市场可以减少传统营销中的中间费用和一些额外的信息费用，可以大大削减产品的成本和销售费用，这也是互联网商业应用的巨大增长潜力所在。

2.产品特征

目前，网上交易的产品多为标准化产品或时尚、流行的产品，这些产品往往在价格上占绝对优势，如计算机硬件、书刊、音像制品、时尚礼品。随着网络推销的发展和更多网络品牌的建立，网上交易产品也将越来越丰富，一些大件产品、非标准化产品也能在网上大量交易。

当然，并不是所有的产品都适合在网上销售和开展网上营销活动。一些产品要求消费者参与的程度比较高，消费者一般需要现场体验，而且需要很多人提供参考意见，这些产品就不太适合网上销售。对于这类产品，可以利用网络推销的推广功能，辅助传统营销活动，或者将网络推销与传统营销进行整合。例如，利用网络宣传和展示产品，消费者在充分了解产品的性能后，可以到线下卖场进行选购。

3.购物的便捷性

购物的便捷性是消费者选择购物的首要考虑因素。一般而言，消费者选择网上购物一是因为时间上的便捷性，可以不受时间的限制并节省时间；二是因为可以足不出户，在很大范围内选择商品。

4.安全可靠性

部分网络消费者有稳定的收入，他们追求时尚，也重视品质，对网络购物缺乏信任和安全感，担心没有售后服务或售后服务差。同时，一些消费者对目前的网络支付系统也不满意，认为其缺乏安全性，担心自己的真实姓名、联系方式等私人信息被网站泄露。此外，网上欺诈行为、网购纠纷频发也影响了网上交易的发展。

5.其他因素

影响网络消费者在线交易的因素还包括上网的便利性、网速、网上支付方式、送货方式等。

延伸阅读12-5

三只松鼠，
颠覆传统

第四节　网络推销的在线沟通技巧

推销人员在线上与顾客直接沟通，争取订单实现交易，是网络推销的基础工作，也是最后促成交易的关键环节。以下以淘宝网店为例，阐述客服人员在线推销的沟通技巧。

一、在线沟通的基本要求

1.反应及时（反应快、训练有素）

顾客首次到访，打招呼的时间不能超过15秒。打字速度要快，至少要达到50字/分钟，且不能有错别字。每次回答顾客问题，顾客等待时间不能超过20秒。如回答的文字较多，宜分次回答，也就是说在打字输入时不要一次性打太多字，因为买家等久了，可能就没有耐心了。

2.热情亲切（赞美、亲昵称呼、自然、真诚）

用语规范，礼貌问候，让顾客感受到热情，不用生硬的话语，做到亲昵称呼，自然亲切。例如：对顾客称呼使用"您"，或用淘宝习惯称呼"亲"；无法满足顾客的要求时，第一句需要回答"非常抱歉"；忌用"哦""嗯"等语气词；严禁用"我不知道""我不太清楚""我找不到人问""您自己选吧""我也不懂""不能便宜""不行""到不了"等带有"不"字的任何句子。

3.了解需求（细心、耐心、有问必答、准确、找话题）

对顾客的咨询、需求给予准确的回应，并快速提供令顾客满意的答复，需求不明确时做到引导顾客产生需求。

4.专业销售（自信、随需应变、舒服）

以专业的言语、专业的知识、专业的技能回答顾客异议，让顾客感觉客服人员是专家并感受到上帝般的服务。

5.主动推荐和关联销售

善于向顾客推荐公司（本店）主推款，并给予关联推荐，乃至达成更高的客单价。

6.建立信任（建立好感、交朋友）

通过交流找到和顾客有共鸣的话题，想顾客所想，给顾客适当建议，建立信任。

7.转移话题，促成交易

碰到顾客刁难、啰唆或提出公司弱点问题，迅速转移话题，引导销售，并以促成交易为目的。

8.体验愉悦（解决问题、强化优势、欢送）

在服务过程中给顾客找准记忆点，强化顾客记忆，给顾客良好的体验并留下愉悦的回忆。

二、售前和售中沟通技巧

做好推销沟通，诚心服务才能打动每一个客人。在如今网络消费越发理性以及竞争愈演愈烈的情况下，要吸引顾客，不仅要具有产品等硬性条件，也需要软性服务，诚心服务、做好沟通也很重要。需要说明的是，沟通没有标准的答案，每个客服人员都有自己的沟通习惯，只要在情理之中就可以。

1.招呼的技巧——热情大方、回复快速

当买家询问"在吗？"的时候，可以作答："亲，在的，正等您呢！很高兴为您服务！"要在买家咨询的第一时间快速回复买家，因为买家买东西都会货比三家，可能同时和好几家联系，这时候谁第一时间回复，谁就占了先机。

2.询问的技巧——细致缜密

当买家询问店里的商品时，如果有的话，就跟顾客介绍这个商品的优点。如果询问的商品已经没有了，可以这样回答："真是不好意思，这款卖完了，有刚到的

其他新款，给您看一下。"不要直接回复"没有"，这个时候要做到，即使没有也让顾客还想看看店里其他的商品，所以要注意回答的技巧。

3.推荐的技巧——体现专业、精确推荐

例如客服回答："亲，让您久等了，这两款风格简洁、时尚，很受年轻人喜欢哦，这是链接地址……"这样专业、准确地告诉卖家，说明你用心地为他挑选了合适的商品，而不是单纯为了获得商业利益。

4.议价的技巧——以退为进、促成交易

如果顾客继续议价的话，可以通过其他方式，比如赠送小礼品，让顾客觉得就算没有讲下价来，也有收获。如果顾客说贵的话，顺着买家的意思，承认他们说得对，但是委婉地告诉顾客物有所值，一分钱一分货，请顾客综合考虑，不只是看商品本身的价格，还要看包装品质、品牌、售后服务等。这样的话，大部分顾客都会比较满意的。

关于议价，我们平时买东西，哪些地方可以议价呢？议价也是需要空间的。每个人消费都有议价的想法，但是去沃尔玛、家乐福等大超市就不会议价，因为找不到议价的地方，而且卖场把所有的优惠都给出来了。所以，网上开店要争取做网上的"沃尔玛""家乐福"，在网页上明确标示价格优惠，不要做集市上的摊位。如果给了顾客集市的感觉，他就会议价。即使给了顾客议价的可能，那也要留出议价空间，不要一开始就给得太低。

5.核实的技巧——买家付款后

买家付款后，在买家下线前把订单中的买家信息发给买家确认，避免出错，这样就会减少发货地址错误、快递送达不到等方面的问题，也给顾客留下店方认真负责的印象。

6.道别的技巧——无论是否成交

在成交的情况下，可以说"谢谢您的惠顾，请您等待收货，合作愉快，就不打扰您了"。既简单大方地结束话题，也讲究效率。在没有成交的情况下，也要客气地回答，如"过几天将有新货到，欢迎再次光临，希望我们还有合作机会"。

7.跟进的技巧——视为成交、及时沟通

如果遇到宝贝被拍下但是还没有付款的情况，就要做到及时跟进，可以根据旺旺或订单信息联系买家，告诉买家我们已经为他拍下的产品做好准备，收到款就可以发货了。这样告诉买家，也给买家施加了压力，一般情况下都会使交易成功。在此要注意联系方式，如果打电话过去的话，被挂掉是很正常的，因为顾客可能要工作，所以可以发短信确认一下。不要直接问买还是不买，这时候顾客只有两个选择，一般的回答都是"哦，那算了，就不买了"。在没有成交的情况下，不要表示惊讶，要表示宽容、大度、欢迎再来。

三、售后沟通技巧

1.发货后——告知发货，让买家心里踏实

可以通过旺旺，最好是站内信，告知顾客已经发货。用手机发短信也可以，只是成本高，尤其是在顾客多的情况下。如果物流公司能做到同时将物流信息发给商家和收件人的话，那么这样的物流公司是值得商家长期合作的。

2.该到时——联系买家询问收货情况

如果货物没有正常到达的话，店方可以帮买家查询物流情况，做出解释，即便有时候会延误，相信很多买家也会谅解。

3.签收后——及时回访

跟踪信息，询问买家意见，有意见的，该解释的解释，该处理的处理。对于买家提出的意见和问题，店方在以后的工作中要做出改进。

4.好评后——及时回复买家，感谢买家的支持

当然，也会出现"差好评"，就是顾客虽然给了好评，但在好评里会说明对物流速度等并不满意，勉强给个好评。对于"差好评"，卖家要做好解释。这时的沟通主要是道歉，获得买家谅解，感谢给予好评。一般情况下，顾客最后都会给予谅解的。对于差评，卖家也要耐心地解释，得到顾客的理解。

复习思考题

一、选择题

1.网络推销的优势不包括（　　　）。

A.市场竞争的公平性

B.推销策略贴近顾客

C.市场反应快

D.购物乐趣多

2.关于直播营销，错误的是（　　　）。

A.直播营销就是一场事件营销

B.能体现出用户群的广泛性

C.能够实现与用户的实时互动

D.深入沟通，情感共鸣

3.下列内容不属于IM营销的是（　　　）。

A.微信

B.钉钉

C.阿里旺旺

D.百度

4.论坛营销的优势不包括（　　　）。

A.操作门槛高

B.口碑宣传比例高

C.覆盖面广

D.目标针对性强

5.影响网络消费者购买的主要因素不包括（　　　）。

A.产品价格

B.产品特征

C.便捷性和安全性

D.距离

第十二章
在线测试

二、案例分析

××汽车网络推销策划方案

某营销策划公司为××汽车制订了网络推销策划方案，其主要内容如下：

一、产品发布初期采用的网络推销方法

在这一阶段，××汽车还不为大多数人所知晓，所以要大力宣传我们的产品。在此阶段，我公司将结合运用网络推销方法与传统营销方法。网络推销方法有搜索引擎营销、网站资源合作推广；传统营销方法有各大广播电视媒体、杂志、报纸。

（一）搜索引擎营销

选择对象：百度。中国互联网络信息中心的研究报告表明，截至2020年12月，我国搜索引擎用户规模达7.70亿人，占网民整体的77.8%。据"网速管家"统计，截至2020年7月，百度作为多数中国网民优先选择的搜索引擎，市场占有率稳居第一，其中PC端市场占比81.26%，移动端市场占比80.62%。综上所述，我公司将登录百度搜索引擎，投放关键词广告。

搜索引擎营销工作包括：

（1）确定关键词：北京××、现代××、××汽车、××。

（2）登录百度自然排名，做好网站的搜索引擎优化工作，提升网站自然排名，相关关键词排名前列。

（3）按点击数量付费：投放百度关键词广告；投放下载、购买、企业、资讯等关键词广告，增加网站曝光率。确保相关关键词排名前列。

（二）网站资源合作推广

策划、开展网站合作活动是有效的网站推广手段，且能提高访客忠诚度，持续深入地传播网站和广泛征求友情链接，增强网站外部链接活力，增加网站的搜索引擎曝光率，获得理想的排名效果。

网站资源合作推广工作包括：

（1）友情链接各类网站，包括地方门户网站、个人网站、同行业网站，增强网站外部链接活力，促进产品推广合作。

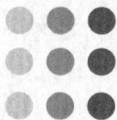

（2）在相关网站如中国汽车网、新浪汽车频道，展开活动，扩大网站活动影响范围，提升形象。

二、产品成长期采用的网络推销方法

在产品发布初期，我们已经做过有力的宣传，我们将继续使用搜索引擎营销方法，将其保持在较高的排名。电视媒体是人们获取信息最常用的工具，所以我们将继续在电视媒体投放广告。同时，在这一阶段我们也将采用网络广告营销、许可邮件营销。

（一）网络广告营销

网络广告是投入较大、效果明显的网站推广方式之一。广告投放对象要符合网站访问群的特征，并根据网站不同推广阶段的需要进行调整。针对本产品的特点，我们制订了相应的网络广告投放计划。

1.广告投放对象

门户网站：新浪网。

行业网站：中国汽车网、太平洋汽车网、易车网等。

行业 App：汽车之家。

投放页面位置：网站（App）首页、栏目页。

2.投放周期

整个产品广告投放周期为2个月。

3.广告形式

根据产品特点，我们将规划多种广告形式进行广告投放。主要广告形式有飘浮广告、横幅广告、文字广告等。

（二）许可邮件营销

邮件营销是快速、高效的营销方式，但应避免成为垃圾邮件。我们要开展可信任的许可邮件营销，通过注册会员、过往顾客、电子杂志订阅用户等途径获取顾客邮件地址，向目标顾客定期发送邮件广告。本公司有能力和资源选用自建邮件列表，定期向会员和用户发送，能有效地联系访客，提高用户忠诚度。

同时，通过许可邮件开展有奖调查：启发式设问，激发邮件接收人参与调查的兴趣，在线填写问卷，收集其对本产品的意见和建议。前1 000名将获得本公司送出的汽车模型一款。

三、产品成熟期采用的网络推销方法

经过前两个阶段的努力，××汽车过关斩将，被大众所认可。在此阶段，我们将继续前两个阶段的推广，同时采用病毒性营销。

病毒性营销是一种常用的网络推销方法，常用于网站推广、品牌推广等。病毒性营销利用的是用户口碑传播的原理，在互联网上这种"口碑传播"更为方便，可以像病毒一样迅速蔓延，因此病毒性营销成为一种高效的信息传播方式，而且，由于这种传播是用户之间自发进行的，因此几乎是不需要费用的网络推销手段。

四、效果分析

本产品的营销效果分析如下：

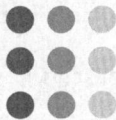

1.采用搜索引擎营销的效果分析

提高了网站的排名，增加了网站点击量和访问数量，同时提高了产品的知名度，加深了产品在浏览者心目中的印象，激起浏览者的购买欲望，从而转化为收益。

2.网站资源合作推广的效果分析

采用交换链接的方式增加了网站的排名优势，提升了网站的直接访问量，增加了产品的可信度，得到了合作伙伴的认可，同时为用户提供了延伸服务，方便用户了解产品的各方面资料。

3.采用网络广告的效果分析

第一个月广告的点击量为1.5万~1.8万次，访问量达3万~5万人次；中期20天广告的点击量为1.1万~1.3万次、访问量达3万~4万人次；后期10天广告的点击量为1.2万~1.6万次，访问量为4万~4.5万人次。综上所述，我公司采用的网络广告营销取得了很好的效果。

4.许可邮件营销效果分析

我公司采用内部列表的推广方法，内部列表是长期的、连续的，为用户随时了解公司动态及产品情况带来方便。许可邮件的营销效果不仅体现在点击量和直接销售量增加等指标上，而且在顾客关系、顾客服务、企业品牌形象、在线调查、资源合作等多个方面发挥作用，如用户信任程度提高，定位精度提高，获得新用户的能力增强。

5.病毒性营销效果分析

利用口碑相传的方式更有说服力，传播速度快、范围广而且高效。

资料来源　佚名."现代领翔"汽车网络营销策划方案书［EB/OL］.［2021-01-10］. http://www.1681989.com/tgyx/8296.html.

思考讨论：

1.除了该网络推销方案提到的营销方法，还有哪些网络推销方法可以采用？

2.方案中提到了病毒性营销的概念，请你查阅相关资料，提出一套开展病毒性营销的具体措施。

第十三章

推销人员自我管理

本章内容提要

- 目标管理
- 时间管理
- 客户关系管理

推销人员的自我管理包括很多方面的内容，如目标管理、时间管理、自我激励、客户关系管理、工作生活平衡、压力管理等。本章主要介绍目标管理、时间管理和客户关系管理三个方面。科学合理的目标是督促推销人员前进的动力和方向，目标管理有助于推销人员持续获得动力，积极圆满地完成推销任务。推销人员的时间管理就是推销人员对自己行为的管理，通过合理安排时间提高工作效率，创造最大价值。客户是企业和推销人员最宝贵的资产，是企业利润的源泉，客户关系管理是推销人员工作的重点和完成销售任务的基础保证。

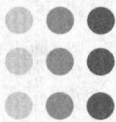

第一节 目标管理

一、目标管理的内涵

目标管理就是以针对某一段"特定时间"所定的"特定目标",作为目标执行人"执行计划工作"以及主管"考核其目标工作完成程度"的标准的一种现代管理方法。较为具体地说,目标执行者针对未来的特定期间所欲达成的工作理想状态,预先订立其工作目标,并拟订各项具体可行的工作计划与进度。此工作目标是在主管的协助下执行人积极主动制定的、乐意达成的目标。执行人以此目标作为执行计划的蓝本,如期执行各项工作,实现目标。而在该特定期限终了时,将工作实绩与原定的目标做比较,考核执行人的工作成果(即目标的实现程度),并评定其工作绩效。

提到目标管理,首先必须弄清楚目标管理的意义。做任何事,无论在何时,也不管是个人、家庭、公司,都必须有目标;既然有目标,就应该先有计划。有了计划,明确了要取得何种结果,就要按部就班去做。换句话说,要达成目的,做事方法、做事要领最为重要,而目标管理正是指导你如何去做。

1.没有目标就没有着力点,到头来一事无成

只有目标正确,才能走向成功。目标清晰可见,随时可激发你向上努力的意愿与力量;反之,一个缺乏目标的人,就像一艘没有目的地的船只,迷迷茫茫,跟着流水漂荡,非但到不了彼岸,而且极易触礁。

2.目标可激发潜力

明确的、具体的目标,其影响力是相当大的。为达成所设定的目标,执行人当然要自己来统御其执行过程。在这一过程中,必会遇到许多预料不到的困难和事情,这些困难和事情必须由自己负起责任来克服和完成,然后由结果得知自己的判断是否正确,并借此培养处理事务的判断力及决断力,因此目标可以起到自我启发、自我成长、激发潜力的作用。

二、目标管理的内容

推销人员的目标管理内容可分为销售目标和活动目标两部分。

(一)销售目标

销售目标包括目标销售额、目标利润额和目标费用额。目标销售额是基础。没有销售额就不可能有利润,而销售费用仍然要发生,因此对一个推销人员来说,如果不能销出产品,则一切皆空。但是,销售额增多并不等于利润增多,销售利润的多少既取决于销售额的多少,也取决于销售费用的多少,在销售量相同的情况下,销售费用越多,则销售利润越少。销售额、利润额和费用额三个目标是相辅相成、

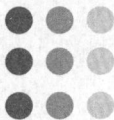

互相制约的。推销人员主要依据如下三个方面来制定自我销售目标：

（1）市场规模的大小，即顾客购买力的大小；

（2）本企业产品与其他企业同类产品或替代产品在竞争中的地位；

（3）参考前期销售实绩而确定的个人推销能力。

（二）活动目标

制定活动目标包括确定推销对象，确定在某一时期内开拓新顾客数、应拜访顾客数和拜访顾客的次数。

推销人员可运用 ABC 分类法来确定重点推销对象。如前文所述，这种方法是在保证重点、兼顾一般的管理思想指导下，以提高管理有效性为目的，对管理对象的诸多因素进行分类，分清主次，从而有区别地进行管理。推销人员对顾客进行 ABC 分类时，可依据两方面来进行评价：一方面是顾客价值，包括购买可能、购买数量、支付能力和商业信誉等因素；另一方面是推销价值，包括促销作用、推销便利、费用节省和企业关系等因素。由此，将推销活动的目标对象分为 A 类（重点）顾客、B 类（次要）顾客及 C 类（一般）顾客。

三、目标管理的方法

（一）推销人员制定的销售目标和活动目标的内容

（1）目标对推销活动的要求。

（2）达到每一阶段目标的行动计划。

（3）达到每一阶段目标的时间要求。

（4）充分估计需要做的工作、所需材料和所需费用。

（5）预先设想可能发生的问题以及解决问题的方法。

（二）推销人员在制定销售目标和活动目标时应注意的问题

（1）要确定全年目标和计划，并逐季、逐月、逐周和逐日分解，由粗至细。当期计划要尽可能精确，可采取滚动计划方式，逐期滚动，不断改进。

（2）确定的目标要与企业营销战略目标方向一致，充分利用和发挥本企业的营销组合优势。

（3）确定目标水平要适当，量力而行，有利于个人潜力的发挥。最好将目标分为三个层次：最低要求目标，是在一般情况下能够完成而且必须完成的目标；努力实现的目标，是经过个人的努力或在达到一定条件的前提下可以实现的目标；最高挑战目标，是必须尽个人最大的努力或在某一特殊的情况下才能实现的目标。

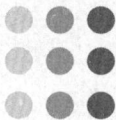

（三）制定销售目标和活动目标后要检验其是否可行

检验可采用问题解决法，提出几个问题看能否解决：

（1）这个目标能贯彻上级要求吗？

（2）这个目标能做得到吗？

（3）这个目标值得去拼搏吗？

（4）这个目标明确吗？所界定的范围明显吗？

（5）想过必须克服的障碍吗？

（6）若主要目标太大，则是否可变成几个次要的小目标分阶段去实现？

（四）对目标实行有效的控制和管理

（1）有效的目标控制和管理方法，是每次进行推销活动回来后，在30分钟之内把当日的推销成果与顾客的反映记录下来，把售出的东西，按顾客类别、商品种类与时间先后，按顺序排列，以寻找其倾向，再和目标进行比较，并冷静判断自己努力的程度，寻找消费者购买的发展动向，总结这次推销活动中的经验和教训，对自己成功的推销经验加以认可。

（2）要将已进行的工作和目标进行比较，并冷静地判断自己努力的程度，对偏离目标计划的行为寻找原因，制定补救措施，以新的姿态、新的行动使推销工作回到原定目标计划上来。

（3）针对重点顾客的推销进展情况，每一个环节都必须进行检查分析，从中判断是应该继续推进，还是要变换推销策略和方式，或者要放弃，以免遭受更大的损失。

（4）对目标完成进度的控制应以前紧后松、留有余地为原则。对目标完成进度的控制，应以月度考核为好。以日历天数为准，力争做到每月的第10天，完成45%以上的销售额；第20天完成85%以上的销售额；全月销售额在当月25日左右完成；在余下的时间，进行当月推销活动总结，修订下个月的目标，做好准备工作。

作为目标管理的目标还应包括推销人员的自我进修和自我提高的目标。

延伸阅读13-2

销售人员职业
目标

四、目标管理的过程

目标管理的过程可概括地划分为三个阶段，即计划阶段、执行阶段、评价阶段。各阶段的内容如下：

（一）计划阶段

所谓计划阶段，是指在某一段特定期间之前，针对该特定期间内所需实施的重点工作，预先订立各项目标，拟妥工作计划，并分配工作任务，以便在这个特定期间按照预订工作计划展开各项工作。因此，计划阶段又被称为准备阶段。

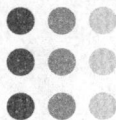

1.销售前的准备与计划

推销人员每次拜访顾客之前，一定要做好准备工作，特别是首次拜访一个新顾客前更要如此。在拜访顾客前，先确定拜访应达到的目标。由于时间的限制，在诸多目标中，首先要设法达到最重要、最关键和最容易达到的目标。拜访顾客之前，一定要周密地做好出访前的各项准备工作，掌握拜访顾客的程序与步骤。

2.目标的要求

目标是对完成一项工作所产生的效果的描绘。目标是必要的，因为它能使人们清楚所要做的到底是什么，所以在做一项工作之前要首先明确自己的目标。一个好的目标有哪些要求呢？

第一，必须是非常清楚的。例如，做一个商品陈列，要明确选择什么样的位置，做多长时间，花多少费用。作为专业的推销人员，对目标的描述要具有一定的专业性，要避免使用"大概""或许""左右""也许""可能"等字眼。有一名业务员在做销售计划，经理问他："你这个月能卖出多少箱产品？"他告诉经理："1 000箱左右吧。"经理马上就接着问："左多少，右多少，你一定要给我一个清楚的答案。"

第二，必须是明确的。例如，要拜访顾客，一天要拜访多少顾客，是8个，还是10个，一定要明确下来。

第三，应该是可测量的。例如，要增加拜访10个顾客，销量要提高10%～20%。

第四，是可以达到的。许多民营企业在做长远发展规划时，往往具有雄心壮志。例如，"若干年内我们要进入世界500强"。这听起来有一种非常豪迈的气魄，但是达到目标的途径并不具体。如果为自己订立的目标太低，则不能鼓舞斗志；如果订得太高，就没有实际意义。什么样的目标才是科学的呢？例如，科学的销售目标就是人们能完成的正常目标的120%。如果在正常情况下，能完成10万元的销售额，那么科学的目标应该是12万元，因为通过个人的努力，是可以达到这一点的。

总之，一个好的目标是清楚的、明确的、可测量的、可达到的。

3.行动计划书

目标确定以后，就要着手拟订一份行动计划书。做任何工作，都要有一份行动计划书。制订销售计划时，也应该拟订相应的行动计划书。例如，公司下达了10万元的销售目标，行动计划书的内容应包括总共需要有多少顾客，还需要增加多少顾客，要拜访多少顾客，拜访的次数是多少，一周大约有多少次，相应的费用计划增加多少等。

（二）执行阶段

执行阶段是指从某一特定期间的开始之日起到该期间终结之日止。在此阶段，要依照计划阶段所拟订的目标工作计划与进度，按期执行任务，所以执行阶段亦可称实施阶段。

（三）评价阶段

评价阶段是指该特定期限终了之时，对全期工作成果或绩效进行考评的阶段。

第二节 时间管理

一、时间管理的重要性

时间是最宝贵的资源，时间对任何人都是公平的。对推销人员来说，珍惜时间就是提高效率、创造价值。推销人员的时间管理就是推销人员对自己行为的管理，合理安排时间，使时间这一资源的配置达到最优，从而实现其价值的最大化。因此，从这一意义上说，时间管理就是自我管理。优秀的推销人员总是善于合理地利用时间，进而创造最大的时间价值。

优秀的推销人员必须分清楚有关时间的一些基本概念，比如花费时间与投资时间、单位时间的价值与工作效率等之间的关系。随着市场竞争的加剧，时间管理也日益重要。推销人员第一代的时间管理仅限于备忘录式的时间管理，注重利用便笺和备忘录安排时间，比如何时开会、何时拜访顾客、何时撰写报告等。第二代的时间管理发展到强调利用日程表和预约表安排时间。第三代的时间管理与前两代相比，强调应首先确定自己的价值观，即"我到底要的是什么"，然后据此设定长、中、短期目标和实施计划，同时导入优先排序理念，做事情时分清轻重缓急。第四代即最新一代的时间管理则是在前三代基础上的一种全新拓展，主张时间管理的关键在于自我管理，强调以自然原则为核心将做事情的重心从事情的"急迫性"转向"重要性"，注重通过团队中的有效授权、沟通等手段来提高时间的利用效率。

延伸阅读13-3

关于时间管理
的测试

二、时间分配管理

（一）建立现有顾客的访问规范

推销人员可以依据创造利润的潜力或增加销量的潜力将现有顾客分成几类，并规定每类顾客在一定时间内应接受访问的次数。假如每年访问24次和访问12次，其销售量和利润都是一样的，那么访问12次的效率比访问24次的效率更高，因为可节省销售费用和时间。对销售利润与访问次数无关的顾客，只需访问几次；对访问多次才有较佳利润的顾客，则需要多次访问。

（二）建立潜在顾客的访问规范

除了访问现有顾客外，推销人员也应发掘新顾客，增加企业的销售额和个人的收入。推销人员不愿在新顾客身上花费时间是由于访问成功的机会往往不大。因此，有些企业会限定推销人员访问新顾客的数目。若推销人员已经访问潜在顾客3

次，但依然失败，则应对该潜在顾客的资格进行审查，以便确定是否将其除名。推销人员在研究发展新顾客所需的时间的同时，还要注意研究发展哪一类新顾客。

（三）制订顾客访问计划

顾客访问计划有利于推销人员合理地安排工作时间，增加成功的机会，提高每次访问的销售量，有利于开发大客户、减少费用，从而大大提高推销人员的业绩。

（四）推销人员时间运用分析

一出公司就到处奔走的推销人员，其主管对他们的活动实在难以掌握。就推销人员来说，为了提高业绩，必须妥善地安排自己的时间，适当控制自己的活动。

与推销人员业绩有直接关系的时间是洽谈时间，这对推销人员来说是黄金时间。把一天的活动详细加以分析，就可知道他对时间的运用情况，如果洽谈的时间比其他时间更多（这当然也与销售技巧有关），则获得较好的业绩的可能性也更大。

三、5A时间管理模型

一个优秀的推销人员对时间的管理不能停留在肤浅的理解上，而应该参照、使用成熟的、规范的时间管理模型。5A时间管理模型就是推销人员常常用到的时间管理模型。

5A时间管理模型从了解（aware）、分析（analysis）、分配（assign）、消除（avoid）、安排（arrange）五个角度进行研究，为推销人员进行有效的时间管理提供了思路和方法。

1.了解

在时间管理中，推销人员第一步需要了解自我，比如自我的愿望与目标、自我的优势与劣势、性格特征与沟通风格等；接下来需要对工作进行了解，比如顾客需要、顾客类型、销售目标和要求等。

2.分析

通过分析日常时间安排表和工作时间安排表，推销人员可以对自己的时间运用情况进行灵活的调配。在通常情况下，日常时间表是推销人员自制的以周为单位的时间计划表，主要包括工作、休息、与家人朋友相聚、个人兴趣爱好、社会活动等的时间计划。由于工作占据着推销人员生活的主要部分，因此其他活动的时间一般都要围绕工作时间表来安排，而销售工作头绪多、耗时长，所以找到提高工作效率的办法就意味着在其他方面有更多的时间。

3.分配

推销人员需要掌握一些常用的时间分配方法。首先是优先排序法，这是一种利用重要性和紧迫性合理配置时间、金钱等资源的方法。其次是重点关注法，也就是通常所说的80/20法则。最后是效率模式分配法，该法要求推销人员根据自身的工作效率分配工作与时间。在通常情况下，每个人在一天当中的不同时段，精神和体

能有很大差别，既有工作效率高的时候，也有工作效率低的时候。推销人员可以摸清规律，找到最适合自己的工作效率模式。

4.消除

这是指消除浪费时间的工作和生活陋习。这就要求推销人员养成良好的工作习惯，加强自律，学会有效授权，在有些时候学会说"不"，掌握有效沟通等技巧。

5.安排

尽管时间管理是推销人员的自我管理，但是当面对千头万绪的销售工作时，推销人员可以寻找外援来帮助自己合理安排时间，例如设立销售内勤、运用现代信息技术统筹安排工作等。

延伸阅读13-4

时间管理概念——GTD

四、时间管理四象限

（一）重要观念

时间管理理论的一个重要观念是有重点地把主要的精力和时间集中在处理那些重要但不紧急的工作上，这样可以做到未雨绸缪，防患于未然。在人们的日常工作中，很多时候往往有机会去很好地计划和完成一件事，但常常又没有及时地去做，随着时间的推移，造成工作效率的下降。因此，推销人员应把主要的精力有重点地放在重要但不紧急这个"象限"的事务上。一个好的方法是建立预约。建立了预约，自己的时间才不会被别人占据，从而有效地开展工作。

（二）四个象限的界限

把要做的事情按照紧急、不紧急、重要、不重要的排列组合分成四个象限。这种划分有利于我们对时间进行深刻的认识及有效的管理。

1.第一象限

这个象限包含的是一些紧急而重要的事情，这一类的事情具有时间的紧迫性和影响的重要性，无法回避，也不能拖延，必须首先处理、优先解决。它表现为重大项目的谈判、重要的会议和工作等。

2.第二象限

这一象限的事情不具有时间上的紧迫性，但是具有重大的影响，对于个人或者企业的存在和发展以及周围环境的建立与维护，都具有重大的意义。在生活和工作中，很多重要的事情都需要在事件发生之前做好准备，这就是制订计划的原因。制订计划的目的是把那些重要而不紧急的事情按部就班地高效完成。因此，推销人员要学会怎样制订计划，怎样做准备。计划、准备、学习、培训等事情都是重要的预防或者储备工作。

3.第三象限

第三象限包含的事件是那些紧急但不重要的事情，这一象限的事情具有很大的欺骗性。很多人认识上有误区，认为紧急的事情都显得重要，实际上，像无谓的电

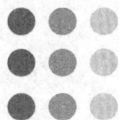

话、附和别人期望的事、打麻将"三缺一"等事情都并不重要。这些事情往往因为紧急而占据人们很多宝贵的时间。

4.第四象限

第四象限的事情大多是些琐碎的杂事，没有时间的紧迫性，没有任何的重要性，做这种事情可能纯粹是在浪费时间，例如发呆、闲聊、游逛等。

（三）四个象限的关系

第一象限和第四象限是相对立的，而且是壁垒分明的，很容易区分。第一象限是紧急而重要的事情，每一个企业包括每一个人都会分析判断那些紧急而重要的事情，并予以优先解决。第四象限是既不紧急又不重要的事情，有志向而且勤奋的人断然不会去做。

第二象限和第三象限最难以区分。第三象限对人们的欺骗性是最大的，它很紧急的事实造成了它很重要的假象，往往耗费人们大量的时间。依据紧急与否是很难区分这两个象限的，还要看这件事是否重要，即按照自己的目标和计划来衡量这件事的重要性。如果它重要，就属于第二象限的内容；如果它不重要，就属于第三象限的内容。

（四）走出第三象限

具有假象的第三象限因为它的紧急性往往使人们难以脱身。例如，打麻将的时候"三缺一"，只要一玩起来就很难脱身，而且要耗费很长的时间才能打出结果。第三象限的事情是没有多大意义的，但是又很难缠，因此必须想方设法走出第三象限。

（五）投资第二象限

第一象限的事情重要而且紧急，由于时间原因，人们往往不能做得很好。第二象限的事情很重要，而且会有充足的时间去准备，一般都能做好。可见，投资第二象限的回报才是最大的。

总之，推销人员要走出毫无意义的第三象限，把更多的时间投入到最具收益的第二象限。

第三节　客户关系管理

客户关系管理（customer relationship management，CRM）是指通过培养企业的最终客户、分销商和合作伙伴对企业及其产品更积极的偏好而留住他们，并以此提升企业业绩的一种营销策略。客户关系管理是推销人员的重要职责之一。通过对客户进行科学而有效的分析与管理，推销人员可以了解客户整体的需求状况及其发展动态，对市场需求做出正确的判断。

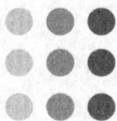

客户关系管理的目的在于促使企业从以一定的成本赢得新顾客转向想方设法留住现有顾客，从取得市场份额转向取得顾客份额，从发展一种短期的交易转向开发顾客的终身价值。总之，客户关系管理是从实现顾客和企业两方面利益考虑，追求顾客价值的最大化。有资料显示，获取一个新顾客的成本是保留一个老顾客成本的5倍，一家公司如果将其顾客流失率降低5%，其利润就能增加25%～85%。

一、客户关系管理的内涵

（一）客户关系管理理念的确立

要做好客户关系管理工作，推销人员必须先树立正确的客户关系管理理念。

1.正确认识企业与客户的关系

长期以来，在企业与客户的关系方面，一直是以企业为主导、以产品为中心的，企业决定生产和销售何种产品，并以此为出发点向客户进行推销，以达成企业的经营目标。在人类社会从"产品"导向时代转变为"客户"导向时代的今天，客户的选择决定着一个企业的命运，因此客户已成为当今企业最重要的资源之一。新型的企业与客户关系应当是"以客户为中心"的，企业通过满足客户需求、提高客户满意度吸引和留住客户，与客户建立互动关系，建立和保持企业的竞争优势。

2.与客户建立"学习型关系"

现代营销理念越来越强调企业的个性化服务，强调与每一个客户建立"学习型关系"，尤其是那些"金牌客户"。什么是"学习型关系"呢？就是每当与客户打一次交道，企业就多一分见识、长一分头脑。客户提出需求，企业就改进产品或服务，这样周而复始自然就提高了企业让客户满意的能力。最终，哪怕竞争对手来抢夺客户，你的客户也不会轻易转移了。

企业与客户建立"学习型关系"的主要举措就是实施"一对一营销"策略，即企业愿意并且能够根据客户的特殊需求相应调整自己的经营行为。这些特殊需求可能是客户主动提供的，也可能是企业主动从各种各样的渠道收集的。"一对一营销"的成功依赖两点：企业同客户建立广泛而持续的联系，并且这种联系被完整地记录下来；企业有能力储存、分析和处理有关客户的数据。如果应用得当的话，"一对一营销"将有助于拓展并巩固客户群体，帮助企业发现并留住客户。

3.关注完整的客户生命周期

客户与企业之间的关系要经历一个由远及近、由浅入深的发展过程。一个完整的客户生命周期包括考察期、形成期、稳定期和退化期四个阶段。从完整的客户生命周期来看，客户对企业的贡献包括现有的贡献以及潜在的贡献。在投入方面，在工业品销售中，稳定一个老客户所需的成本只是找到一个新客户平均成本的1/8～1/5。客户处在不同的生命周期阶段，客户关系管理的重点和策略也不同。所以，在进行客户关系管理时，要关注完整的客户生命周期。这是一项长期的、

深入细致的工作，对客户的相关历史资料要有完整的记录与管理，并能有效地挖掘与利用。

4.重新认识客户价值

客户价值的衡量公式为：客户价值=当前销售额+潜在购买力+需求贡献+信用等级+利润贡献。在传统的营销模式中，客户价值等于销售额，而在今天，客户价值不仅包括销售额，也包括其对需求的贡献，那些常常对企业提出比别人更多要求的客户也许与出手豪爽的客户一样富有价值，因为他们的要求以及易变的态度为企业研究客户需求和行为提供了更多的数据。随着时代的发展，客户的需求及价值观也在不断变化。企业通过对个别客户的喜好进行深入的研究，最后综合相似客户的喜好，建立一个源于客户的全新需求组合，以此改进产品或服务，并开展营销服务，是提高客户满意度的重要前提。

另外，不同的客户在潜在购买力、信用等级、利润贡献等方面是不一样的。据统计，20%的客户贡献了80%的利润，因此企业必须对客户进行动态的价值分析与管理。

5.建立以客户为中心的工作协同机制

以"客户为中心"的目标，与企业现有的组织机构和业务流程之间可能存在矛盾。企业与客户之间的关系，是由企业所属的各个部门和人员，通过不同的事件与方式，在不同的时间、地点与客户的不同部门、人员之间的接触来形成、发展与维护的，是一种涉及全员的非常具体而又复杂的关系。但是，每一个具体的部门或员工都有自己特定的工作任务和目标，很难从全局出发并全程关怀客户，这是一个客观存在的事实。为此，企业的客户关系管理系统必须能够与相关的部门和人员实时共享客户信息，以保障部门间的工作衔接，建立跨部门、跨业务的以客户事件为线索的跟踪管理，确保为客户提供及时、有效的服务。

延伸阅读13-5

客户关系管理系统

（二）客户关系管理的内容

为赢得客户的高度满意，与客户建立长期良好的关系，在客户关系管理中应开展多方面的工作。

1.客户分析与识别

客户关系管理的目的不是对所有与企业发生关系的客户都一视同仁，而是从所有客户中识别哪些是一般客户，哪些是主力客户，然后依此分类，有针对性地为其提供合适的服务，使企业价值目标与顾客价值目标相协调。因此，企业对客户的管理，首先就是分析谁是自己的客户，分析客户的基本类型（个人购买者、分销商还是制造商），分析客户的需求特征和购买行为，分析客户差异对企业利润的影响等。对客户进行差异化分析可采用美国数据库营销研究所休斯教授提出的RFM模型。

R即recent，指客户最近一次购买的情况。跟踪和收集客户最近一次购买情况的信息，了解客户对企业提供的产品和服务是否有所反馈，用以分析客户在沟通之

后是否能够持续购买。

F即frequency，指购买频率，即客户在测试期间的购买次数。高消费频率意味着更大的市场感召力。如果将该信息与最近一次购买情况和花费金额参照分析，就能够准确判断出一定区域和时期内的一般客户和主力客户，使企业的营销策略更有针对性。

M即monetary，指花费金额。花费金额能够为企业提供客户在一定时期的需求量信息。如果将该信息与其他信息参照分析，可以准确预测一定时期、一定区域内的销售量、市场占有率等信息，确定哪些人的需求量大，原因是什么，为企业生产、采购、销售提供依据。

2.企业对客户的承诺

承诺的目的在于明确企业提供什么样的产品和服务。客户在购买任何产品和服务时，总会面临各种各样的风险，包括经济利益、产品功能和质量以及社会和心理方面的风险等，因此要求企业做出某种承诺，以尽可能降低购物风险，获得最好的购买效果。企业对客户承诺的宗旨是使客户满意。

3.与客户交流信息

企业与客户之间的交流是一种双向的信息交流，其主要功能是实现双方的互相联系、互相影响。实质上，客户关系管理过程就是企业与客户交流信息的过程，实现有效的信息交流是企业与客户建立和保持良好关系的途径。

4.以良好的关系留住客户

企业要与客户建立和保持长期稳定的关系，首先需要良好的基础，即取得客户的信任；其次要区别不同类型的客户关系及其特征，并经常分析客户关系，评价关系的质量，采取相应的改进措施。

（三）客户关系管理的原则

对客户关系进行管理应遵循以下原则：

1.动态管理原则

客户反馈对于企业衡量履行承诺的程度、及时发现客户服务过程中的问题等方面具有重要作用。投诉是客户反馈的主要途径，如何正确处理客户的意见和投诉，对于消除客户不满、维护客户利益、赢得客户信任非常重要。企业应及时更新过时的或已经变化的资料，补充新的资料，对客户的变化进行跟踪，使客户关系管理保持动态性。

2.突出重点原则

企业一般都拥有很多不同类型的客户资料，要透过这些资料找出重点客户的重点资料。重点客户不仅包括现有的客户，还包括潜在客户，从而为企业选择新客户、开拓新市场提供必要的帮助。

3.灵活运用原则

企业收集、管理客户资料，目的是在销售过程中加以运用。企业建立客户档

案、客户数据库之后，不能束之高阁，要以灵活的方式及时、全面地提供给推销人员及其他有关人员，为其决策提供依据，提高客户管理的效率。

4.专人负责原则

许多客户资料都是保密的，不宜流出企业，只能供内部使用，尤其不能落入竞争者之手。所以，企业应制定明确的客户关系管理办法，由专人负责管理客户关系管理系统，严格控制对客户资料的利用和借阅。

二、客户分析

（一）确定客户组合

客户关系管理中有一条重要的原则，即帕累托法则，也叫80/20法则，是指企业80%的利润来自20%的客户，企业80%的麻烦来自20%的客户，企业付出的80%的时间只能提供20%的优质服务。因此，基于80/20法则对客户进行分析，可以发现其中的某些客户给企业带来的影响，以便找出不同类型的客户：给企业带来大部分利润的客户、只买某些产品或某种服务的客户、需要最多服务的客户及最少服务的客户。得到这些信息后，企业就会发现，最费时间、花费又多的服务是为很小一部分客户提供的服务；最大宗的买卖及最大的利润来自相对很少的一部分客户。当知道某些客户比其他客户给企业带来的影响更大时，企业就可以做出正确的决定：如何使用有限的资源提供更加有效的服务。为此，要按照不同的方式划分出不同类型的客户，依据其需求特点、需求方式、需求量的不同，采取不同的管理方式。划分客户意味着企业将向不同客户提供不同的服务，采用不同的销售模式。

划分客户的方法有很多，推销人员可以考虑按不同的因素划分客户类型，如客户所在地，客户所购买产品的类型，客户在企业的采购额度，客户的收入、年龄与个性特征，客户购买的频率，客户与公司的交易数量，客户的经营范围等。在划分客户类型的基础上，企业所选择的客户类型就构成了企业的客户组合。在确定客户组合时，有三种策略可供企业选择。

1.集中策略

集中策略是指企业对市场上所有的客户不加区别地对待，把构成市场的客户群当作一个整体。选择这一策略的前提是，所有的客户都为企业创造相等的价值。企业之所以假设所有的客户给企业创造了相等的价值，是因为鉴别不同客户的价值会花费很大的成本，或者按不同客户的价值选择企业的行动方案会耗费很高的成本。在这种客户组合中，买卖双方的关系经常是可以替代的，并且以宽泛的同质性和自我选择为基础，所以比较适合从事大规模物品营销的企业。

2.区分策略

区分策略是指企业把精力集中于能给企业带来更大总体收益的特殊销售区域或者某种类型的客户。企业要采用区分策略，就需要更充分的客户信息资料，以对客

户进行有价值的划分，但这样做也不可避免地会带来一部分利益损失。此外，企业将自己的命运放在一部分客户身上，也会使企业营销的风险增大。企业可以选择对一个市场内的几个客户群提供服务，前提是企业生产的产品在吸引其他客户群的同时，不削弱或破坏对企业最好客户群的吸引力。

3.个性化策略

当企业所面对的客户在关系、价值、偏好或者需求上存在很大差异时，企业可以以单个客户为对象，管理其关系组合，即采用个性化策略。与其他的管理策略相比，这种策略要求企业拥有更深入的客户信息和更成熟的联系技术。随着信息技术的进步以及客户管理模型的完善，企业完全有可能对大量客户进行管理，实现一对一营销。

（二）客户分析方法及程序

企业进行客户关系管理，不仅要对客户资料进行收集，而且要对客户资料进行多方面的分析，包括客户构成分析、客户与本企业的交易业绩分析、不同产品的销售构成分析、不同产品的销售毛利率分析、产品周转率分析、交易开始与终止的分析等。

1.客户构成分析

首先，将客户按不同的方式进行划分，如可以分为批发店、零售店、代理店、特约店、连锁店、专营店等。

其次，小计各个分类客户的销售额。

再次，合计各分类客户的总销售额。

最后，计算各个客户的销售额占分类销售额的比重以及在总销售额中的比重，运用ABC分析法将客户分为三类：A类客户为企业的重点客户，占企业总销售额的80%；B类客户为企业的潜在客户，占企业总销售额的15%左右；C类客户为企业的小客户，占企业总销售额的5%左右。

2.客户与本企业的交易业绩分析

掌握各个客户的月交易额或年交易额，方法有直接询问客户、查询有关资料、由本企业销售额推算、咨询有关机构等。

统计各个客户与本企业的月交易额或年交易额，计算出与各个客户的交易额占本企业总销售额的比重，检查该比重是否达到了本企业所期望的水平。

3.不同产品的销售构成分析

将本企业对客户销售的各种产品按销售额由高到低排列，计算所有产品的累计销售额；计算各种产品的销售额占累计销售额的比重；检查是否完成了企业所期望的产品销售任务；分析向不同客户销售产品的倾向及存在的问题，检查销售重点是否正确；将畅销产品努力推销给潜力客户，并确定以后产品销售的重点。

4.不同产品销售毛利率的分析

将本企业对客户销售的各种产品按毛利额大小排序，计算各种产品的销售毛利率。

5.产品周转率分析

核定客户经销产品的库存量。通过对客户的调查，依据月初客户拥有的本企业产品库存量和月末客户拥有的本企业产品库存量求出平均库存量。用销售额除以平均库存量得出产品周转率。

6.交易开始与终止的分析

（1）交易开始。企业应制订详细的推销人员客户访问计划。推销人员如果访问客户5次以上而无进展，则应将客户从访问计划表中删除；如果访问成功，则开始交易。开始交易时，推销人员应填写客户交易卡。客户交易卡由企业统一印制，一式两份，有关事项交由客户填写。客户交易卡的主要项目包括：客户名称、总部所在地、交易对象所在地、通信地址及电话、开业时间、资本额、职工人数、管理者人数、设备、经营者年龄、信用限度申请额、基本约定、回收条件等。推销人员向销售主管提交客户交易卡，得到认可后向销售经理提交报批手续，然后才能与客户进行交易。无论是新客户还是老客户，都可依据信用调查结果对其设定不同的附加条件，如提供个人担保、连带担保或抵押担保等。

（2）交易终止。在交易过程中，推销人员如发现自己所负责的客户信用状况发生了变化，应及时报告上级主管，采取对策，甚至停止交易。例如，当遇到客户的票据或支票被拒付或延期支付的情况时，推销人员要尽一切可能收回货款，将损失降到最低程度；如确需停止交易，则经销售经理指示后通知客户。

延伸阅读13-6

CRM的功能模块

三、客户管理的流程

（一）建立客户档案

在实施客户关系管理之前，首先要做好客户信息的收集，即建立客户档案。为了及时收回货款，必须考核客户的信誉，对每个客户建立信用记录，规定销售限额。对新老客户、长期或临时客户提供的优惠条件也应有所不同。客户档案一般应包括以下三个方面的内容：

1.客户原始记录

客户原始记录就是有关客户的基础性资料。它往往也是企业获得的第一手资料，具体包括以下内容：客户代码、名称、地址、邮政编码、联系人、电话号码、银行账号、使用货币、报价记录、优惠条件、付款条款、税则、付款信用记录、销售限额、交货地等。

2.统计分析资料

统计分析资料主要是通过客户调查分析或向信息咨询机构购买等获得的二手资料，包括客户对企业的态度和评价，履行合同的情况与存在的问题、摩擦，信用情况，与其他竞争者的交易情况，需求特征和潜力等。

3.企业投入记录

企业投入记录包括：企业与客户进行联系的时间、地点、方式（如访问、打电

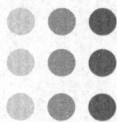

话）和费用开支，给予客户的优惠（价格、购物券等），提供产品和服务的记录，合作与支持行动（如共同开发研制与客户产品配套的零配件、联合做广告等），以及为争取和保持每个客户所做的其他努力和费用。

以上是客户档案的一般性内容。要注意，企业无论是自己收集资料，还是向信息咨询机构购买资料，都需要支付一定的费用，各个企业收集信息的能力也是不同的。所以，客户档案应设置哪些内容，不仅取决于客户管理的对象和目的，而且受到企业的费用开支和信息收集能力的限制。各企业应根据自身管理决策的需要、客户的特征和收集信息的能力，确定符合自身需要的客户档案内容，以保证档案的经济性、实用性。

（二）监测客户信息

企业必须了解客户的需求。企业通过建立一种实时的客户信息监测系统，可以将客户信息和服务融入企业的运行中，从而有效地在企业内部传递客户信息，尤其是在销售部门和生产部门之间。

企业经常会发现不同的客户存在不同的服务要求：大公司允许较长的供货期，而小企业要求在一两天内供货。根据客户需求，企业可以建立大型分销中心和产品快速供应中心，将销售、订单处理和客户管理集成在一起，将客户服务和销售结合在一起，既可以提高服务水平，又可以降低成本。

（三）采取适当行动

获知客户的偏好和需要并采取适当行动，建立并保持客户的忠诚度，能起到事半功倍的效果，但这也是最容易被忽视的一项工作。如果企业与客户保持广泛、密切的联系，价格将不再是最主要的竞争手段，竞争者也很难破坏企业与客户之间的关系。例如，在你为母亲订购生日蛋糕后，店员会于次年你母亲生日来临之前提醒你；当你打电话给一家饭店的客房服务部时，他们可以直接叫出你的名字来向你问候。通过提供超过客户期望的服务，企业可以将新客户发展为忠实客户，因为争取新客户的成本要远远超过保留老客户的成本。此外，随着客户和企业间的来往增多，客户的个别需求和偏好也会变得更详细、明了。许多企业已经认识到客户关系管理的重要性，并把它作为当前工作的重点，但是也应该看到，要维护完整、即时且跨部门的客户信息是一项较难完成的工作。

●●●● 复习思考题

一、选择题

1.推销人员制定自我销售目标的依据不包括（   ）。

A.市场规模的大小，即客户购买力的大小

B.本企业产品与其他企业同类产品或替代产品在竞争中的地位

C.参考前期销售实绩而确定个人的推销能力

D.自我意愿

2.目标管理的过程不包括（　　）。

A.管理阶段

B.计划阶段

C.执行阶段

D.考评阶段

3.推销人员浪费时间的原因不包括（　　）。

A.缺乏预见性，计划不周

B.消息不灵，资讯不全

C.个人懒怠

D.合理安排时间

4.关于5A时间管理模型的含义，正确的是（　　）。

A.了解、分析、分配、消除、安排

B.了解、分析、分配、消除、治理

C.规划、分析、分配、消除、安排

D.分析、分配、消除、治理、规划

5.正确的客户关系管理理念不包括（　　）。

A.与客户建立"学习型关系"

B.与客户搞好私人关系

C.关注完整的客户生命周期

D.建立以客户为中心的工作协同机制

第十三章
在线测试

二、案例分析

小李的准客户卡

小李是一名保险推销员，他有自己独特的准客户卡。小李的每一张准客户卡都是有血有肉、有生命的。它以多次的记录与检讨，成为他的知己，陪伴他度过了无数的岁月。在一张张卡片上，他看到了自己成长的足迹。小李把准客户卡称作自己的"病历卡"，因为每一位准客户都像医生一样，能清楚地诊断出他身上的各种毛病，而后由他自己翔实地记载在卡片上。"病历卡"就像一面镜子，把他照得无处遁形。他主动与"病历卡"倾谈，谈到了他的态度、地位和方向。在"病历卡"面前，他十分坦诚地纠正了态度。小李郑重地说："准客户卡是推销员最珍贵的资产和宝藏。"从发现某一准客户开始，一直到促成签约为止，他的这一段时间通常很久。

为什么会这样呢？因为他从不勉强别人投保。勉强的结果会有许多副作用，提前解约就是其中之一，所以他都设法让准客户主动了解保险、自动要求投保。要达到此地步，必须长期"抗战"，以极大的耐心去磨出业绩。在这种情形下，

为了使每个月的业绩能够平稳地增长，就需要大量的准客户作为自己强有力的后盾。

思考讨论：

1.小李为何把他的准客户卡称作"病历卡"？小李是如何使用他的"病历卡"的？

2.小李的"病历卡"给你带来什么启示？

第十四章

推销组织管理

本章内容提要

- 推销组织的建立
- 推销人员的招聘与培训
- 推销人员的考核与激励

市场经济的核心是公平竞争。企业在开拓市场时以一种什么形象出现？如何获取信息？市场出现问题如何去处理？谁去处理，怎样负责？企业需要有一个科学的组织来完成这些工作。推销组织就是从传统的企业管理组织中分离出来的。诚然，市场是多变的，一方面企业的产品要在市场上流通，另一方面又要对市场的不良行为加以规范，在流通的环节中，所有的经销商又发挥着相当重要的作用，扮演着不同的角色。从某种意义上讲，企业所取得的经济效益必然与一个高效、科学的推销组织有必然的联系。

第一节 推销组织的建立

推销组织的建立主要包括确定推销队伍的目标、结构、规模，以及推销队伍的控制等内容。

一、推销队伍的目标

制定推销队伍的目标必须以企业的总体目标、市场特征和市场地位为前提。目标应有利于推销人员卓有成效地为客户提供服务，建立良好的客户关系网络。企业应该充分利用销售组合的独特作用，对具体的推销队伍目标加以指导、界定及要求，使之具有可行性。

企业应不断增强市场导向意识，密切留意产品在市场上的销售情况，并要求推销人员及时跟踪市场变化和重视消费者的意见反馈。推销人员在销售过程中应知晓如何令客户满意，在为客户带来利益的同时又为企业创造利润。企业应该培养推销人员掌握分析销售数据、衡量市场潜力、收集市场情报、制定市场销售策略和计划等基本技能。

二、推销队伍的结构

（一）区域结构

区域结构是指企业的各个推销人员被派到不同的区域，在该区域全权处理推销业务。其优点为：

（1）推销人员的职责有明确的划分。

（2）区域负责制提高了推销人员的积极性。

（3）有效地激励推销人员去开发当地潜在客户和培养当地人际关系。

（4）差旅费相对较少。

在制定区域结构时，该区域应满足如下条件：便于管理；销售潜力易估计；推销人员能有效安排出差时间；推销人员有合理、充足的工作负荷和推销潜力。

（二）产品结构

产品结构是指企业根据产品线来建立推销人员队伍，由某些推销人员全权负责某一产品的推销业务。

推销人员对产品要有全面、深刻的理解和认识。当产品技术复杂、产品之间联系少或数量众多时，按产品专门化组成推销队伍较合适。

（三）市场结构

市场结构是指企业按市场或消费者类别来建立自己的推销队伍。这种结构最明

显的优点是每个推销人员都能了解消费者的特定需求。

（四）复合型结构

如果企业在一个广阔的地域范围内向各种类型的消费者销售种类繁多的产品，通常将以上几种组建推销队伍的方法混合使用。推销人员可以按地区–产品、产品–市场、地区–市场等方法加以组织，一个推销人员可能同时对一个或多个产品线负责。

延伸阅读14-1

华为的"狼性"销售团队

三、推销队伍的规模

选择了一定的推销组织形式，并不意味着推销组织已建立完毕。换句话说，企业一旦确定了推销组织形式，便要着手考虑推销队伍的规模问题。推销队伍是企业最具生产力和最昂贵的资产之一，因为推销员人数的增加会使销售成本同时增加。确定推销人员规模的方法主要有两种，即工作量法和推销额法。

（一）工作量法

这是一种最常用的方法。它根据推销人员对不同类型顾客的访问次数来计算所需要的人数。其步骤如下：

（1）将顾客按销售量分成大小类别。

（2）确定每类顾客每年所需的访问次数，这反映了与竞争对手相比要达到的访问密度有多大。

（3）每一类顾客数乘以各自所需的访问数便是整个地区的访问工作量，即每年的总访问次数。

（4）确定一个推销人员每年可进行的平均访问次数。

（5）将总的年访问次数除以每个推销人员的平均年访问次数即得到所需推销人员数。假设某公司估计全国有1 000个A类顾客和2 000个B类顾客，A类顾客一年需访问36次，B类顾客一年需访问12次，这就意味着公司每年需要能够进行6万次访问的推销队伍。假设每个推销人员平均每年可做1 000次访问，那么公司需要60个专职推销人员。

（二）推销额法

这种方法分三步：第一步，预测企业全年的销售额；第二步，根据有关统计资料计算一个推销人员每年平均可达到的推销额；第三步，用企业全年的总销售额除以一个推销人员每年的平均推销额，便可求得企业需要的推销员人数。推销额法比较简单，只是过于笼统，需要较可靠的统计资料，其关键在于对每位推销人员的平均推销额的估算。

四、推销队伍的控制

推销控制就是把企业各个环节的推销活动约束在推销方针和计划要求的轨道上，以求遵循最合理的途径实现计划目标。推销控制是完成企业推销任务必不可少的一环。应该指出，整个推销控制活动并不是一个简单的、一次完成的工作过程。企业必须通过不同的控制方式全面掌握推销业务活动，才能保证推销活动沿着企业的既定目标顺利进行。推销控制包括策略控制、过程控制和预算控制三种方式。

（一）策略控制

策略控制是指企业高层管理者检查、考核企业的推销目标和策略是否与市场环境相适应，以保证推销计划总体的合理性。它包括：

（1）企业目前主要的市场状况，以及市场的特性与发展前景；

（2）推销目标与策略是否适应国家的方针、政策，以及经济、技术发展状况；

（3）企业的主要竞争对手是谁，策略的针对性如何；

（4）企业能否调配足够的人力、财力、物力完成计划任务，企业的资源调配是否恰当；

（5）从事推销活动的人员在数量、素质上是否合乎要求；

（6）企业的产品、定价、渠道和促销四大因素的组合方式是否达到最佳等。

通过对以上各方面的检查、考核，企业可以发现整个推销目标和策略上存在的问题和发生的偏差，经过分析对其进行必要的修正、调整，使推销活动沿着正确的轨道前进。

（二）过程控制

在实际推销过程中，各种情况的变化常常会使企业的推销目标不能得到正确的贯彻和落实，因此企业必须经常对推销过程进行检查、监督，并采取相应的措施，以确保计划目标的实现。

过程控制通常是通过对推销业务记录、市场占有率、客户构成、销售费用等的分析来检查和监督销售量、销售收入和利润指标的完成情况。推销人员在完成推销业务的同时，应提交详细的推销日报表，并在此基础上总结填写推销周报表、月报表。这些报表是企业主管部门进行过程控制的基础资料。

（三）预算控制

预算控制是在资金、利润目标的基础上对推销活动的费用进行控制。预算是控制费用的有效办法，它迫使推销部门仔细研究并确定为实现预计目标而必须控制的费用水平。预算不仅可以防止费用超支，而且是检测推销成效的重要标准。

企业通过策略控制、过程控制和预算控制，对推销活动进行全过程的严格控制。为使推销控制更加有效，企业须注意以下三点：

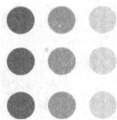

一要建立健全考核制度和考核标准，既要有专人负责，确定考核的人员、时间、内容和各种定额标准，也要注意到不同业务、不同市场和不同人员的特殊性。

二要把控制工作的重点放在改进工作上。控制的根本目的就在于发现问题，纠正偏差，使推销活动沿着正确的轨道运行。因此，针对问题找出改进措施是推销控制的核心。

三要充分利用现代化工具进行控制，提高控制水平和效果。

延伸阅读14-2

**销售队伍该
有多大？**

第二节 推销人员的招聘与培训

一、推销人员的招聘

推销人员可以来源于企业内部，也可以来源于企业外部。招聘推销人员主要有以下四种具体途径：

（一）内部招聘

销售经理千万不要忽视从企业内部其他部门选拔推销人员的可能性。这些人的优点是很明显的：他们熟悉公司的相关政策；他们的工作习惯和潜能已被领导层知晓；他们有可能被提升为销售经理，能激发全体推销人员的工作热情。但是，这种内部招聘也有一些弊端，如录用内部职员容易形成小帮派、小团体和裙带关系网，牵一发而动全身，从而造成内部管理上的困难。

（二）公开招聘

公开招聘就是面向社会上的一切合适人选，按照公平竞争的原则招聘推销人员。

1.通过人才交流会招聘

各地每年都会组织大型的人才交流见面会。用人单位在交流会上摆摊设点，以便应征者前来咨询、应聘。例如，各地几乎每年都举办春季、秋季人才交流会，还举办特殊专题（如营销、中小企业）人才交流会和外资企业人才招聘会。这种招聘方法的主要优点是按标准招聘，可直接获取应聘人员有关资料，如学历、经历、意愿，根据需要招聘紧缺人才。这种招聘会对象集中，节省时间和经济成本，是主要的招聘形式。

2.利用媒体广告招聘

利用报纸、广播、电视等传统媒体发布招聘广告是很多企业采用的招聘途径。这种途径操作便捷，信息扩散面广，可吸引较多的求职者，备选比率大，并可使应聘者事先对本企业情况有所了解，避免盲目应聘。但是，这一途径也会存在以下几个问题：招聘对象来源数量不稳定，质量差别较大；招聘广告费用较高，并有不断上涨的趋势；广告的篇幅、时长、内容、位置等受到限制，影响招聘效果。

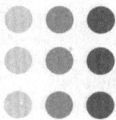

3.通过网络进行招聘

由于信息技术和互联网的发展，越来越多的企业通过互联网招聘人才，这种方式成本低，可以长期持续招聘。一些企业通过专业人才招聘网站招聘人才，如深圳南方招聘网、上海人才招聘网、北京人才招聘网、前程无忧招聘网、智联招聘网、研究生就业网等。还有很多企业通过企业自己的网站招聘人才，这样可以随时招聘，但也存在招聘信息不能及时到达的问题。

（三）委托招聘

委托招聘就是委托一些专门机构负责推荐、招聘人才，主要有以下几类：

1.职业介绍所

许多企业通过职业介绍所招聘推销人员。企业提供详细的工作说明，让介绍所的专业顾问帮助筛选求职者，既能使招聘工作简单化，也可以找到不错的人选。

2.人才交流中心

人才交流中心一般是政府人力资源部门或企业设置的常年开放的人才市场。它们具备人才储备、人才介绍与推荐、人才招聘以及社会人才管理等职能。北京、上海、广州、深圳、武汉等大城市的人才交流中心都有大量的人才储备。

3.行业协会

行业协会，如中国市场学会、各省市行业市场研究会、专业俱乐部等，对行业内的情况比较了解，经常访问、接触行业内厂家、经销商、销售经理和业务员，往往拥有行业人才需求与供给的资源，企业可请它们代为联系或介绍推销人员。

4.企业客户

企业在开展业务过程中，会接触到顾客、供应商、代理商、非竞争同行及其他各类客户人员，这些人员都是推销人员的可能来源。

5.猎头公司

猎头公司是掌握高素质人才信息，并与高素质人才有密切联系的专业人才经营公司。它们的主要任务是掌握高端人才信息并建立人才资料库，为企业引荐高端人才，但企业通过猎头公司招聘人才需要付出较高的费用。

（四）校园招聘

校园招聘是指企业到大专院校或职业学校选拔推销人员的方式。这种渠道有以下几个优点：

（1）能够比较集中地批量挑选推销人员，从而节约成本。

（2）大学生受过良好的专业基础知识和综合素质教育，为今后的人才培训奠定了基础。

（3）大学生往往因为刚刚参加工作，对销售工作充满了热情，一般较为积极主动。

（4）与招聘具有销售经验的人员相比，招聘应届大学生的成本要小一些。

延伸阅读14-3

"苦行僧"与
"F1方程赛"
模式的销售
人员培训

二、推销人员的培训

无论是对新录用的推销人员，还是对原有的推销人员，都应进行培训。经过培训，新进推销人员应该掌握本企业产品推销的基本知识和基本技能，并逐步成为一个合格的推销员；原有的推销人员应该适应新形势的需要，不断提高业务能力，从而更好地完成推销任务。

（一）培训的内容

推销人员培训的内容一般包括以下几个方面：

1.企业知识

推销人员应充分了解本企业的历史、现状及发展趋势等方面的内容，包括：企业的发展历史、过去取得的辉煌业绩及历史上典型的人物或故事；企业现在的社会地位、经济实力、管理水平、人才状况、企业文化、规章制度和决策程序；企业的远景、使命、未来的发展目标和发展战略等。

2.行业知识

推销人员应了解企业所在行业的基本情况。例如：本行业对国民经济建设及地方经济发展的作用，本行业基本的经济特征、行业前景；主要竞争对手的状况及竞争产品，本企业在竞争中的优劣势，主要竞争对手的推销策略；本行业顾客的基本特征，包括顾客的年龄特征、收入水平、消费习惯、地理分布等。

3.产品知识

在对推销工作已有感性认识的基础上，由企业各专业工程师向推销人员系统地介绍有关产品的性能、加工工艺、质量等级、检测手段、使用方式及维修保养、成本构成、商标设计意图等情况，并提供相应资料与证据。推销人员要牢记企业的产品知识，在顾客面前应是该产品的行家里手，能解答顾客提出的有关产品的任何问题，同时能介绍有关竞争对手的产品情况。

4.市场营销知识

推销人员都应学习掌握有关市场营销的知识，包括市场调查、市场分析、市场定位、市场方案优选、市场营销组合决策的方法等，尤其应重点掌握产品定价策略等专业知识。

这项培训一般应由企业营销管理方面的主管领导负责，介绍企业产品的市场销售情况，包括市场占有率、市场销售增长率、市场销售利润率、市场竞争力等，讲解企业市场营销策略及意图、整体市场营销活动的开展情况等。

5.心理方面的知识

推销人员应学习掌握关于消费心理、购买心理和社会心理等方面的知识。在一般理论学习的基础上，可以由老推销员介绍有关本企业产品购买者的特殊心理状态、心理认识过程、顾客需求特点及顾客购买动机类型等知识，以利于推销人员更快地进入角色。

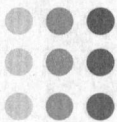

6.推销知识

推销人员应熟练地掌握推销程序、推销方式、处理异议与解决难题的方法，学会制订推销计划和编写推销报告，熟悉推销分析等方面的知识，了解推销职业道德规范和推销礼仪常识。

7.其他知识

例如，经济学、法律、语言沟通等方面的知识。

（二）培训方法

各个企业根据自身的经营规模和市场发展情况，可以采取不同的培训方法。

1."师傅带徒弟"法

这是一种传统的培训方法，指派新录用的人员在现场跟随有经验的推销人员一起工作。此法的优点是可使新录用人员深入现场工作环境，在师傅的指导下边干边学，有针对性地接受训练，容易收到良好的效果。这种方法的重要特点之一是"我怎么做，你就怎么做"，这是现场环境等条件造成的必然结果。在许多情况下，由有能力尤其是有突出推销业绩的人负责现场指导，能起到积极的效果。

2.企业集中培训法

这是指企业采取办培训班、研讨会等形式对推销人员进行集中培训。许多大型企业运用正规的课堂讲授方法，让专业教师、有经验的推销人员将其学问、经验和聪明才智传授给受训人员。此法的优点是时间短、费用低、见效快、节省人力，便于互相启发提高，不强迫受训人员过早地投入现场工作；缺点是缺乏实践和切身体会，不易引起受训人员的足够重视。

3.学校代培法

由于企业内部培训力量有限，为适应商品经济的发展，有必要把一批优秀的推销人员送到专业院校接受重点培训。这种培训方式能使企业推销人员在知识水平和专业技能上迅速得到提高，但需要支出一定的经费，为保证培训效果，选送人员应有一定的专业知识和实践经验。

4.模拟法

这是指受训人员直接参加具有一定真实感的训练。其具体形式较多，常用的方法有角色扮演法、比赛法等。角色扮演法是由受训者扮演推销人员、有经验的推销人员扮演顾客进行推销活动。例如，有的企业让受训者处理过去销售中遇到的难于处理的情况。比赛法用得比较多，例如时间管理比赛，内容涉及推销过程中的一些实际问题：旅行时间、等待时间、洽谈时间、选择潜在顾客的时间、掌握达成交易的时机等。

第三节 推销人员的考核与激励

一、推销人员的业绩考核

要有效评估推销人员的推销业绩，必须全面充分地收集有关评估资料，并建立相应的评估标准。

（一）收集考评资料

考评资料的来源主要有推销人员销售计划、企业销售记录、顾客意见、企业内部职员意见和推销总结报告等。

1.推销人员销售计划

销售计划包括地区年度销售计划和日常工作计划等。

地区年度销售计划的内容包括发展新客户和增加现有客户交易额的方案、对促进销售区域发展的一般性意见、详细的预计销售量和利润估计。企业的销售经理要对推销人员制订的销售计划进行研究，提出建议，并以此作为制定销售定额的依据。

日常工作计划由推销人员提前一周或一个月提交，说明计划进行的访问路线。管理部门接到推销人员制订的日常工作计划后，要提出改进意见，指导推销人员合理安排活动日程，同时为评估其制订和执行计划的能力提供依据。

2.企业销售记录

企业内的有关销售记录，如顾客的销售记录、区域的销售记录、销售费用支出等，都是业绩考核评估的主要依据。企业利用这些资料可计算出推销人员所接订单的毛利或某一规模订单的毛利，对评估绩效起着关键性作用。

3.顾客意见

对推销人员进行评估时应该听取顾客的意见。有些推销人员业绩很好，但在顾客服务方面做得并不理想，特别是在产品紧俏的时候更是如此。收集顾客意见的途径有两个方面：一是顾客的信件和投诉；二是定期进行的顾客调查。

4.企业内部职员意见

这一资料包括销售经理或其他部门有关人员的意见，推销人员之间的意见也可作为参考。这些资料能够反映有关推销人员的合作态度和领导才干方面的信息。

5.推销总结报告

推销总结报告是推销人员对工作效率的自我诊断，也是企业销售主管检查、指导和帮助推销人员开展工作的重要依据。推销总结报告具体应包括以下内容：

（1）取得的成绩。这一部分内容应尽量具体，不仅包括成交的数量和金额，还应具体写明访问的顾客，曾为顾客做过哪些工作，顾客的反应如何，对顾客的推销工作已进行到哪个阶段等。

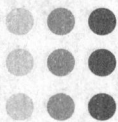

（2）存在的问题。这一部分内容包括在推销过程中顾客提出了哪些问题，哪些是推销人员可以自行解决的及如何解决的，哪些是推销人员自己无法解决，需要其他部门的配合或上级主管的批准才能解决的。此外，推销人员还应注明自己在推销工作中的失误等。

（3）原因分析。推销人员要对推销过程中顾客的异议进行深入分析，挖掘顾客提出反对意见的真正原因，或最后未能与顾客达成交易的真正原因。导致推销失败的原因有很多，而且彼此相互关联、相互影响，因此很难把推销失败的原因罗列清楚，但归结起来不外乎推销方面的原因和顾客方面的原因。

推销方面的原因有：产品方面的原因，包括产品不能满足顾客需求，产品质量不能让顾客满意，产品价格不适当，产品功能不优越，产品的款式、造型、颜色、包装等不符合顾客的要求等；推销企业方面的原因，包括企业形象不佳，企业的营销策略没有吸引力，企业对推销人员的管理及组织不合理等；推销人员方面的原因，包括推销人员的能力较差、态度不佳、素质不高、知识不足、策略失当等。

顾客方面的原因有：顾客未认识或发现自己的潜在需求；顾客缺乏货币支付能力；顾客缺乏购买决策权力；顾客由于消费经验和消费知识对推销产生成见或偏见；顾客牟取自己的私利；顾客已有固定的购买关系，不愿改变；顾客的一些偶然因素，如顾客的心情等。

（4）改进措施。推销人员针对推销中的问题提出改进意见和建议，包括对自己今后工作的改进措施，以及对企业的产品或服务方面的改进意见和建议。

撰写推销总结报告，不但有利于推销人员及时对自己的工作进行冷静思考和反省检讨，总结经验，吸取教训，进一步改进工作，而且可以针对某些潜在顾客提出有效的推销策略。推销总结报告还能将顾客的信息及时反馈给企业，有利于企业根据顾客需求改进产品和服务，据此对推销人员的工作业绩进行检查和评价，及时给予适当的帮助和指导。

（二）建立绩效评估标准

推销人员的绩效评估标准应与企业的销售额和利润目标一致。绩效评估标准不能一概而论，管理人员应充分了解整个市场的潜力和每一位推销人员在工作环境和销售能力上的差异。建立绩效及评估标准的方法有两种：一种是为每种工作因素制定特别的标准，如访问的次数；另一种是将推销人员之间的平均绩效相互比较。制定公平而有效的绩效评估标准是不容易的，需要管理人员根据过去的经验，结合推销人员的个人行动来制定，并在实践中不断加以调整和完善。常用的评估推销人员绩效的指标主要有：

（1）销售量，用于衡量销售增长状况，是最常用的指标；

（2）毛利，用于衡量利润的潜量；

（3）访问率，即每天的访问次数，可以衡量推销人员的努力程度，但不能表示推销成果；

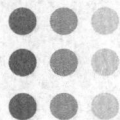

（4）访问成功率，是衡量推销人员工作效率的指标；

（5）平均订单数目，用来衡量订单的规模与推销的效率；

（6）销售费用，用于衡量每次访问的成本；

（7）销售费用率，用于衡量销售费用与销售额的比率；

（8）新客户数目，是开辟新客户的衡量标准。

为了实现最佳评估，企业在确定绩效评估标准时应注意以下问题：销售区域的潜力以及地理分布状况、交通条件等对推销效果的影响；一些非数量化的标准很难求得平均值，如合作性、工作积极性、责任感、判断力。

（三）绩效考核的方法

绩效考核的方法有很多，就推销人员的绩效考核来讲，较具代表性的方法有横向比较法、纵向比较法和指标考评法。

1.横向比较法

把各位推销人员的销售业绩进行比较和排队，销售业绩中应包括销售额、销售成本、销售利润、顾客对其服务的满意程度等指标。

2.纵向比较法

将同一推销人员现在和过去的工作实绩进行比较，包括对销售额、毛利、销售费用、新增顾客数、失去顾客数、每个顾客平均销售额、每个顾客平均毛利等数量指标的分析。这种方法有利于衡量推销人员工作的改善状况。此外，也可将实际资料与计划资料对比，说明计划完成情况；将实际资料与先进资料对比，找出差距和原因，挖掘潜力。

3.指标考评法

将考评的各个项目都配以考评指标，制作一份考核表加以考核。在考核表中，可以将每项考评因素划分不同的等级考核标准，然后根据每个推销人员的表现评分，并可对不同的考评因素按其重要程度给予不同的权数，最后核算出总的得分。

二、推销人员的报酬制度

建立合理的报酬制度，对于调动推销人员的积极性、提高推销工作效率和市场占有率，有着重要作用。一般来讲，推销人员的报酬应该与他实际的工作量和工作效率相联系。推销人员的报酬制度主要有薪金制、佣金制和薪金与佣金混合制三种。

（一）薪金制

薪金制就是每月给予推销人员固定的薪水。这种报酬形式主要以工作的时间为基础，与推销工作效率没有直接联系。

薪金制的优点是：第一，推销人员有安全感，在推销业务不足时不必担心个人收入。正在受训的推销人员以及专门从事指导购买者使用产品和开辟新销售区域的

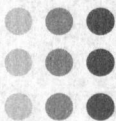

推销人员，都愿意接受薪金制。第二，有利于稳定企业的推销队伍，因为推销人员的收入与推销工作并无直接关系，领取工资的原因在于他们是本企业的员工。第三，管理者能对推销人员进行最大限度的控制，在管理上有较大的灵活性，因为收入与推销工作效率不直接挂钩，所以管理者根据需要在推销区域、顾客、推销的产品等方面进行必要的调整时，矛盾一般也比较少。

薪金制的主要弊端是：缺乏弹性，缺少对推销人员的激励，较难刺激他们开展创造性的推销活动，容易产生平均主义，形成吃"大锅饭"的局面。

薪金制适用的情况是：企业希望推销人员服从指挥、服从工作分配；某些推销管理人员，如企业的中高级推销管理人员，如果其付出的努力与推销结果之间的关系不密切，则也适用薪金制；需要集体努力才能完成的销售工作。

（二）佣金制

佣金制就是企业根据推销人员的工作效率支付报酬。推销人员的工作效率常常以产品销售量、销售额或利润额表示。在这种形式下，推销人员的收入等于他们在既定时期内完成的推销额或利润额乘以一个给定的百分比，这个百分比就是佣金率。推销人员的收入主要取决于两个因素：一是在既定时期内完成的推销额或利润额；二是给定的佣金率。

佣金制的优点是：第一，能够把收入与推销工作效率结合起来，鼓励推销人员努力工作；第二，有利于控制推销成本；第三，简化了企业对推销人员的管理。为了增加收入，推销人员就得努力工作，并不断增强自己的推销能力，不能吃苦或没有推销能力则自行淘汰。

佣金制的不足是：第一，收入不稳定，推销人员缺乏安全感；第二，企业对推销人员的控制程度较低，因为推销人员的报酬是建立在推销额或利润额基础上的，因而推销人员可能不愿推销新产品，不愿受推销区域的限制，也不愿意从事推销业务以外的工作；第三，企业支付给推销人员的佣金是一个变量，推销的产品越多，佣金也就越多，这样推销人员往往只注意眼前销售数量的增长，而忽视企业长远利益，甚至出现用不正当的手段推销商品的现象。

在实行佣金制时，既可采用毛佣金制，也可采用纯佣金制。两者的区别在于，前者不由企业负担推销费用，后者则由企业负担推销费用。支付佣金的比率可以是固定的，即第一个单位的佣金比率与第一百个单位的佣金比率都一样；也可以是累进的，即销售额或利润额越高，其佣金比率越高；也可以是递减的，即销售量越高，其比率越低。

佣金制一般适用于：某种商品积压严重，需要在短期内削减库存，回收资金；某种新产品为了尽快打开销路，需要进行特别积极的推销。

（三）薪金与佣金混合制

薪金与佣金混合制是既吸取了薪金制和佣金制两种制度的优点，又尽量避免其

缺点的报酬形式。其优点是：既保证了推销人员收入的稳定性，又能对推销人员起到激励作用，可以适当控制推销人员的主动性、创造性。其缺点是：佣金率的适当比例难以掌握确定，如果不合理将难以发挥积极作用。

以上是常见的三种推销人员报酬形式。企业应从实际出发，灵活地选择和交替使用各种报酬形式。例如，在美国，28%的企业采用薪金制，其主要是生产、销售比较稳定的大型企业；那些急于打开市场销路的企业一般采用佣金制，大约占美国企业的21%；其他51%的企业采用薪金与佣金混合制。

三、推销人员的激励方式

（一）具体的激励方式

激励推销人员的有效方法是对他们进行奖励。比较有价值的奖励是增加工资、晋升职务、增加个人的发展机会和作为某群体成员的成就感。其他奖励包括好感与尊敬、安全感和表扬等。换句话说，工资、晋升、发展机会和满足自我的需要对推销人员的激励作用较为强烈。大量实践表明，激励因素价值的大小随着推销人员人口统计特征的不同而有一定的差异，具体表现为：

（1）年龄较大、任期较长的推销人员和那些家庭人口多的推销人员比较重视金钱奖励。

（2）未婚的或家庭人口少、受过较多正式教育的年轻的推销人员对金钱奖励最不重视。

（3）未婚的或家庭人口少、受过较多正式教育的年轻的推销人员，对精神层面的奖励（表扬，好感与尊重，成就感）更为重视。

以下谈谈几种主要的激励方式，包括环境激励、目标激励、物质激励和精神激励等，这些都是提高推销人员工作积极性的有效方式。

1.环境激励

环境激励是指企业营造一种良好的工作氛围，使推销人员能心情愉快地开展工作。企业对推销人员的重视程度对推销人员的影响是很大的。有些企业认为推销人员不怎么重要，有些企业则认为他们是实现企业价值的人，给他们提供无限的机会。事实证明，如果对推销人员不重视，其离职率就高，工作绩效就差；反之，其离职率就低，工作绩效就高。企业可以定期召开推销会议或非正式集会，为推销人员提供一个社交场所，给予推销人员与领导交谈的机会，给予他们在更大群体范围内结交朋友、交流感情的机会。

2.目标激励

目标激励是指为推销人员确定一些拟达到的目标，以目标来激励推销人员上进。企业应建立的主要目标有推销定额、毛利额、访问户数、新客户数、访问费用和货款回收等。其中，制定推销定额是企业的普遍做法。

实践经验表明，推销人员对推销定额的反应是不完全一致的，一些人会受到激

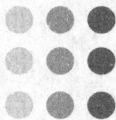

励，能发挥出最大潜能，而有一些人会感到气馁。有些企业在确定推销定额时对推销人员个人的因素极为重视。一般来讲，从长远的观点看，优秀的推销人员对企业精心制定的推销定额将会做出良好的反应，特别是当报酬制度按工作业绩做适当调整时更是如此。

确定推销定额时，应考虑推销人员以往的推销业绩、对所辖地区潜力的估计、对推销人员工作抱负的判断及推销人员对压力与奖励的反应等多种因素。

3.物质激励

研究人员在评估各种可行激励的价值大小时发现，物质激励对推销人员的激励作用非常强烈。物质激励是指对做出优异成绩的推销人员给予晋级、奖金、奖品和额外报酬等实际利益，以此来调动推销人员的积极性。物质激励往往与目标激励联系起来使用。

4.精神激励

精神激励是指对做出优异成绩的推销人员给予表扬，颁发奖状、奖旗，授予称号等，以此来激励推销人员上进。对于多数推销人员来讲，精神激励也是不可少的。精神激励是一种较高层次的激励，通常对那些受正规教育较多的年轻推销人员更为有效。企业负责人应深入了解推销人员的实际需要，他们不仅有物质生活上的需要，还有诸如理想、成就、荣誉、尊敬、安全等方面的精神需要，尤其当物质方面的需要基本满足后，对精神方面的需要就会更强烈一些。

（二）激励组合模式

推销人员的激励方式和途径很多，企业对其进行激励时，必须遵循管理的弹性原理灵活选择。此外，激励不是单一方法所能奏效的，必须运用激励组合。所谓激励组合，是指企业组合运用与推销人员个性相对应的激励方式，做到讲求实效、对症下药，充分发挥激励的作用。

1.依据推销人员不同的个性心理采用相应的激励方式

企业实践表明，不同推销人员的心理特点是不同的，按个性特征来分，可以分为竞争型、成就型、自我欣赏型和服务型四种，因而应针对不同的推销人员采取不同的激励组合模式。

（1）竞争型-竞赛激励组合模式。

具有竞争型个性心理的推销人员，内在驱动力大，在推销竞赛中表现特别活跃，求胜意识强烈。他们需要各种形式的定额、透明度很高的成就记录与奖励。因此，对于他们来说，最好的激励方式是业绩竞赛。企业要建立具体的、公平的竞赛标准；业绩竞赛与年度和季度推销计划相配合；竞赛目标不能太高也不能过低，奖励面不能太宽，也不能太窄，以经过一定努力可以达到为宜；竞赛完毕，应公平评选，公布成绩，总结兑现。推销经理绝不能心血来潮，随意组织竞赛，或大奖小奖一起来；否则，会打击竞争型人才的积极性，营造不出你追我赶之势，难以促进整体推销业绩的提高。

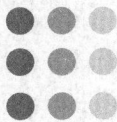

（2）成就型–晋升激励组合模式。

具有成就型个性心理的推销人员热衷于追求自我完善的成就感，事业心强，会给自己设定目标，一般比同事的目标要高。对他们来说，金钱不是他们的主要目标，他们的目标是要得到社会、企业、同伴的认可并建功立业。他们往往希望整个团队取得成绩，而不计较功劳归功于谁。一般说来，企业最欢迎成就型推销人员，他们中的许多人往往能成为优秀的推销人员。"响鼓不用重槌"，对于他们一般用晋升激励，为他们创造取得成就的环境与条件，培植他们进入管理层，交给他们更重大的任务或授权他们处理棘手问题，使他们不断取得新的成就。

这就如同阿克里沃斯公司总裁兰德尔·墨菲在他的长期职业发展计划中所说的："与成就型的人坐下来，弄清决定其工作成败的三个关键问题，即擅长什么，提高什么，学习什么。然后，为各个方面制定提高的目标。"美国一家培训公司的总监在介绍他们对这类推销人员的培训经验时甚至认为："我们只要把大目标交给他们，随他们怎么去干。其实，这种方式本身对他们就是一种很大的激励。"

（3）自我欣赏型–任务激励组合模式。

具有自我欣赏型个性心理的推销人员的社会承认感极强，希望组织、群体、他人感受到他的存在、他的重要性。奖牌、金钱奖励对于他们来说不会引起大的激情，但交给他们全新或重大的任务会使他们十分兴奋。因此，精明的企业管理者或推销经理往往顺水推舟，用任务来激励他们，如请他们带徒弟、培养新手，或请他们加入企业的智囊团、重要的委员会，或拟订重大的推销计划等，并及时表扬他们。

（4）服务型–培训激励组合模式。

具有服务型个性心理的推销人员工作能力一般，主动性差，属于他导型人才。他们的工作缺乏创意，往往难以带来大客户，难以带来新的生意，争取不到新市场，但他们工作勤勤恳恳，能团结他人，能接待顾客，组织纪律性强，能完成领导交办的具体事项，默默无闻。这类人员对于一个推销群体来说也是不可缺少的。对于这类推销人员，应该给予有针对性的训练，提高他们的自信心与竞争力，使他们成为企业需要的优秀推销人员。

2.依据不同的表现类型采用相应的激励方式

在世界上找不到完全相同的事物，也找不到完全相同的个体，这是事物的个性的表现。因此，为了做好激励工作，还必须研究不同类型推销人员的表现，并采用相应的激励方式。

（1）问题型–教育激励组合模式。

企业的推销队伍，虽然经过严格的招聘与筛选，但不可能每个人都非常优秀，总会有一些存在某种缺陷的成员，如有的悲观退缩，有的缺乏干劲，有的容易自满，有的强销强售。对于这些问题成员，要做耐心细致的工作，绝不要用简单的辞退方式处理；应该通过思想教育鼓励他们发扬优点，增强他们改掉缺点的自觉性；同时以精神激励为主，并与制度激励相结合，正面培训与积极防范相结合，通过引

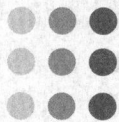

导、耐心说服，使他们中的大多数人成为合格的推销人员。

（2）明星型-榜样激励组合模式。

市场经济的发展表明，一些优秀的企业，特别是经营成绩卓著的著名企业，都拥有一批明星推销人员。他们是企业的宝贵财富，也是一种无形的资产。对于明星推销人员，应该树立其形象，充分发挥他们的带动作用，给他们提供创造更大成就的条件。这不仅有利于他们继续为企业服务，而且可以带动其他的推销人员，从而提高推销队伍的整体素质。

（3）老化型-目标激励组合模式。

所谓老化型推销人员，是指推销队伍中出现的心态老化的成员。他们对待推销工作热情不足，工作懒散，拜访客户次数减少，提供业务报表、报告常常拖延，提不出有价值的意见和建议，对新事物反应迟钝，业绩下滑等。任何一支推销队伍都有可能出现这种成员老化的现象，关键在于注意预防和及时治疗老化问题。每个人心态老化的原因虽然不尽相同，如有的人"小富则安"，有的遇到挫折后感到失落、消极应付等，但他们的共同特点都是缺乏继续做好推销工作的激情。因此，对这类成员应主要采取目标激励方式，帮助他们确定一个合理的目标，把他们的个人需求与组织目标结合起来，激发他们再创佳绩的兴趣和信心，克服老化心态，继续上进。

3.依据不同的成熟度采用相应的激励方式

成熟度是指推销人员对推销工作的熟悉程度，不是指年龄与生理上的成熟，而是指心理、人格、业务技能的成熟。按照成熟度，推销人员可以分为幼稚型、成长型与成熟型三类。美国心理学家阿吉里斯认为，健康的人从婴儿到成人，在人格上、心理上总是倾向从不成熟向成熟发展，这是一个自然的自我实现过程。对于追求自我实现的人，应主要给予其来自工作本身的内在激励，让他承担具有挑战性的工作，担负更多的责任，促使其做出成绩，满足其自我实现的需要，帮助他们从不成熟走向成熟。美国学者卡曼在领导生命周期理论中进一步强调，领导者所采取的领导方式应视被领导者的成熟度而定。当被领导者的成熟度高于平均水平时，应采取充分授权式领导；反之，被领导者成熟度低于平均水平者，应采用命令式领导。西方心理学家的这些观点主要是从人本主义观点出发的，有科学的成分，也有其片面性。我们认为人的成熟度和能力是随着生产的发展、工作实践经验的积累而不断提高的，相应的管理方式也应当发展，关键在于提高人的主人翁意识和实际本领。

（1）幼稚型-培训激励组合模式。

幼稚型推销人员是指新参加推销工作的人员，一般是新招聘的刚走出校门的大中专学生。他们没有经历过推销实践锻炼，不切实际的想法比较多，对工作的复杂性、艰难性认识不足，不善于处理人际关系，不善于内部交往，也不了解企业的管理规范。但是，这类成员进取心强，有热情，有干好推销工作的欲望，也充满自信，可塑性强。因此，企业要及早对他们进行培养，通过培训或老带新的办法，促使他们尽快成熟。

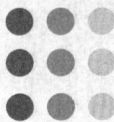

（2）成长型-工作激励组合模式。

成长型推销人员是指经过一定时期锻炼，但还不十分成熟的推销人员。他们有了一定的推销工作经验，人格逐渐完善，可以独当一面从事推销业务，但他们的阅历还不丰富，对许多复杂问题的处理常感到棘手。对待这种类型的推销人员，企业主要应采用工作激励方式，给予他们充分的信任，给他们多安排一些工作并加强引导，使他们得到多方面的锻炼。

（3）成熟型-民主激励组合模式

成熟型推销人员一般工作绩效最佳，对推销业务十分熟悉，善于同客户打交道，是企业的推销骨干。他们手中大都掌握着一大批客户，因此对企业经营成败有直接影响。对这类推销人员，企业一般应采取民主激励方式，吸引他们参与企业管理和推销工作管理，多征求他们的建议，并表现出对他们的高度信赖和尊重。

4.综合激励模式

上述激励组合模式都是根据推销人员素质中的主流倾向而设计的，由于人们心理特点和外在表现的多样性与复杂性，在实施激励时要综合运用这些模式，可以以一种模式为主，辅以其他模式。我们在运用西方的激励理论与方式时，一定要充分发挥我国的传统优势，如加强思想政治工作与理想主义教育，发扬主人翁精神等，从而充分调动推销人员的积极性，使他们有持久的工作动力。

●● 复习思考题

一、选择题

1.如果公司在一个广阔地域范围内向各种类型的消费者推销种类繁多的产品，那么最佳的售队伍结构是（　　）。

A.区域结构

B.产品结构

C.市场结构

D.复合型结构

2.下列对培训与管理关系的理解中，不恰当的是（　　）。

A.培训是管理的前提

B.培训是管理的过程

C.培训可以取代管理

D.培训是管理的手段

3.企业对推销人员进行激励时，必须遵循管理的弹性原理灵活选择。下列几种激励组合模式中，最不符合管理的弹性原理的是（　　）。

A.自我欣赏型-任务激励组合模式

B.成长型-工作激励组合模式

C.明星型-榜样激励组合模式

D.竞争型-竞赛激励组合模式

4.推销人员业绩考评在推销管理过程中的作用不包括（　　）。

A.业绩考评是企业制定营销政策和战略的参考

B.业绩考评是完成推销目标的有力保障

C.业绩考评会干扰推销活动

D.业绩考评是发掘、甄选、培训推销人员以及做人事决策的重要依据

5.推销人员推销业绩的考评指标中，没有（　　）。

A.产出指标

B.经费指标

C.比率指标

D.推销利润指标

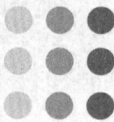

第十四章
在线测试

二、案例分析

激励方案的制订

某有限公司营销系统采取底薪加提成的方式对推销人员的业绩进行激励。一般的做法是，底薪是固定不变的，公司根据推销人员的推销业绩（销售量），按照各个区域事先定好的提成比例提取报酬，这部分报酬包括推销人员的推销费用。区域内的推销人员按照一定的比例提取报酬，区域总提成的20%归区域经理。提成金额下达后，由区域经理按照规定进行分配，区域经理要把每个推销人员应得的金额报给公司财务部，营销总经理签字批准后，由财务部发放到推销人员的账户上。

2019年12月底，公司总经理发现某区经理小李报上来的数据有些问题，就把小李找来问明情况。原来，12月份小王的业绩非常突出，一个人就可以拿到20 000多元的提成，而其他人只拿到5 000多元的提成，个别人还只能得到2 000多元。小李认为，这里面存在不公平的因素，每个人每天都在努力工作，小王所管辖的销售网络比较成熟，他所得到的提成并不能反映他的付出，所以应该减少小王的提成比例，增加其他推销人员的提成比例。总经理认为小王是一个非常优秀的推销人员，他的销售网络是他努力开发的结果，如果把小王的应得报酬划给别人，不但是鼓励后进，也会挫伤小王的积极性。总经理需要找人商量如何做才是比较合理的方案。

思考讨论：

1.你认为小李的做法可取吗？如果你是总经理，你将采取什么措施？

2.你觉得除了按量提取报酬外，还应该增加什么指标？

主要参考文献

[1] 米勒. 推销员之死 [M]. 英若诚, 译. 上海: 上海译文出版社, 2020.

[2] 曼狄诺. 世界上最伟大的推销员 [M]. 安辽, 译. 完整版. 北京: 世界知识出版社, 2018.

[3] 安贺新. 销售管理实务 [M]. 3版. 北京: 清华大学出版社, 2019.

[4] 陈守则. 现代推销学教程 [M]. 2版. 北京: 机械工业出版社, 2018.

[5] 陈涛, 孙伟. 销售管理 [M]. 北京: 机械工业出版社, 2016.

[6] 曹旭平, 张丽媛. 消费者行为学 [M]. 3版. 北京: 清华大学出版社, 2020.

[7] 弗里德曼. 销售洗脑 [M]. 施轶, 译. 北京: 中信出版社, 2016.

[8] 韩光军, 周宏, 等. 现代推销学 [M]. 6版. 北京: 首都经济贸易大学出版社, 2015.

[9] 龚荒. 现代推销学——理论·技巧·实训 [M]. 北京: 人民邮电出版社, 2015.

[10] 斯坦利. 销售就是要玩转情商 [M]. 佘卓桓, 译. 武汉: 武汉出版社, 2015.

[11] 李智贤. 电话销售中的话术模板 [M]. 纪念版. 北京: 机械工业出版社, 2018.

[12] 李先国, 杨亮. 销售管理 [M]. 北京: 中国人民大学出版社, 2017.

[13] 希夫曼, 卡努克. 消费者行为学 [M]. 10版. 北京: 清华大学出版社, 2017.

[14] 刘志超. 现代推销学 [M]. 3版. 广州: 广东高等教育出版社, 2016.

[15] 所罗门. 消费者行为学 [M]. 杨晓燕, 等译. 12版. 北京: 中国人民大学出版社, 2018.

[16] 钱大可. 市场营销学 [M]. 杭州: 浙江大学出版社, 2018.

[17] 王旭. 现代推销学 [M]. 6版. 大连: 东北财经大学出版社, 2020.

[18] 科恩, 德卡罗. 销售管理 [M]. 刘宝成, 李霄松, 译. 10版. 北京: 中国人民大学出版社, 2017.

[19] 杨宜苗. 现代推销学 [M]. 3版. 大连: 东北财经大学出版社, 2017.

[20] 易开刚. 现代推销学 [M]. 4版. 上海: 上海财经大学出版社, 2017.

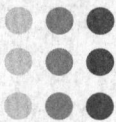

［21］张雁白，陈焕明．现代推销学［M］．3版．北京：中国人民大学出版社，2018.

［22］郑锐洪，李玉峰．推销学［M］．2版．北京：中国人民大学出版社，2015.

［23］周欣悦．消费者行为学［M］．北京：机械工业出版社，2019.

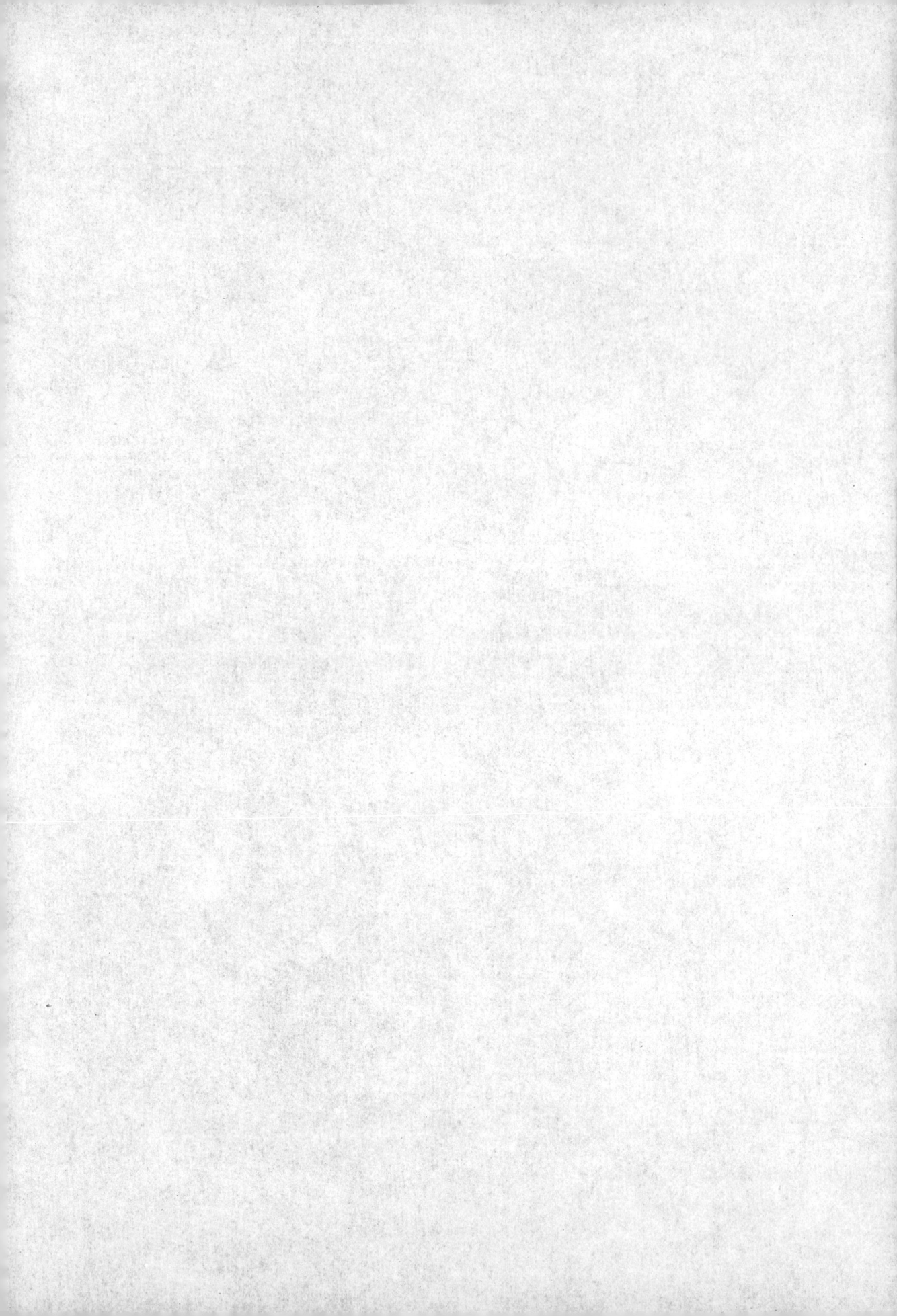